圖解台灣
TAIWAN

圖解台灣
TAIWAN

圖解台灣史

【編輯凡例】

※本書使用歷史名詞時，以貼近歷史事實、還原歷史現場為原則。針對以下常見爭議的用語，予以說明：

一、明（帝）國、清（帝）國為正式國家名稱，時人皆如此使用。使用時人慣用詞語，可以更貼近史料指涉的時代環境，並避免過去習慣的「中國中心思維」。另外，清朝、清代等詞語隱含中國王朝延續觀念，在「中國是否為延續王朝」之學術爭議未定論下，本書避免使用。

二、關於日本統治時代的稱呼，向來有「日治」、「日據」、「日本時代」等爭議。其中，「日本時代」一詞貼近歷史原貌、相較中性，許多具當時生活經驗的老一輩台人，均慣用「日本時代」稱呼該段時期，故選用此詞。「日據」一詞，則是從與日本敵對的國民黨政權立場出發、指控日本殖民台灣為非法占據，與清日正式簽訂國際條約、讓渡台灣主權的歷史事實不符；近年學界慣用之「日治」，雖為中性的「統治」、「治理」之意，但因其使用脈絡初為平反「日據」用法，多有正面評價之意，故均避免使用。

三、國民黨政府 v.s. 中華民國政府：中華民國成立後，於一九二五年成立「中華民國國民政府」，核心理念為「一黨（國民黨）領政」、「以黨治國」，簡稱「國民政府」或「國府」。國府於一九四八年改組為中華民國政府，國民政府主席一職改為總統，沿用至今。然而直到一九八七年解嚴前，中華民國政府實際上仍由國民黨「以黨治國」，故於一九四八至一九八七年間之中華民國政府，仍多以「國民政府」、「國民黨政府」、「國黨政府」等名稱呼。

圖解台灣
TAIWAN | 14

圖解台灣史

史前史

鐵器時代
十三行遺址

一六二六
西班牙人進據基隆

十七世紀海上競逐

一六六二
荷蘭人退出台灣

清領時期

一七八七
林爽文事件

鄭氏王朝

台灣民主國

一八五九
首任大總統唐景崧

一九四五 戰後

一九四七
二二八事件

乙未戰爭
一八九五

一九四二
志願兵役

一八九五 日本時代

郭婷玉　王品涵
許雅玲　莊建華—著
陳思宇————監修

晨星出版

序一

回首參與這本小書一年多的籌備、寫作過程，真是有點漫長，更多的則是完成一件任務的充實愉快感。

在台灣史優秀科普讀物輩出的今天，要出版一本值得一看的作品，首先感謝出版社對台灣歷史的熱情，以及對一名歷史學徒的信賴。在寫作過程中，常常戰戰兢兢，擔心哪裡寫錯、寫不好。這時候，會回想起參加寫作行列的初衷，也就是過去一年擔任台灣歷史課程助教的所學。

從中學第一次接觸完整論述的台灣歷史以來，已經過了十多年，對於台灣史早已不是初學者。更不用說，身為一名研究台灣史的博士生，這更是「吃飯的傢伙」。但是，儘管自認學了很久的台灣史，在擔任課程助教的過程中，我依然發現自己多所不足，時而被學生一個簡單提問難住。清帝國占領台灣，明帝國為什麼不占領台灣？清代台灣社會是不是常常在叛亂？台灣人有被皇民化運動成功同化成日本人嗎？蔣經國是民主化推手嗎？這一個一個看似簡單的提問，在在隱含著深切複雜的背景，又無一不影響著現在的我們。

也就是在這樣面對提問、尋找答案、回答疑問的過程中，我瞭解到自己雖然仍有諸多不足之處，但還是可以整理一些對台灣歷史的常見問題，看看這些問題有沒有比較新的研究討論過，然後把它們整理出來、提供參考。因此，寫作這本小書，對我而言像是助教心得的集結。可能不會是多高深的學術巨作，但至少可以陪伴對台灣史有興趣的讀者——無論是剛接觸台灣史的小孩、或是已經出社會許久卻仍然想多瞭解台灣過往的大人，走過這一段探問台灣從何而來的旅程，從而更為瞭解未來可能由何而去。

當然，能夠成就這樣一本小書，不是單憑我的棉薄之力可以勝任的。雖然有人曾說「要謝的人太多，就謝天吧」，不過忝為作者之一，還是想藉此書頁聊表謝意。

感謝聘用我擔任助教的李文良老師、呂紹理老師，您們的信任是這本小書的開端，您們的教學也是可敬的榜樣。感謝一年來坐在台下提問、聽講、給予回饋的學生們，雖然無法一一點名，但是助教永遠記得你們對台灣歷史發出感興趣的讚嘆時，心裡有多感動。

感謝許佩賢老師，在歷史科普寫作上給予諸多指點，並不忘時時鞭策我注重本業論文與副業寫書。感謝曾令毅、洪紹洋、陳世芳諸位學長學姐，不吝給予專業意見，讓我的寫作內容更為豐富、深入。

感謝一起完成本書的思宇學長、編輯文青、品涵、雅玲、建華，溫柔地包涵我的拖稿，鼓勵我完成這本書，你們都是神一般的隊友。感謝在本書完成過程中，常常被迫試聽文章內容的好友玲瑤、姝君，妳們的疑問總能點出我的盲點。

感謝一路支持我走在研究路上的家人。父親總是默默支援我的生活，母親一直叮嚀我注意吃飽穿暖，二姐、小妹時不時被我當成科普歷史的聽眾，瑄瑄、睿睿則伸出溫暖小手牽著姨姨。

最後，感謝陪伴我多年的歷史。私以為，學習歷史最後會瞭解，我們現在看到的世界其實不那麼理所當然，而是背後許多複雜因素交織而成，並且一直在變動中。帶著在歷史學中學習到的思辨能力，持續關懷、思考台灣社會的現狀與未來走向，我相信，我們總有一天會走向更加良善、自信的獨立國家。

台灣大學歷史學研究所博士候選人 郭婷玉

二〇一六年十月十九日 寫於東京夜明

序二

曾經，我很討厭台灣史。我不喜歡它的血淚斑斑，不喜歡它的悲慘過往，也不喜歡它的忿忿不平，因為那總讓我在悲傷與憤怒的情緒之外，更感受到深深地無力。曾經，我對它的態度是視而不見、聽而不聞，希望一直來一直來的未來，能將那些過往沖淡到終致消逝，留給我（們）一個嶄新的、充滿可能性的時空。

然而，慢慢地，隨著年齡的增長，我開始發現社會一切的根源，都離不開過往。社會與人一樣，正是因為有著那樣的過去，所以很多事情，才會是現在的模樣。而活在一個社會裡，有很多問題不可能不去追問；而在追問之下，前方都會出現名為「台灣史」的標示。慢慢地，我開始學習撇開情緒。而隨著台灣研究的日漸昌盛，更多不那麼傷痕累累的面相顯露出來了。閱讀文學，實際上也是閱讀著歷史的切片與倒影。逐漸地，我發現過往其實如同現今，有喜有悲，有幸有難。我開始覺得自己就像寓言中那摸象的瞎子，只因之前摸到的部位滿是血腥，便拒絕相信那其中還有滿溢美好的可能。幸好，感謝一路上有師長學友照拂，有書籍論文可讀，使我終不致於盲目到就此棄之不顧。最終，歷史還是那部歷史，我卻不是那個我了。

俗話說，點滴之恩，湧泉以報，而我想我能報答這些恩惠的方式，就是盡力將我所學到的，分享給更多人。

因而，當文青和思宇提出關於這本小書的計畫時，雖然覺得自己還有許多不足的地方，但在這些年的學習之後，卻也有著希望能為台灣學略盡棉薄之力的想法。續航力不足的我，能完成這件對我來說意義重大的事情，首先要感謝晨星出版公司的信賴、思宇和文青的策劃與鼓勵。更要感謝的，是本書的共同作者婷玉、雅玲與建華。感謝你們的支持，以及包容我的拖拉。感謝我的指導老師黃美娥教授，除了在學術上受到老師細心指引外，老師待人接物的溫柔周全也是我的榜樣。若是沒有遇到美娥老師，我想我不會走上今天的這條道路，也不會有此機會撰寫這篇序言。感謝我的父母，雖然你們不見得贊成我的每個決定，但卻也足夠信任我能為自己做出決定。而當我在自己選定的路上行走時，你們總是我最堅實的依靠。感謝小妹，你是最棒的。感謝好友昱潔與俐茹，謝謝你們在百忙之中仍抽空對拙文提出指正。最後，我要感謝購買這本書的你。謝謝你選擇了它，作為理解台灣史的一個窗口。

台灣大學台灣文學研究所博士候選人

王□□

二〇一六年十月十九日夜，於台北

序三

念研究所時有次參加國小同學會，小學同學聽到我念「台灣史研究所」，不假思索地問我「那不是都寫在課本裡了？為什麼還要研究呢？」我因為太過驚訝，過了好一下子才能回答這位同學的問題。對於長期浸淫於學院中歷史學訓練的我來說，當時的我很理所當然地認為：課本是政府、編者、出版社、學校多方角力出來的產物，其敘事結構都是經過精心安排的，更遑論能夠記述所有的歷史事件。所以當我聽到這樣的問題時，就會很訝異：怎麼會有人這麼想？

不過我想會有像我同學那樣疑問的人，大概不在少數，打從我念歷史系以來，在親友聚會中，總是常常被問：「歷史系到底都在念什麼呢？」「你們需要背很多人物跟年代嗎？」或者有些人就乾脆出些問題，看看能不能考倒歷史系的學生：「你知道╳╳事件發生在哪一年嗎？」秉持著「知之為知之，不知為不知，是知也。」的原則，我如果無法馬上回答，就會誠實地告訴對方：其實歷史系的學習方式，跟國高中的歷史課本有很大的落差，國高中的教學方式重視背誦，但進入歷史系以後，更重視的是如何判讀史料、文本、統合各種資訊、透過有限的訊息理解事件的原因與梗概等。簡單來說：歷史系的訓練並不是要使我們成為一本本會走路的歷史辭典，而是要訓練我們思考歷史事件形成的原因、歷史文本的寫作脈絡，以及蒐集、統整資料的能力。

經過上述求學過程中種種來自外界的挑戰與刺激，我常常在想，到底要怎麼把自己所學的知識轉化成普羅大眾可以理解且有興趣閱讀的訊息呢？特別是當我在寫論文時，這樣的想法就更強烈了，一方面當然是有感於社會大眾與學院之間的認知落差，另一方面則是在寫論文、讀史料過程中，有時候實在不得不苦中作樂。比如當我努力地在清末報紙找尋台灣與中國沿岸貿易的統計資料，卻無意間發現原來清末重要肥料商品「坑沙」，其實是把人的糞便曬乾壓成餅，再交易至整個中國流通、販賣。從來只聽過「肥水不落外人田」，但沒想到可以從史料讀到糞便竟然變成商品來賣，也是大開眼界。

不過，限於論文主軸，後來並沒有把這個趣聞寫進論文，我想這也萬萬不會是課本能出現的東西。所以，在這裡我要再重新回答一次我同學的問題：在過去的時光洪流裡，實在是有太多太多課本不會出現的東西了。

研究所畢業以後，我在繼續升學與工作之間猶豫了好一段時間，但想想博士畢業以後那精美的就業率……我最後還是決定先行就業，往另一個方向探索人生的道路。去年偶然在朋友的引介下，來到內容力有限公司任職，並參與晨星出版公司合作的《圖說台灣史》寫作計畫。

內容力的同仁大多跟我一樣，是經過長年的人文社會科學學術訓練的碩、博士生，因為希望發掘並推廣近代東亞區域中所發生的有趣故事、歷史，而成立的一家公司，以一源多用（出版、翻譯、影視、代理）的方式，推動人文社會科學知識的傳播。經過一段時間的參與之後，我真心覺得，能夠將當年研究所時的幻想／妄想轉化為真實的工作，雖然有挑戰性，但也是一件非常快樂的事情。

在這個《圖說台灣史》的寫作計畫中，寫作團隊同為歷史學背景的學者，我們在求學過程中，都曾遭遇類似上述的衝擊，同時有鑑於台灣史研究在近年蓬勃發展，且不斷持續深化，因此也希望將學界近年的研究成果，轉化成通俗有趣的文字，搭配豐富的說明圖片，使這本書成為社會大眾認識台灣史的一個引子。而身為初出茅廬的史學學徒，行文之中，難免有疏漏之處，也請各位讀者多多指教。

許雅玲

寫於二〇一六年十月十九日深夜

目次

CONTENTS

【戰後】

日本時代畫家鹽月桃甫作品，出自《生蕃傳說集》

N

史前史

史前的台灣是什麼樣子？

時間要回溯到距今約七千年到四千七百年左右，由華南沿海遷來了一批新住民。這批新住民已經進入了新石器時代，發展出了大坌坑文化，其文化內涵與長濱文化、網形文化截然不同，是南島語系的祖型文化。相關的遺址包括新北市八里區大坌坑遺址、台北市士林區芝山岩遺址、台南市南科考古遺址、台南市歸仁區八甲遺址、澎湖菓葉遺址、高雄市林園區鳳鼻頭遺址等。

「史前時期」是什麼？

所謂的「歷史」，指的是「對過去事件的文字紀錄」。換言之，「文字」的有無，即為歷史時代與史前時期的差異。因為文字在各地出現的時間不盡相同，因而使得各地的史前時期與歷史時期也有相當大的差異。以台灣本島來說，歷史時期大約於一六二四年的「荷西時期」開始。在此之前，均屬於史前時期。

「台灣」是怎麼誕生的？

當有地震發生的時候，你的第一反應是躲到桌子下，是奪門而出，還是在網路上送出「地震！」的訊息呢？台灣人在遇到地震時，反應可說數一數二地淡定。原因？因為台灣人對地震，可說習以為常了。原來，台灣的誕生，和地震有絕對的關係——菲律賓海板塊與歐亞大陸板塊相互擠壓，地殼抬升的結果，造就了台灣在距今一千五百萬到六百萬年前出現。此一現象，今日

蓬萊運動

約六百萬年前，菲律賓海板塊上的火山島弧與歐亞大陸板塊的碰撞，撞出了今天的台灣島。這場運動，便被地質學家稱為「蓬萊運動」。

依然持續進行中，這也是為何台灣人非常習慣地震的原因。有意思的是，雖然難以察覺，但劇烈的造山運動導致了中央山脈至今每年仍會「長高」零點五到一公分左右呢～劇烈的造山運動，加上因位於亞熱帶，豐沛的雨水帶來旺盛的沖蝕作用，使得台灣的地貌複雜多變，也因此擁有了豐富的自然環境。

1

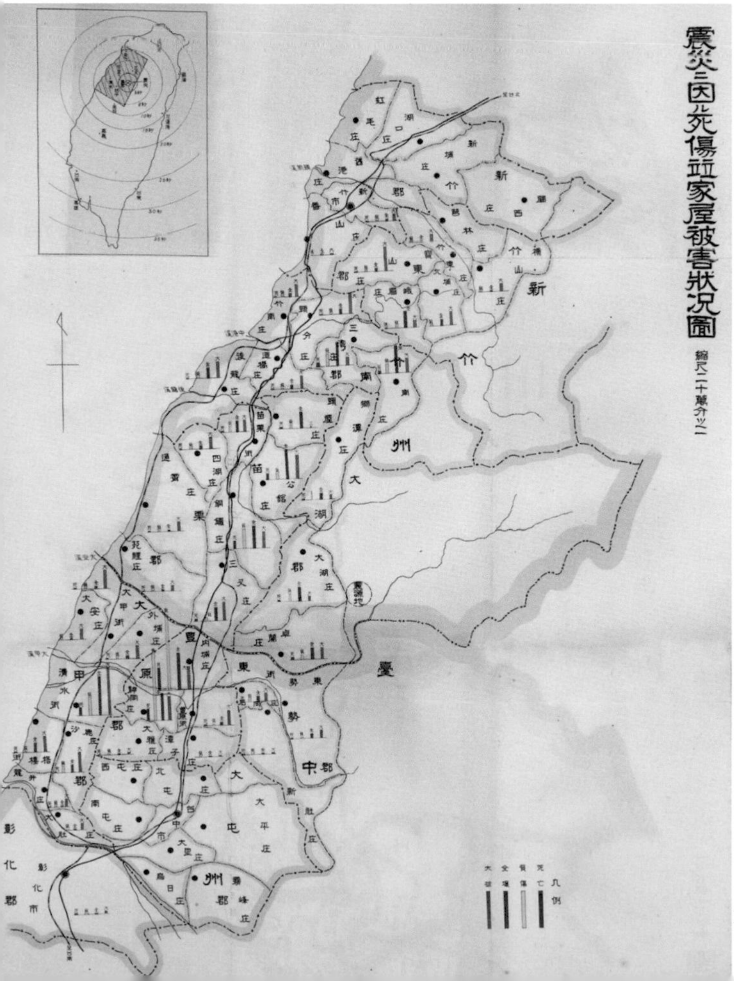

2

1 1999年9月21日清晨1時47分台灣發生強烈地震，霧峰光復國中的斷層錯動被保留成為「九二一地震教育園區」／胡文青提供

2 1935年新竹台中震災被害狀況況圖

1

2

3

4

1 1934年博物學家鹿野忠雄發表雪山與南湖大山的冰蝕地形論文，成為第一位台灣冰河遺跡的發現者。圖為從雪山東北山稜看到的圈谷

2 從雪山東北山稜看到的北峰

3 從雪山主峰看到的北峰（兩峰之間的稜線）

4 從雪山山稜看到的圈谷

冰河時期

「全球暖化」是近年來環保的熱門議題之一。其爭議點之一在於，地球的暖化，是人類活動造成的結果，或者只是地球的「正常能量釋放」？據研究，約每隔十萬年，會有一次冰河期。

冰河時期的來臨，意味著大量的水變成冰，亦即全球的水平面會大規模的下降數十到數百公尺不等。而台灣海峽最深處約七十公尺深，換言之，台灣海峽在冰河最盛期（水平面比今日低一百三十到一百五十公尺）並不存在。這也意味著台灣與亞洲大陸處於相連的狀態。最近一次的冰期，距今約兩萬五千到一萬八千年前。之後，氣溫逐漸回升，台灣海峽再次出現至今。

史前文化：使用石器與鐵器的時代

在缺乏文字記載的狀況下，史前時代的分期，主要是依據製作器物的技術。大致上可以分為「石器時代」和「金屬器時代」。其中，石器時代又可分為「舊石器時代」和「新石器時代」，而金屬器時代又可分為「青銅器時代」和「鐵器時代」。

新石器與舊石器時代的差異，主要在於石器的製作、使用方法，與生活型態。舊石器時代的工具主要是以敲打石頭粗製而成的石器，器型較簡單，生活型態以狩獵和採集為主。新石器時代開始出現更細緻、更多樣化的石器，同時也發展出陶器製作技術和農耕技術。

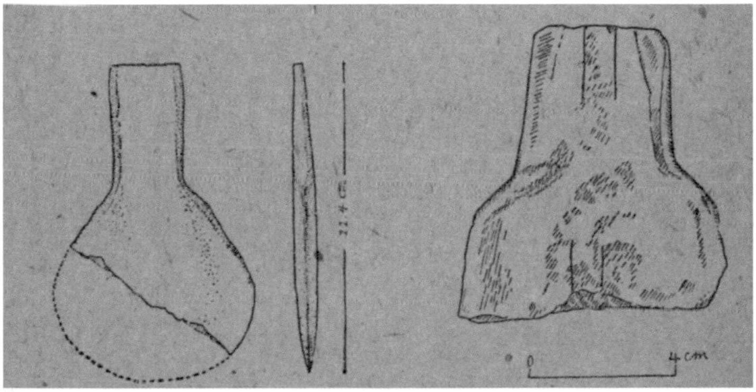

1

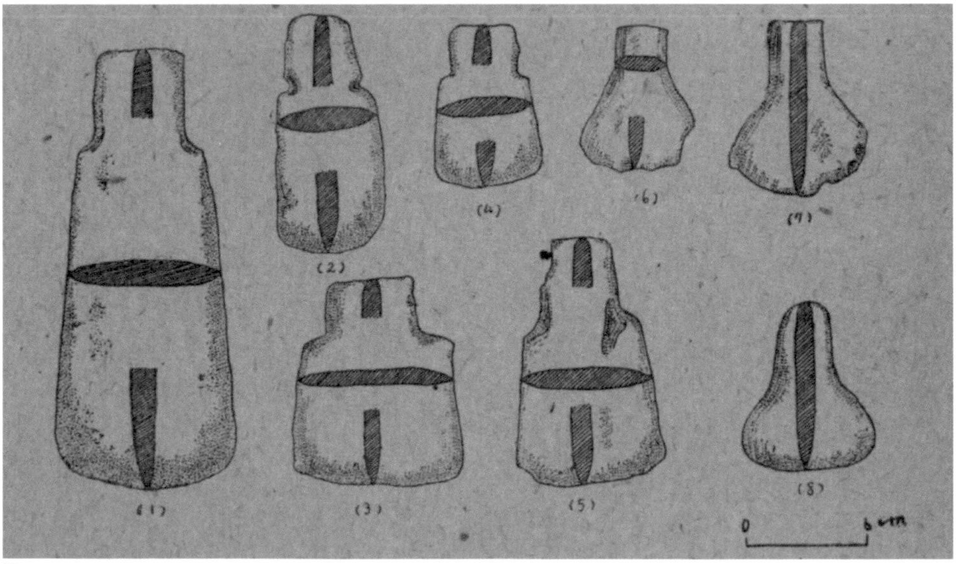

2

1 關渡附近（圖左）與劍潭貝塚附近（圖右）出土的有肩石斧
2（1）（2）（3）（4）（6）（7）（8）是圓山出土的；（5）是新竹出土的有肩石器

已知用火的舊石器時代：神祕的長濱文化

台灣最早有智人居民的證據，是一九六八年在台東縣長濱鄉八仙洞被發現的史前文化：長濱文化，它也是目前為止台灣最古老的史前文化。相關遺址零散地分布在台灣東部到恆春半島的海岸，出現的時間約為距今五萬到五千年前，當時台灣仍與亞洲大陸相連。

以人類自非洲遷徙的路線圖來看，長濱文化的族群應該是在間冰期時由亞洲大陸進入台灣。他們以漁獵與採集為生，居住於海邊的洞穴和岩蔭中，不會農耕、畜牧或製陶，但「已知用火」。

那麼，他們就是今日原住民的祖先嗎？按照考古證據來看，現在的台灣原住民，約在六千年前由華南一帶渡海來台，和長濱文化的居民沒有直接的關係。事實上，儘管他們居住在台灣的時間上有所重疊，但雙方更可能從未見過彼此。

長濱文化位於由亞洲大陸進入時較難抵達的台灣東部。除了長濱文化外，另有在馬武窟溪一帶的小馬遺址群。那麼西部是否有舊石器時代的遺址呢？答

1

2

案是有的。一九八四年，在苗栗縣大湖鄉新開村的伯公壟遺址，發現了舊石器時代的遺留物，考古學者將之定名為網形文化。而屬於多文化層遺址的芝山岩遺址中，也曾發現舊石器時代晚期、推測為北部長濱文化的石器。不過依照目前的研究，這群舊石器時代的住民，和今日原住民所屬的南島語族沒有可確認的關係。這群人到底是從哪裡來的什麼人呢？這個問題，還有待進一步的研究。

已知燒陶的新石器時代：不笨的大坌坑文化

之前提到舊石器時代的台灣居民和現代台灣上的所有人可能都沒有關係。那麼，今日原住民的祖先文化，又是何時來到台灣的呢？時間要回溯到距今約七千年到四千七百年左右，由華南沿海遷來了一批新住民。這批新住民已經進入了新石器時代，他們所帶來的史前文化被稱為大坌坑文化，其文化內涵與長濱文化、網形文化截然不同，是南島語系的祖型文化。相關的遺址包括新北市八里區大坌坑遺址、台北市士林區芝山岩遺址、台南市南科考古遺址、台南市歸仁區八甲遺址、澎湖菓葉遺址、高雄市林園區鳳鼻頭遺址等，可說全台各地都有分布。

從遺址大小與文化層的型態，大坌坑文化人主要居住在河、海、湖的岸邊，以狩獵、漁撈、採集為生，也可能已經開始從事初級農耕。同時，他們也已經會燒製簡單的手工陶器（以缽和罐兩種器型為主，而且質地鬆軟），這些陶器的顏色通常呈暗紅到淺褐色，常見以繩紋裝飾。

左鎮人

一九七〇年代，化石採集家與考古學、地質學研究者們，陸續在台南左鎮菜寮溪發現古老的史前人類化石，並將之定名為左鎮人。當時針對化石所測得的年代為距今兩萬到三萬年前，故被認為是台灣所發現的最古老的人類。但因定年測量方式的改善，左鎮人的定年，已於二〇一五年時重新更正為距今三千年左右。此外，因為在左鎮只有發現頭骨化石，沒有發現文化遺址，所以目前無法推測左鎮人所屬的文化。

1 芝山岩考古遺址復原，位於芝山岩文化史蹟公園考古探坑展示館／胡文青提供

2 1930年代芝山岩景觀

過了一陣子，大約是四千五百到三千五百年前，以大坌坑文化為基礎，出現了「細繩紋陶文化遺址」。像大坌坑文化一樣，細繩紋陶文化遺址廣泛分布在沿海地區，晚期則有沿著河谷往內陸移動的趨勢。按照各地的文化內涵差異，又可細分為牛罵頭文化、牛稠子文化、訊塘埔文化、東部繩紋紅陶文化等。此時的生活方式，已經轉變為以農業為主，但狩獵和漁撈仍有相當重要的地位。

在距今三千五百年到兩千年前左右，出現了新石器時期的晚期文化。包括北部的芝山岩文化、圓山文化、植物園文化，中部的營埔文化、大湖文化，南部的鳳鼻頭文化，東部的卑南文化、麒麟文化、花岡山文化等。這個時期

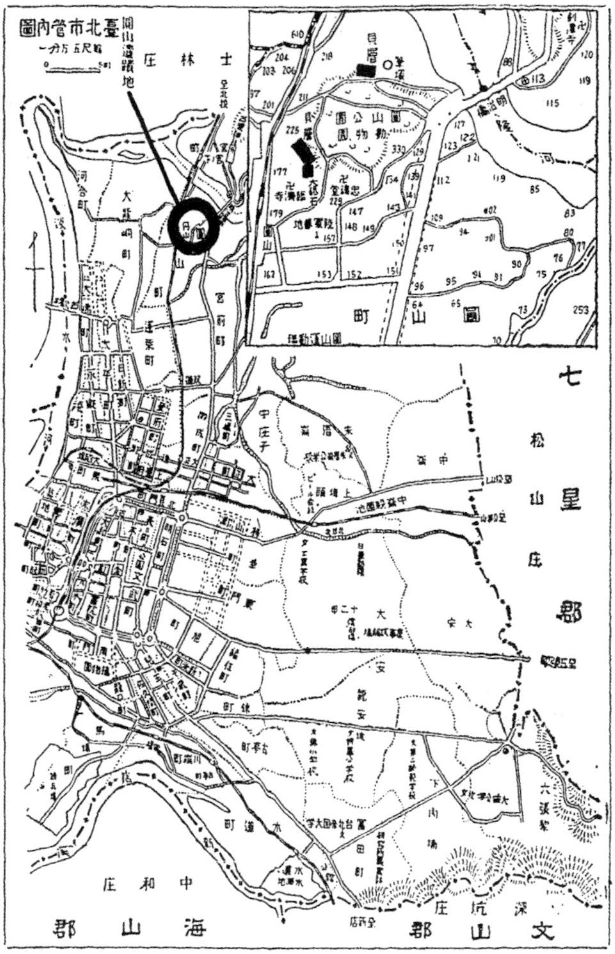

1

1 圓山貝塚位置圖
2 圓山貝塚出土土器
3 卑南文化園區展示館內的石柱文物

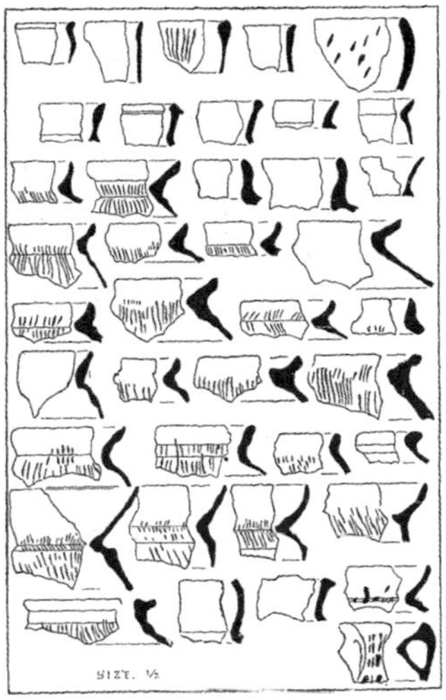

2

的台灣可說是相當熱鬧。除了由牛罵頭文化演變而來的營埔文化外，另外也出現了受到中國曇石山文化影響的鳳鼻頭文化，而芝山岩文化中則發現中國浙江南部與福建北部的史前文化要素，植物園文化中也發現中國閩南地區的史前文化特色，卑南文化、麒麟文化和花崗山文化則未確定與那些海外文化有直接關聯，但台灣東部所產的精美閃玉質玉器，則在全島史前遺址以及東南亞地區如菲律賓等地皆有出土。從這裡我們可以推測，當時的中國沿海與東南亞的新石器文化，與台灣史前文化有著相當密切的關聯。

月形石柱：神祕的台灣巨石陣

英國的「巨石陣」是名聞世界的史前遺址，研究者們也圍繞著巨石陣的用途提出了眾多說明。但你知道嗎？台灣也有著如同英國巨石陣一般神祕的大型史前石碑遺址，它就是位於台東的「月形石柱」。位於卑南文化公園內的月形石柱，是目前唯一仍留存原地的史前遺跡，已有三千年歷史的這塊石柱，材質是板岩。而板岩有什麼特殊的呢？原來卑南當地並不產板岩，這類石頭必須到遙遠的中央山脈開採。在史前的洪荒年代，卑南人是靠著什麼樣的方式運送這麼大塊的岩石，至今仍無定論。

3

另外一個還沒有定論的，就是「月形石柱」的用途。石柱頂部本來的形狀是圓形，因破損才成了今天所看到的「月形」。而「月形石柱」其實也並不孤獨。繼一八九六年，日本學者鳥居龍藏在考察途中發現它，並留下了最早的照片和紀錄後，一九二〇年代的鹿野忠雄與其後的金關丈夫、國分直一等學者，都曾描述他們在卑南看到眾多高度從一點八到四點五公尺不等的石柱。這兩項紀錄，前者讓我們看到了月形石柱的本來面貌，後者則告訴我們月形石柱其實還有許許多多的同伴。只是，伴隨著土地的開發，現在只剩下它孤獨地矗立在文化公園中。

除了月形石柱外，目前在地表上還能找到四塊石柱遺跡。根據遺跡，可以發現這些石柱的豎立方向一致為北偏東三十度，這樣精準的測量技術，實在很難想像是數千年前的新石器時代人可以達到的。因此，在討論到月形石柱的用途時，除了最主流的「房屋結構說」外，亦有學者認為這可能和古代天文學的測量有關。至於真相如何？或許就和英國的巨石陣一樣，需要投入更大量的人力與資源，進行更多的研究挖掘才能知道吧！

1

1 卑南月形石柱今貌／胡文青提供

2 卑南文化園區／胡文青提供

3 卑南史前文化人活動想像模型／胡文青提供

2

至於擁有這樣壯麗石碑的卑南遺址，本身也相當驚人。卑南遺址是台灣目前所知規模最大的遺址，而即便納入環太平洋地區，也應該是保存最完整的遺址。因此，政府甚至有將之提報世界遺產的規劃。遺址的總面積約為八十公頃，相關地區則包括卑南大溪、卑南山和卑南族的聖山都蘭山。

卑南遺址所屬的史前文化稱為卑南文化，在花東地區還有許多同屬卑南文化的遺址，分布於海岸山脈與花東縱谷南段坡地上的遺址，出土了大量的農耕用具。而從其形狀與大小來看，可看出當時農業的高度發展。海岸地區的遺址，則出土了眾多漁業用具，顯示卑南文化在農耕與漁獵上的並重。此外，從墓葬內發現為死者量身訂做的板岩石棺，與棺內玉飾與其他出土的玉器來看，可見卑南文化在當時已發展出高度的文明。

卑南文化在公元前二〇〇〇年左右消失，而現存的卑南族並非卑南文化的繼承者。兩者只是名稱相同而已。

3

最後階段：金屬器時代

大約在距今兩千年前後，台灣進入了金屬器時代。在這個時期，台灣的史前文化可說「遍地開花」，諸如東北部的十三行文化，中部的番仔園文化、大邱園文化、南部的蔦松文化、西拉雅文化、龜山文化、東海岸的靜浦文化與三和文化等。金屬器時代的特徵，從名字就可以看得出來，此時代是懂得使用金屬的時代。一般世界文明的演變過程，是先有青銅器時代，再銜接使用鐵器的鐵器時代，台灣則沒有明顯的青銅器時代證據，而是直接進入鐵器時代。擁有比石器更加堅硬耐用的鐵器，代表犁田種植可以省下更多力氣，打獵時讓獵物致死也更有效率。換言之，鐵器大大地提昇了金屬器時代人類的生產力。工具和武器的進步帶來生產力的提高，使得人口與聚落都有增加的趨勢，這也是為什麼這個時期台灣有眾多不同的金屬器文化的原因。

台灣的金屬器時代很長，從距今二千年前，到銜接歷史時代為止。在這漫漫年月中，各地的金屬器文化根據其所在地區發展出不同的特徵，而這些文化，不少就是日後台灣原住民的祖型文化。如十三行文化被推測為凱達格蘭族、噶瑪蘭族的祖型文化，番仔園文化則有可能是拍瀑拉族的祖先，蔦松文化和西拉雅族有地緣上的關係，三和文化的陶器和石器上則發現了今日排灣族也常用的百步蛇紋飾，顯示兩者間可能存有繼承的關係。靜浦文化則可能是今日阿美族的先祖。

金屬器時代的另外一個特徵，是有廣泛的對外貿易活動。這從遺址出土器物裡有許多台灣沒有生產的物品可以證明，如十三行文化出土的文物中，

史前遺址的命名

根據考古學的慣例，史前遺址的命名多使用該地的最小地名。

台東卑南文化園區是台灣第一個遺址公園。圖為園區內考古遺址現場／胡文青提供

發現了唐宋的銅器、銅錢和瓷片。番仔園文化、大邱園文化、蔦松文化、靜浦文化遺址中則發現了可能來自於東南亞或南亞的玻璃器、玻璃珠、瑪瑙珠等飾品。靜浦文化除了玻璃與瑪瑙製品外，另發現了青銅器、瓷器和釉陶等多種物品。這些發現，顯示了當時台灣原住民並非孤立發展，而是和海外有著頻繁的往來貿易活動。

考古學的考古史：台灣考古史

臺灣的考古學研究，起源於一八九六年日本學者栗野傳之丞在台北芝山岩發現一件石器。隔年，伊能嘉矩和宮村榮一發現了圓山貝塚，裡面的石器、骨器、陶器與大量的生物遺留等物品，引起研究者們對台灣史前時代的注意。鳥居龍藏、田中正太郎、森丑之助、鹿野忠雄、國分直一等，均展開對台灣史前史的研究。在一九〇二到一九一一年的十年間，總計有超過一六九個遺址被發現。此時期的研究重心，在於對器物的分析與研究，包括其型態、裝飾風格、製作技術與背景等。

南科考古遺址目前已知有大坌坑、牛稠子、大湖、蔦松、西拉雅、明清漢人等六個文化層共十一個分期。圖為南科發掘出土的陶器，並於南科考古文物陳列室復原展示／胡文青提供

一九二八年，台北帝國大學在哈佛大學博士移川子之藏的規劃下，成立了「土俗人種學講座」，進行台灣民族學與考古學的田野調查、標本採集、理論架構等工作。以此年為分期，到一九三九年為止，日本學者調查地點從台北近郊轉移到東海岸與西南平原，發掘方式也轉為組織性的發掘。至日本時代結束為止，發掘到的均為新石器時代以降的遺址。此時期的研究重心，以調查、發掘與整理遺址為主。

一九四五年，日本戰敗。台北帝國大學改組為台灣大學，土俗人種學講座也改制為歷史系民族學研究室。當時留用的日籍學者，如金關丈夫、國分直一等，將日本時期的考古學知識傳承給台灣第一代的考古學者宋文薰、劉茂源等人。一九四九年，一批考古學與民族學者隨國民黨政府敗退台灣。當時的台大校長傅斯年於是向教育部申請增設考古人類學系，原歷史系民族學研究室併入考古人類學系，首任系主任由哈佛大學人類學博士李濟擔任。李濟引入哈佛大學的課程設計，採考古學、民族學、語言學及體質人類學四支並進，將研究的領域延伸到世界各地之外，也延續日本時期以降蒐藏、整理與研究標本的精神，令台大人類系成為台灣唯一的考古學研究教學機構。此時期的研究重點在文化的親緣關係、人群遷移的方向與文化傳播的途徑等。由於政府的管控，一九八〇年以前，台灣的考古學界基本上瀰漫著一股萬事根源於中國的民族主義想法。一九八〇年以後，考古學界的關注轉趨多元，從器物到社會組織，從貿易到聚落系統，史前文化與南島民族的關係亦成研究焦點。

左圖 在 1902 到 1911 年的十年間，台灣史前遺址被大量發掘。1928 年，台北帝國大學更成立「土俗人種學講座」，為日後台灣的考古學奠基。圖為 1912 年「台灣蕃族分布圖」

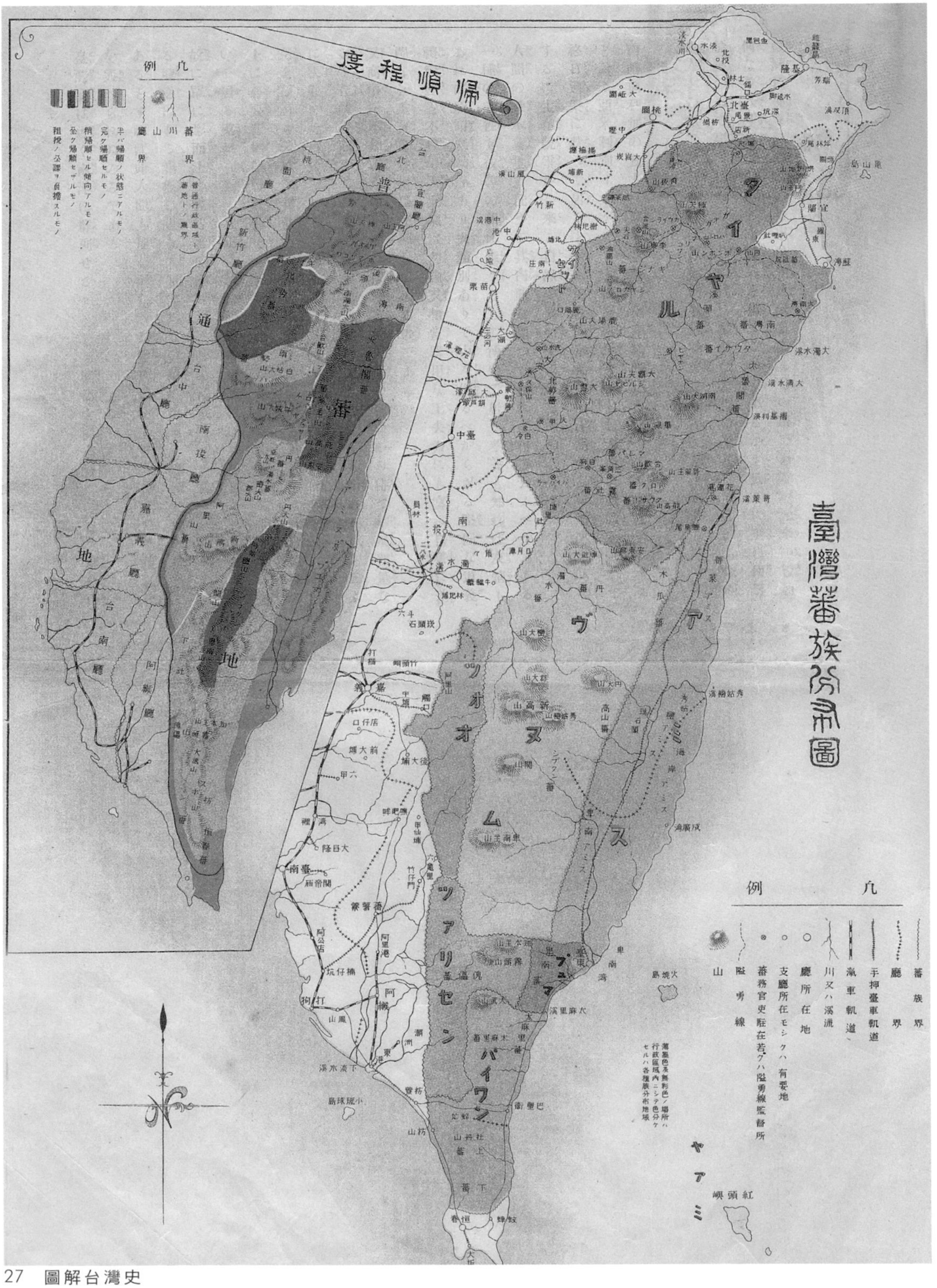
臺灣蕃族分布圖
歸順程度
凡例
蕃界
川
山
廳界
半バ歸順ノ狀態ニアルモノ
完ク歸順セルモノ
稍歸順セル傾向アルモノ
凡例
蕃族界
廳界
手押臺車軌道
汽車軌道
川又ハ溪流
廳所在地
支廳所在モシクハ有要地
蕃務官吏駐在若クハ隘勇線監督所
隘勇線
山
タイヤル
アミス
パイワン
プユマ
ヤミ

台灣史前遺址文化層示意圖

1896 年日人粟野傳之丞，在芝山岩無意間發現一塊特殊的石片，後經研究是一件史前石斧，石器的發現也讓舊稱「圓山仔」的芝山岩，成為台灣最早被發現的史前文化遺址。文化層年代涵蓋 7,000 年前至今，有近代、植物園、圓山、芝山岩、大坌坑等文化層。圖為芝山岩考古探坑展示館內文化層復原。

級配層（現代）

近代文化層（清代）
約西元 1700 至 1950 年代

圓山文化層
距今約 3000 年至 2500 年之間

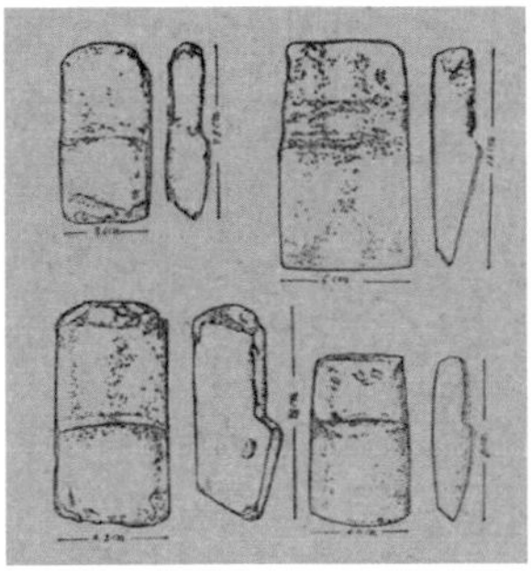

日本時代圓山貝塚東北方台灣神社基地出土石斧，為台灣神社造營事務局囑託原賢次郎氏採集

芝山岩文化層（早期）
新石器時代晚期，約 3600 至 3000 年之間

大坌坑文化層
距今約 6000 至 4500 年之間

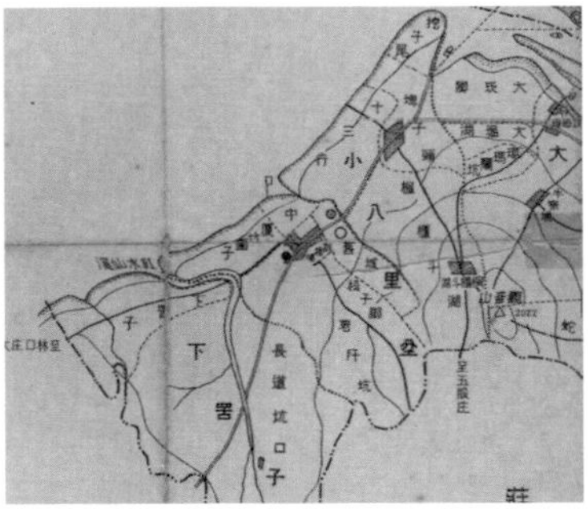

八里庄管內圖，可見十三行與竹圍子地名

堆積層——松山層
舊石器時代晚期，距今約 6000 年

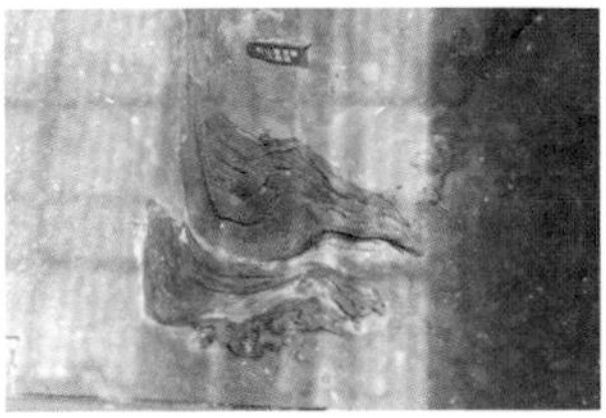

松山層頂層的大樹頭

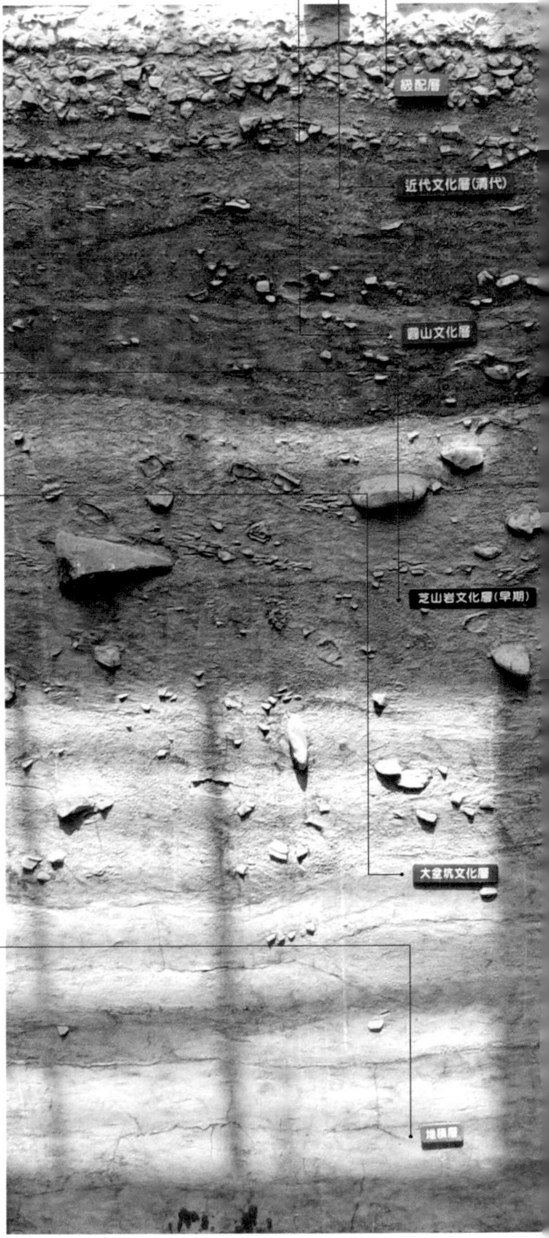

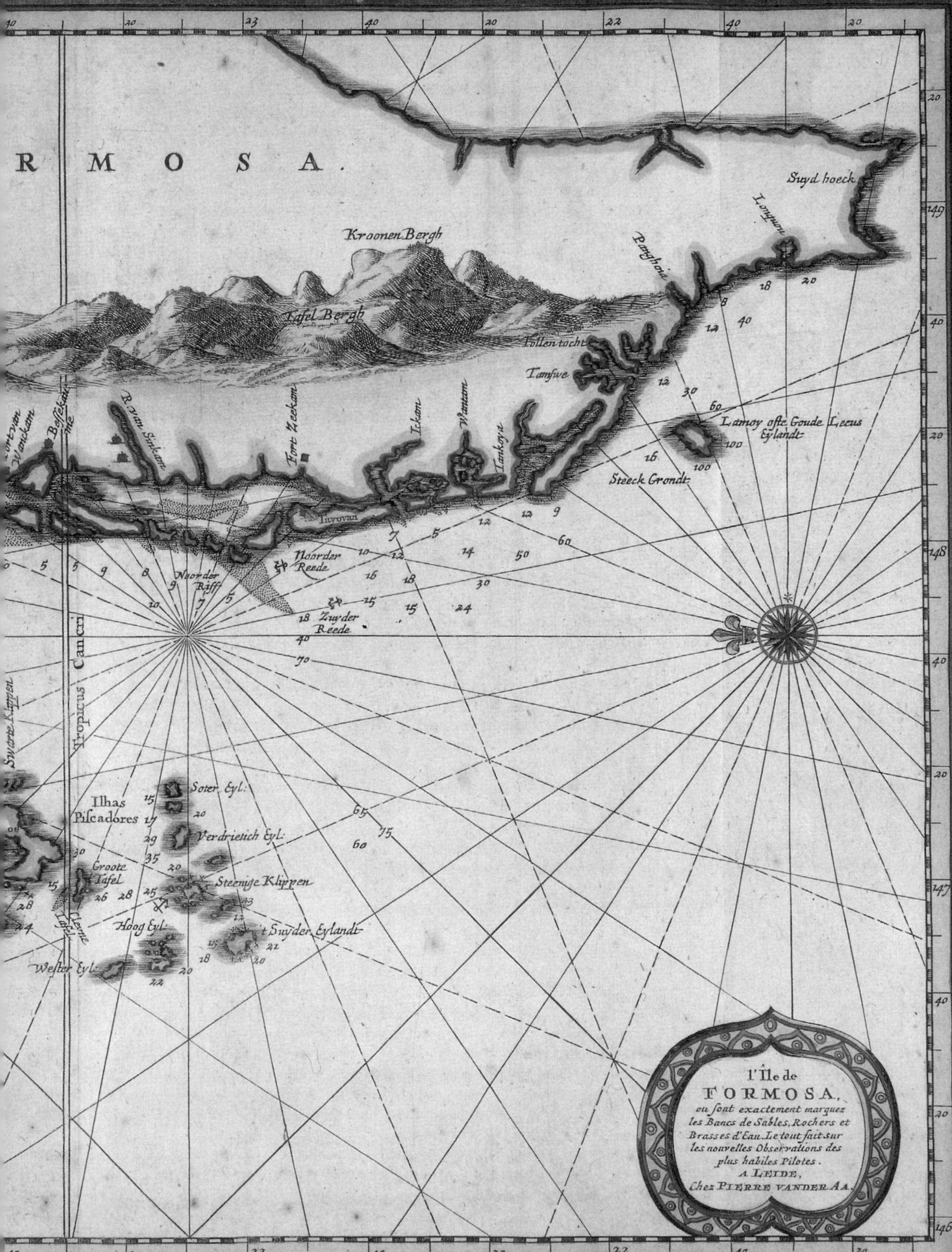
RMOSA.
Suyd hoeck
Kroonen Bergh
Tafel Bergh
Tamswe
Lamoy ofte Goude Leeus Eylandt
Steeck Grondt
Fort Zeekam
Tayovan
Noorder Reede
Noorder Riff
Zuyder Reede
Tropicus Cancri
Ilhas Piscadores
Soter Eyl.
Verdrietich Eyl.
Groote Tafel
Steenige Klippen
Hoog Eyl.
t Suyder Eylandt
Wester Eyl.
l'Île de
FORMOSA,
ou sont exactement marquez
les Bancs de Sables, Rochers et
Brasses d'Eau. Le tout fait sur
les nouvelles Observations des
plus habiles Pilotes.
A LEIDE,
Chez PIERRE VANDER AA.

十八世紀福爾摩沙島海圖

海上競逐

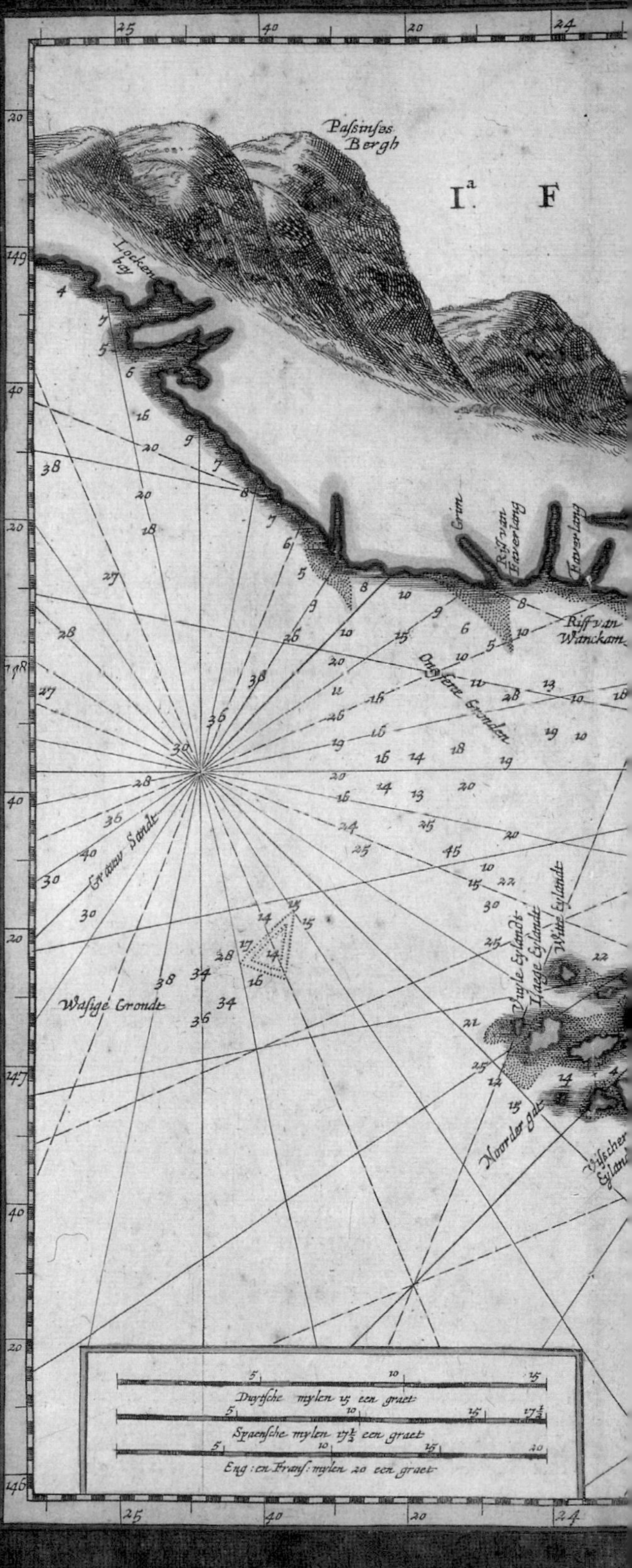
Passinses Bergh
Locken bay
Grim
Riff van Faverlang
Faverlang
Riff van Wanckam
Grauw Sandt
Wasige Grondt
Noorder gat
Duytsche mylen 15 een graet
Spaensche mylen 17½ een graet
Eng: en Frans: mylen 20 een graet

在還沒有飛機的「古早時代」，今天的歐洲、北非一帶，透過兩條路線和東方的中國地區貿易、交流。一是海上路線，經由季風在特定時期往來於地中海、穿過紅海或波斯灣而航向印度洋與中國海；另一條則是我們熟知的陸上路線「絲路」，從地中海地區經中亞內陸地區、穿過印度、中國西側山脈，而到達中國地區。航海技術未發達之前，歐洲商人多取道絲路，而會遇到途中關卡層層剝削、政治局勢變遷、盜匪騷擾等不可測因素。

十五世紀時，由於義大利的威尼斯共和國與鄂圖曼土耳其帝國發生多次戰爭，原由威尼斯控制的長途貿易遭致影響，西方商人於是必須找到替代路線。在當時的歐洲，地圖學和航海、造船技術發展已臻成熟，遠洋航行成為可能，也引起一波波航海探險風潮。一四九八年，葡萄牙探險家達伽馬（Vasco da Gama）發現通往印度的新航線；一四九二年，受西班牙資助的義大利探險家哥倫布（Christopher Columbus）意外「發現」美洲大陸；一五二二年，西班牙政府資助之葡萄牙探險家麥哲倫（Ferdinand Magellan），其所率艦隊完成環繞地球一週的航行。自此，陸上絲路不再是通往東方的唯一途徑，東西方之間的文化、貿易交流開始大量增加，重商主義、自由貿易主義與殖民主義也隨之而來。

正當此時，我們熟悉的台灣，還是一座太平洋上的「孤島」。除了被十六世紀中葉「路過」的葡萄牙水手稱為「Ilha Formosa（「美麗島」之意）」——而這些水手可能是沿途看到一個島就喊一次「Ilha Formosa」——以外，還沒有全面地被國際所認識。

現在的中國和台灣經貿文化交流頻繁、政治爭議不少，很容易就讓人以為，中國地區的政權從開天闢地以來，一直非常在意台灣。事實上，明帝國及

1 荷蘭時期東印度公司最後一任台灣長官揆一以「C.E.S」署名出版的《被遺誤的台灣》封面

2 Ilha Formosa「美麗島」

其之前的中國地區政權，對台灣認識極少，也因航海技術、海洋洋流及颱風阻隔而很少到台灣來。即便是在十五世紀初期、幾乎與西方地理大發現同期時，即有鄭和七次下西洋此等遠洋航行能力的明帝國，也因為傾國防資源於北方強敵蒙古、瓦剌，以及考量國防、統治正統性而規劃的朝貢貿易體系、海禁政策，官方無意接觸台灣。

相對於明帝國官方的態度，民間、特別是東南沿海一帶，與台灣的接觸就比較多。十六世紀中期以降，明帝國因為與日本的商業糾紛，而將之排除於朝貢體系之外。日本大名們為了明日貿易的鉅額利益，派出船隻從事地下走私活動。走私活動有時夾雜劫掠沿海，即成「倭寇」之海盜問題。同此之際，明帝國中央朝政日漸紊亂、地方官府控制力下降，加以東南沿海商品經濟發達，當地民眾又素有海貿技術、習俗，便漸漸逸脫於海禁控制之外，和日本海盜合流，在明國華南沿海、東南亞一帶從事海上貿易。這時候的台灣，除了北部的雞籠、淡水是明日商人交換貨物之地以外，也有漢人季節性地來台短期居住，從事捕魚、狩獵、番產交易活動。這些漢人活動結束就返回明國，幾乎沒有形成固定社會。堪稱明帝國時代對台灣描述相較準確的陳第〈東番記〉，也是他隨友人沈有容追剿海盜時，才有機會認識台灣、而寫成的。

概略總結此時台灣鄰近的東亞海域狀況，是明帝國官方無意發展海上活動、實行海禁政策的情況下，有著漢人海商勢力縱橫東亞，以及歐洲商貿勢力西班牙與荷蘭等因交通與商貿發展而東來，加上鄰國日本為獲取商業利益出外海貿等多股勢力。十七世紀，從一萬年前浮上海面就一直默默無名的孤島台灣，在這波東亞海上競逐中，終於躍上國際舞台。

1

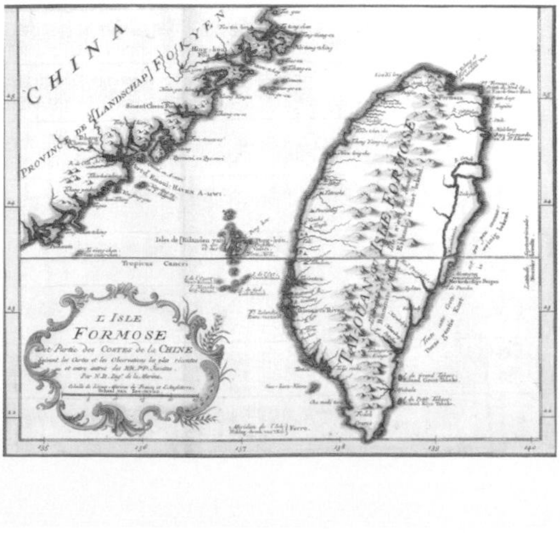

2

荷蘭人為什麼來到台灣？

探金與貿易是十七世紀重商主義國家奉行的準則，荷蘭亦不例外。
荷蘭東印度公司，發動一連串戰爭，
以奪取西班牙、葡萄牙於東亞的殖民地，
斯時澎湖與台灣也在名單之列……

「遲到」的VOC

在地理大發現觸發的十六、十七世紀大航海時代中，一六〇二年在今天的荷蘭地區，由阿姆斯特丹、米德爾堡、恩克赫伊森、代爾夫特、荷恩、鹿特丹六處商人合組了「荷蘭東印度公司」（荷蘭文 Vereenigde Oostindische Compagnie，縮寫為 VOC）。雖然 VOC被賦予接近國家的權力（準國家），本質上仍是一個實行重商主義的商業公司，占領土地首重「據點」價值，而非殖民、統治該地。

一六一九年，VOC在巴達維亞（今印尼雅加達）建立總部，一六二二年於**澎湖建立貿易據點**，準備對抗葡萄牙、西班牙的海貿勢力，並尋求與明帝國貿易的機會。然而，當時澎湖是明帝國的領土、駐有軍隊，明帝國派遣沈有容、俞咨皋等將領多次勸離，並默許荷蘭離開後可與明貿易。荷蘭在當時縱橫東亞海域貿易的海商李旦中介下，一六二四年轉往其時無政權統治的福爾摩沙島（今台灣），在大員（今台南市安平區）設立對明國、日本、東南亞貿易的轉運據點，並期阻斷以西班牙殖民地馬尼拉為中心的既有貿易路線。

在安平古堡內展示的十七世紀荷蘭東印度公司的標誌／胡文青提供

荷蘭東印度公司VOC的權力

VOC 的建立，是為了發展對東印度地區的海上貿易。為了在外行動方面，荷蘭國家議會授權予VOC，使其得以自組傭兵、發行貨幣、與他國締結條約、對某地區進行殖民統治。這些權力的運作，主要由VOC 決策核心的十七紳士（Heren XVII）及董事會負責。

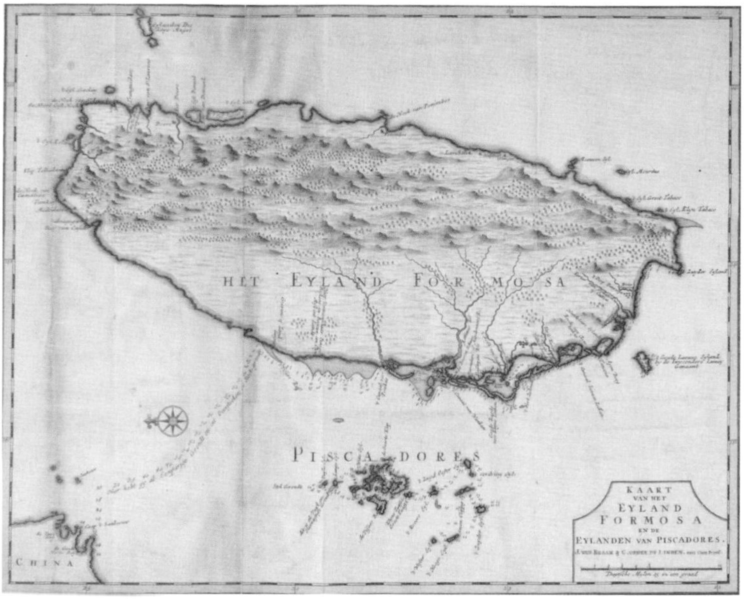

十七世紀福爾摩沙島與澎湖群島圖

不過，一六二四年VOC入台後，在台發展並不是一帆風順，而是經過許多折衝的。原因在於，VOC入台當下，台灣內部早有日本商人從事轉運貿易，外有西班牙以馬尼拉為中心之東亞貿易路線，以及李旦、林鳳、鄭氏海商集團等東亞海上貿易競爭者。毋寧說，荷蘭人還算「遲到」的。如前所述，荷蘭統治台灣，原就是為了抗衡西班牙商貿勢力。而進入台灣沒幾年，就發生荷日貿易衝突「**濱田彌兵衛事件**」，導致日本幕府關閉在日荷蘭貿易，荷蘭還需交出「惹事」的荷蘭駐台長官奴易茲（P. Nuyts）才獲平息。日本的海上「威脅」，要到其一六三六年鎖國後才獲解除。

荷蘭建城過程

一六二二年VOC短暫占領澎湖時，曾在台南「一鯤身」地區建立一座簡單的城堡，一六二四年來台發展後便將之增建成城堡「奧倫治城」（Orange），後來又陸續改建，一六三四年成為「熱蘭遮城」（Zeelandia）。此城即荷蘭統治時期統治台灣部分地區、對外貿易的中心。此外，還在城堡東方興建了台灣街（今台南市延平街一帶）和普羅明遮街（今台南市民權路）。後來一六五二年郭懷一事件爆發後，荷蘭人為防止反叛事件再度發生，遂於赤崁建造了普羅明遮城（Provintia），亦即今日的赤崁樓。

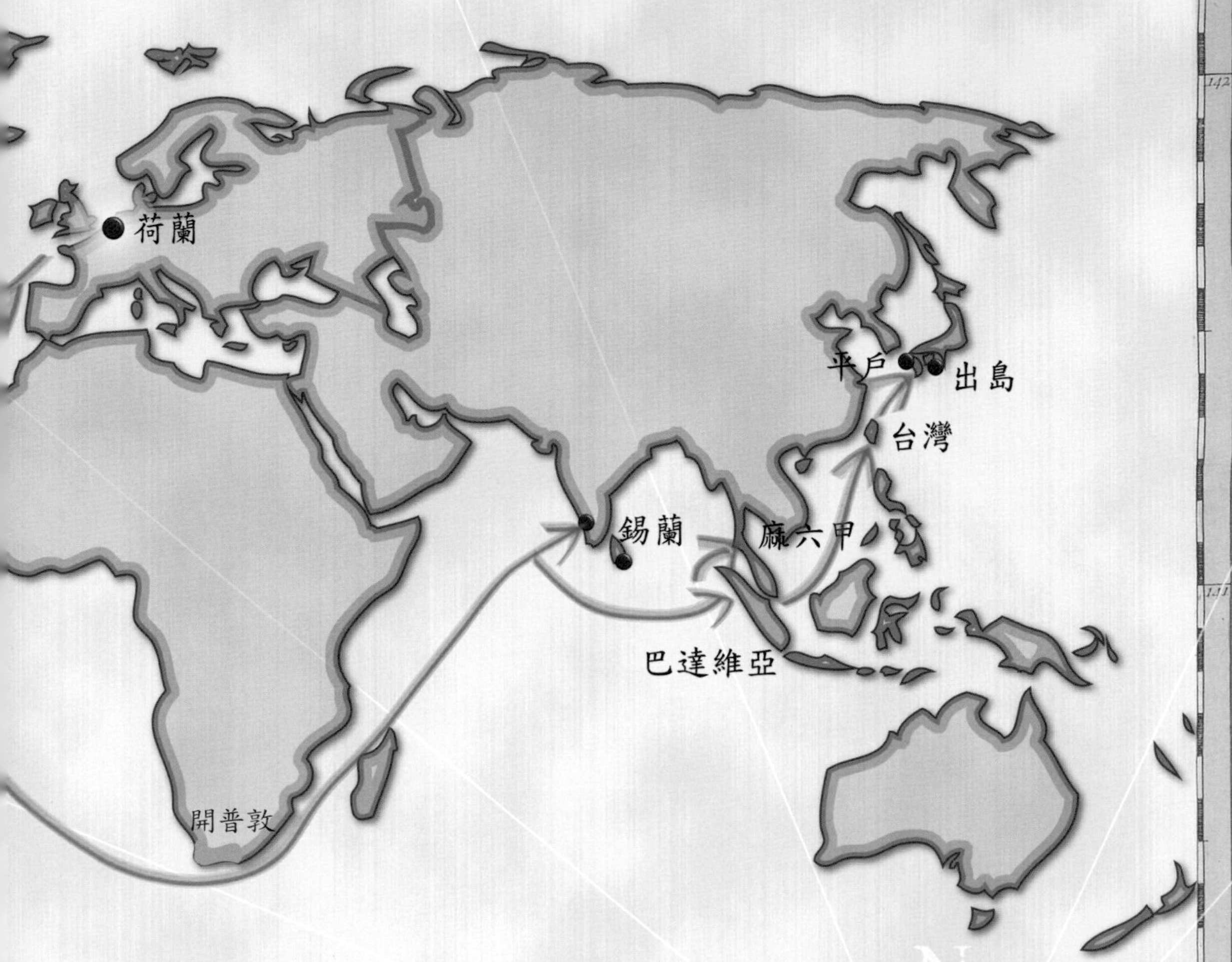

3

1

5

4

2

荷蘭貿易轉運示意地圖

1 1930年代高雄港
2 1930年代基隆港
3 十八世紀荷蘭商船近觀
4 十八世紀荷蘭商船上的火炮武器
5 1930年代錫蘭可倫坡港
6 荷蘭阿姆斯特港停泊的十八世紀商船

1

2

1 濱田彌兵衛事件

2 濱田彌兵衛事件圖繪

濱田彌兵衛事件

一六二六年，日本商人濱田彌兵衛等人與荷蘭累積了貿易衝突，隔年遂帶不滿荷人虐待的新港社原住民回日策動江戶幕府反荷。一六二八年，濱田又率商船兩艘來台，此時荷蘭駐台長官努易茲（P. Nuyts）派員登船檢查、扣留武器火藥，並軟禁濱田數日，同時將告狀的新港社原住民下獄。濱田回日後，日本平戶之荷蘭商館遭江戶幕府封館，此即「濱田彌兵衛事件」。其後荷蘭幾度派人赴日磋商恢復通商事宜，但都未成功。一六三二年，荷蘭乃將當年負責處理濱田事件的奴伊茲引渡至日本，荷蘭在日的貿易始獲恢復。一六三六年日本鎖國後，日本人絕少到台灣活動，荷、日衝突也才不再發生。

原漢分治

在排除日本、西班牙競爭過程中，荷蘭人即以大員為據點發展轉運貿易。購買明國的生絲、瓷器、砂糖、絲織品，運往巴達維亞、歐洲；將台灣鹿皮運往日本，換回大量白銀和一些商品。另外，亦從巴達維亞運回胡椒、丁香等香料，在明國換取黃金後，經大員、巴達維亞而將黃金、白銀運到印度換取棉布，帶回巴達維亞以購買香料。一六四九年VOC在東亞十多處據點中，台灣的商館獲利總額排名第二、占總和四分之一，僅次於日本的三成八。

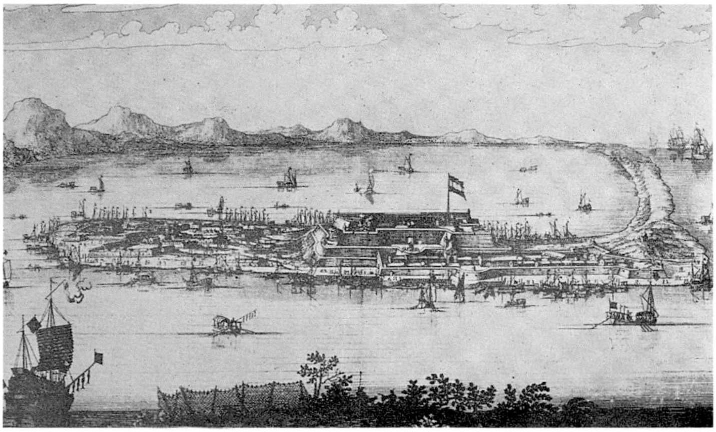

熱蘭遮城古圖

VOC在台灣的龐大獲利，不以大批軍力建立強權而來。整個荷蘭時代，VOC駐台行政、宗教、軍事人員大多在幾百至一千多人之間，要面對人口鼎盛時近十萬的原住民（荷蘭控制約半數）、三萬多人的漢人。其成功秘訣，一是由於軍隊配備較先進的武器火槍，以及友方原住民支援數百至千人援軍，更重

荷蘭在台轉運貿易

一六二四至一六六二的三十九年荷蘭統治時期，台灣輸出砂糖、鹿皮、鹿肉、鹿茸、籐、白米等商品，並負責荷蘭藥材，巴達維亞的香料、棉花、金屬等，中國的蠶絲、絲綢、陶瓷、黃金，日本白銀等的轉運貿易。根據統計，一六三四年到一六三八年之間，由台灣輸出到日本的鹿皮張數，從十一萬張大增為十五多萬張。

荷漢合作

漢人到台灣後，從事農業耕作田地，生產蔗糖、稻米等農產品輸出，向荷蘭繳交人頭稅和貿易稅以換取保障。此外一六四〇年代起還透過贌社制度承包原住民村社交易權，與原住民交易鹿皮、鹿肉，再轉賣鹿製品以賺取利潤。

要的因素則是分別和漢人、原住民合作，令其相互牽制，收取合縱連橫之效。

首先是漢人部分，荷蘭人來台後，很快地發現漢人的農業耕作能力、刻苦耐勞態度，是其經營台灣的助力。適逢當時明帝國國內混亂、沿海福建居民貧窮而往外尋求發展，在VOC提出獎勵、甚至以公司的船隻載運下，越來越多漢人冒險橫越海峽、移往台灣。荷蘭人為維持漢人定居社會、使之協助發展農業和商貿，提供軍隊保障安全、法治、土地所有權、交易秩序等保障，將漢人當作「市民」對待，而形成互相協助對方在台灣殖民的「共構殖民」體制。不過，這個共構殖民體制並非互相平等，也才有一六五二年漢人因高糧價、人頭稅而暴動的郭懷一事件。

相較於漢人，荷蘭人對台灣原住民的統治接近歐洲封建制度之領主與封臣關係。荷蘭人根據地的大員，鄰近新港、蕭壠、目加溜灣、麻豆等原住民社，各社在一六二〇至三〇年代，不是拉攏VOC提供保護、消滅對手村社，就是拉攏合作村社、攻擊VOC及其支持村社。直到一六三〇年代中期VOC解決與日本的貿易糾葛、行有餘力後，便開始派兵壓制各部落，以優勢軍力令之簽約，承認荷蘭主權、繳交年貢。同時，還固定舉行地方會議，透過授與藤杖、鳴放禮炮、行軍表演等場面，以一種「奇觀」形式展演統治權力，震懾原住民。在荷蘭軍力保證勝利的實質影響，以及政治奇觀展演權力的震懾下，原住民村社時常與荷蘭站在同一邊。

荷蘭在台除了貿易、統治行政外，也背負傳播基督宗教的新教思想之責。VOC之中，基督新教牧師屬於公司職員，為提高行政效果而進行教化工作。荷蘭宣教士甘治士（Georgius Candidius）、尤羅伯（Robertus Junius）等，在

VOC與原住民、漢人的人數比例

整個荷蘭時代，VOC駐台行政、宗教、軍事人員大多在幾百至一千多人之間，其中軍隊是五六百至一千名左右，相對於荷蘭統治時期人口鼎盛時近十萬的原住民（荷蘭控制約半數）、從數千人增至三萬多人的漢人，是為相對少數。VOC每次派人支援原住民村落戰爭，多是幾十至百人上下之部隊。即連一六四二年成功驅逐西班牙勢力、一六五二年成功鎮壓郭懷一事件五千名漢人暴動，或是最後在一六六一年對抗鄭成功兩萬多名大軍中落敗，VOC在台統治者都是派出三百至五百士兵，最多是再寫信向巴達維亞討幾百名救兵——海洋的阻隔還讓馳援不一定能即時抵達。

原住民地區建立教堂、學校，並以羅馬拼音紀錄原住民口語，使之能留下文字紀錄，即是今日所稱之「新港文書」。宣教士除了傳教外，亦成為原住民村落保護者，象徵著部落與VOC的溝通橋樑。

荷蘭統治時代的影響

VOC在台灣的統治結束於一六六二年，內部農業利益下降、荷漢關係惡化，外有鄭氏海商集團為對抗清帝國、收奪商業利益而攻台。雖然荷蘭統治台灣不過三十九年，其所遺留影響甚至延續至今。例如今天台灣習慣於種植稻米、蔗糖的農業商業化生產概念，農業發展主力的漢人社會形成，原住民開始能以文字紀錄文化、有書寫契約能力，土地所有權法制化等，都起自荷蘭時代。具體事件部分，諸如至今還用以衡量農地、土地的單位「甲」（源自荷蘭語「akker」發音），或是原住民小琉球族群的消失（一六三六年拉美島大屠殺）、習慣以勞役換取統治者「保護」，也都始自於荷蘭時期。荷蘭與台灣這兩個相距九千多公里、飛行時間十三小時的國家，在歷史上曾經是很相近的。

荷蘭時期的普羅民遮城，今赤崁樓

荷蘭為原住民帶來文字教育

相較於原來已有文字體系的漢人，荷蘭宣教士甘治士（Georgius Candidius）、尤羅伯（Robertus Junius）等人建立的教堂、學校，在新港、蕭壟、麻豆等地招攬了不少原住民入學。更甚者，由於荷蘭的教派主張以方言或口語來傳教，一六三六年在新港社開辦學校時，用羅馬拼音文字書寫新港語口語，還編輯教義問答等教材，以及各種字典、教義書。後來原住民以此文字與漢文與漢人訂定雙語土地契約文書，即是今日所稱之「新港文書」。宣教士除了傳教外，亦成為原住民村落保護者，象徵著部落與VOC的溝通橋樑。

啥咪？台灣也有聖薩爾瓦多、聖多明尼哥、聖地牙哥？

一六三二年，西班牙有一艘船漂到蛤仔難，船上五十八人均被當地的泰雅族人殺害。西班牙人遂以此為藉口，派兵征討，將東北海岸納入勢力範圍。同時，西班牙人亦逐步往南探險，最遠曾到新竹一帶。一六三五年，西班牙人在台灣建立了淡水等三個省區（province），為其經營台灣的頂峰……

北台灣的西班牙時代

若是問「聖薩爾瓦多」、「聖多明尼哥」與「聖地牙哥」與台灣之間的關係，恐怕有很多人會開始看起飛往南北美洲的機票吧?!但實際上，這三個地名與台灣之間，有比一張機票更為親近，卻也更為遙遠的關係——它們曾經並存在北台灣的大地上。

這是怎麼一回事呢？

這件事，要從遙遠的十五世紀開始說起。讓我們往前回溯一下，到西元一四九二年的伊比利半島吧！

葡萄牙與明朝

明朝稱呼葡萄牙人為「佛朗機人」。一五一一年，阿方索・德・阿布奎（Afonso de Albuquerque）以武力占領麻六甲，使之成為葡萄牙在遠東的基

劃線打勾勾，瓜分全世界：教皇子午線、托德西利亞斯條約和薩拉戈薩條約

對於西班牙來說，一四九二年是個相當重要的年份。在這一年，伊比利半島的基督教統治者打敗了伊斯蘭教統治者，成立了西班牙王國；也是在這一年，哥倫布（Christopher Columbus）和新生的西班牙王國簽約，「發現」了美洲大陸。在剝削美洲所獲得的財富支援下，西班牙打造了「無敵艦隊」，開啟了它最為燦爛輝煌的時代——但，燦爛輝煌的，不只有西班牙。

同樣位於伊比利半島的葡萄牙，此時亦積極擴展領土。「海上競逐」因此成了此時期的關鍵字。在競爭下，西葡兩國為了領土問題，多所摩擦，終於在一四九三年，由教皇亞歷山大六世、葡萄牙國王約翰二世與西班牙國王費迪南針對此事討論出「教皇子午線」，以分割葡萄牙與西班牙「可占領的世界範圍」。一年後，約翰二世要求重新分界，於是西葡兩國重新簽訂了《托德西利亞斯條約》（Treaty of Tordesillas），將「教皇子午線」的分界線，再往西移了二百七十里格（約一五九八・四公里）。巴西即依據此條約，被劃入葡萄牙的範圍。西班牙與葡萄牙，自此依侍著此一分界線，劃分各自的地盤。此分界線，也開啟了近代強權殖民、瓜分土地的先聲。

按照《托德西利亞斯條約》，兩國以西經四十六度三十七分為界，以東為葡萄牙勢力範疇，以西則是西班牙。因此，在麥哲倫（Fernando de Magallanes）堅持「地球是圓的」，繞過南美洲、抵達太平洋之前，往亞洲的

地。三年後，葡萄牙趁貿易之便，占領珠江口的屯門島（今香港屯門），香港迎來了「葡屬時期」。自此，一直到一五二一年，葡萄牙人為了與中國通商，使盡了各種手段：武力進逼、假稱為前來進貢的穆斯林、賄賂皇帝身旁的宦官、找翻譯教明武宗葡萄牙文等。然而，在明武宗去世、世宗繼位後，即改對葡萄牙人採取強硬的態度。一五二一年，嘉靖令廣東海道副使汪鋐進攻葡屬香港。這一系列的戰爭打到一五二二年的茜草灣之戰，最終由明帝國獲勝。葡萄牙失去屯門島一帶後，輾轉在一五五三年獲得了澳門的居留權，繼續為拓展葡萄牙在遠東的利益而努力。

航路只有通過印度洋的這個選項。於是根據條約，亞洲一直都是葡萄牙的勢力範圍。

此一條約，隨著麥哲倫船隊自麥哲倫海峽抵達印尼的摩鹿加群島（Maluku Islands）後，受到了挑戰。一五二九年，西葡雙方又簽訂了《薩拉戈薩條約》（Treaty of Saragossa），在摩鹿加群島以東十七度處再劃出一條線，作為兩國在東半球的勢力界線。在此條約之下，西班牙在亞洲的殖民地被限制在太平洋沿岸。在此範圍內的陸地，則有菲律賓群島與台灣。

占領台灣，先過颱風這一關：西班牙人與颱風的恩怨情仇

一五七〇年，西班牙占領了呂宋（今菲律賓）後，為了保護與擴大其在亞洲的商業利益，有人就開始想到要占領北方的台灣。一五九七年，西班牙人科羅聶爾 (Hernando de los Ríos Coronel) 獻給西班牙國王腓力二世一張繪有台灣的彩色地圖，向國王進言攻取台灣的重要性：「（台灣）肥沃，處於中國和日本的要衝，但缺乏港灣，僅在向日本的地方，島嶼北端有一港。港形良好而堅固，稱「雞籠」。若占據此處建城堡並派兵三百名防守，駐砲兵，則足以抵禦日本人的攻擊。港口頗狹隘，港內廣闊而水深……」。被說動的腓力二世在一五九六年命令總督達司馬里（Dasmarinas）占領台灣。達司馬里於一五九八年下令薩摩蒂奧 (Don Juan de Zamudio) 帶領兩艘船、兩百名士兵進攻台灣。然而，這支艦隊不敵颱風，無功而返。西班牙人自此展開了與颱風拼搏的歷史。目前比數，颱風一，西班牙零。

日本江戶時期的鎖國政策

「鎖國」是日本江戶時代德川幕府的外交政策。因自從葡萄牙傳教士聖方濟各沙勿略到日本傳教後，信仰天主教的人數日益上升。深受威脅的江戶幕府，於是實施了禁教令，同時迫害不願改宗的天主教徒。隨著衝突的日益升高，幕府決定與天主教國家西班牙和葡萄牙斷交，僅在特定地區和特定國家往來，比如與明國和清國政府，以及新教的荷蘭人在長崎出島進行貿易。此外，各藩亦有各自的貿易夥伴，如對馬藩與朝鮮、薩摩藩與琉球國以及松前藩與蝦夷等。此後，一直到美國培里的「黑船開港」為止，日本均處於鎖國時期。

進攻失敗後，事情原本到這邊就告了一個段落。但由於作為航海後進國的荷蘭人異常拚命，在一六二四年占領了台灣南部，使得位於呂宋的西班牙人開始感受到利益的威脅——台灣處於日本和呂宋之間，比起呂宋，也與中國更加接近。若由荷蘭人占領此處，顯然將對西班牙人的貿易利益會有強烈的打擊。日本政府亦於此年進一步擴大鎖國政策，將西班牙人列入禁止貿

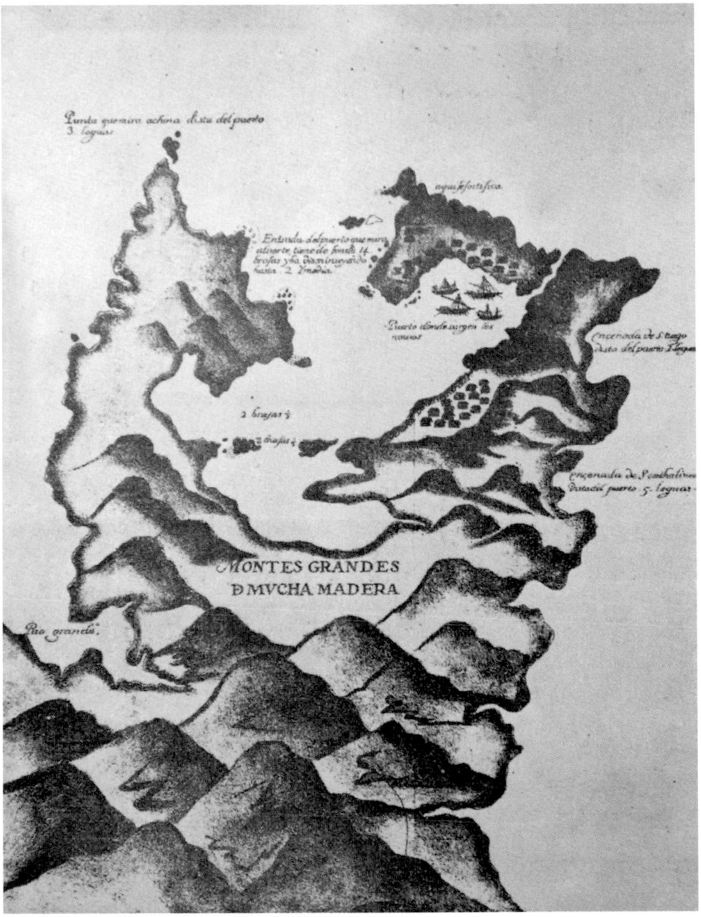

十七世紀西班牙人在台灣北部港口圖

西班牙駐菲律賓總督施爾瓦(Fernándo de Silva)

非網路上流傳的"Don Fernando de Silva"。"Don"是西語的「閣下」，不是姓名。Don Fernando de Silva一般指阿爾瓦公爵，費爾南多·德·席爾瓦-阿爾瓦雷斯·德·托萊多（Fernando de Silva Mendoza y Toledo, 12th Duke of Alba，1714-1776）。施瓦爾總督（Ferndo de Silva，生卒年不詳）為聖地牙哥騎士團的騎士，於一六二五年七月到一六二六年六月擔任西班牙菲律賓總督一職。

1

1 社寮島上的「聖救主城」（San Salvador）平面圖

2《清職貢圖選》內「荷蘭國夷人及夷婦」

社寮島

社寮島，今稱和平島，位於基隆港東北口，與本島間僅以寬約七十四公尺的小海灣（八尺門水道）區隔。該島主要由「桶盤嶼」、「中山仔嶼」，與社寮三島構成。由於島嶼的位置正當基隆港的出入門戶，因此具有相當高的軍事價值。島上舊地名，如「番仔厝」、「番仔寮」等，則紀錄了凱達格蘭族群居此地的歷史。其中，位於「番仔寮」的中船鑄造廠（舊兵營區），更是凱達格蘭族祖靈祭時的公廨所在地，該地有一史前文石碑，傳說是凱達格蘭祖先所立。此地原為雞籠社熟番番丁在清朝時，因出兵參與平定太平天國有功而受封的土地。割讓後，日軍挪作季節性兵營之用。

易與傳教的對象。一六二六年，以保護呂宋與明國之間的貿易往來為理由，西班牙駐菲律賓總督施爾瓦（Fernándo de Silva）派提督卡黎尼奧（Antonio Carreno de Valdes）率大划船二艘，戎克船十二艘，載兵士三百名入侵台灣。西班牙此支艦隊自呂宋沿台灣東海岸航行，趁著颱風季未到，艦隊於五月十一日到達「聖地牙哥」（即今日的三貂角，Santiago），十二日抵達聖三位一體港（Santisima Trinidad，或譯「至聖千里達」。即今基隆港），十六日就在社寮島（今和平島）舉行占領儀式，同時開始築「聖地牙哥城」（San Salvador，又名聖救主城）與四座砲台，以防備荷蘭人的進攻。颱風與西班牙人的比賽，比數來到一比一。

2

取得台灣北部後，西班牙人進一步想要趕走盤據南方的荷蘭人，占領全台灣。一六二四年七月，西班牙總督率領艦隊從馬尼拉出發，但路上遇到颱風，即使是總督，也只能跟船一起漂回馬尼拉。同年九月，西班牙人想著颱風季總該過去了吧，打起精神再度出發。這回確實到了大員港口，但好巧不巧，又遇上了秋颱，再次被吹回呂宋島。颱風對西班牙人的比數來到了三比

十七世紀荷蘭人在基隆蘭字洞遺留的字跡

隨後，國民政府強制接收為國軍軍營，後轉交中船鑄造廠至今。從土地權利的移轉，也可看出「國家體制」如何一步步地侵害原住民權益。其餘景點如「龍目井」、「福州街」、「砲台頂」、「琉球埔」、「大埔尾」、「蕃字洞」等，也有各自的歷史故事，值得探訪。

一。西班牙人並未學習颱風不屈不撓挑戰中央山脈的精神，相反地，他們從此不再有進攻台灣（大員）的念頭。

走入歷史的「聖」字地名

既然無法大範圍地鯨吞占領，那麼就一點點地慢慢蠶食吧！一六二八年，西班牙人在滬尾（今淡水）築「聖多明尼哥城」（San Domingo），也就是今天的「淡水紅毛城」。西班牙擁有基隆的和平島與台北的淡水港兩個重要港口，對此地的經營也著實下了一番功夫。除了築城外，也建教室、設學校、闢教堂，同時亦開通了由雞籠經基毛里（今基隆市瑪陵坑）、大巴里（即今金包里），從北海岸迂迴行至淡水的路徑，亦使沿路的原住民部落盡納入其勢力範圍之下。

一六三二年，西班牙有一艘船漂到蛤仔難，船上五十八人均被當地的泰雅族人殺害。西班牙人遂以此為藉口，派兵征討，將東北海岸納入勢力範圍。同時，西班牙人亦逐步往南探險，最遠曾到新竹一帶。一六三五年，西班牙人在台灣建立了淡水（Tamchui）、哆囉滿（Turoboan，今花蓮）、蛤仔難（Cabaran，今宜蘭）三個省區（province），為其經營台灣的頂峰。經濟方面，當時的原住民採以物易物的方式，將黃金、硫磺、鹿皮等出售給各國商人。西班牙人則一年兩次，從馬尼拉運來物資與白銀。因為當時明國不與西班牙人正式進行貿易，西班牙人遂以走私的方式和中、日商人在明國境外的台灣交易。

神祕產金地哆囉滿

「台灣東岸的哆囉滿（Turumoan），生產沙金頗多，北部金包里（Tapari）的山民，常往交易，然後轉賣給漢人。」十七世紀的西班牙神父留下此一紀錄。「哆囉滿」（Turumoan）這個詞，自此留存在台灣歷史上。一六九七年，郁永河抵台採硫磺。在其著作《番境補遺》中，記載著類似的條目：「哆囉滿產金，淘沙出之，與雲南瓜子金相似，番人熔之成條，藏巨甓中，客至，每開甓自炫，然不知所用。近歲始有攜至雞籠、淡水，易布者。」

「哆囉滿」到底在哪裡？這個詞有什麼意思嗎？

居住在西班牙勢力範圍的原住民，在考量到自身安全的狀況下，接受了西班牙的「教化」，開啟了台灣天主教的接受史。西班牙傳教士為了傳教，則編有《台灣島淡水語辭彙》（Vocabularino de la lengua de los Indios Tanchui en la Isla Hermosa）、《淡水語教理書》（Doctrina cristiana en la lengua de los Indios Tanchui en la Isla Hermosa）兩書，記載了原住民的語言，可惜此二書今日已然失傳。

在這樣盡心的經營之下，荷蘭人亦開始覺得芒刺在背。一六二九年，荷蘭台灣長官向巴達維亞總督建議驅除北部的西班牙人。然而此次與後續的行動，均未成功。西班牙最終撤出台灣的原因並非是與荷蘭人爭利失敗，而是因一六三五年以後，呂宋南部紛亂迭起，西班牙人無力再顧及台灣，原住民遂得機反抗。同時，因日本鎖國政策的影

日本時代的紅毛城

根據研究，哆囉滿位於今花蓮縣立霧溪入海處以北，到大濁水溪流域之間的地方。而「哆囉滿」這個詞，有說是西語「閃閃發光」的意思，也有說法認為應源於來交易的凱達格蘭族（Ketagalan）。另一方面，葡萄牙人的稱呼就好懂多了，他們叫這個地方「李奧特愛魯」（Rio Duero），也就是伊比利半島上的斗羅河。

事實上，台灣蘊有金鑛的說法，廣泛地流傳在來此貿易的商人之間，並非祕密。一六三八年，東印度公司的丹麥商務員馬丁‧魏瑟林（Maerten Weslingh）就在原住民的協助下，以卑南為基地，向北探索金礦的所在地。可惜的是，儘管他最遠曾走

1

2

1 荷蘭取代西班牙後的基隆港圖繪
2 殘破的聖救主城遺址
3 日本時代九份金瓜石金礦產區

到「距雞籠之西班牙城四哩處」（今基隆和平島）附近，但最終魏瑟林的探尋以失敗收場。最後，魏瑟林因與原住民之間發生衝突，在一六四一年被卑南地區大巴六九（今太平村）與呂家望（今利家村）的居民所殺。他的死亡，導致隔年荷蘭東印度公司大員長官率隊征討此二聚落。

至於一八九〇年，劉銘傳造鐵路時，從河裡發現砂金，最終引發九份淘金熱的盛況，又是另外一個故事了。

3

響，海上貿易為鄭成功的父親鄭芝龍所壟斷。在內憂與外患的夾擊下，西班牙人開始認為並無占領台灣的必要。一六三六年，淡水原住民燒毀「紅毛城」。兩年後，西班牙人自淡水撤兵，其所餘兵力，僅駐守於雞籠一城。荷蘭人發現這點後，在一六四二年，由台灣長官保羅・杜拉弟紐司派遣哈勞哲（Hendrick Harrousse）集結了十一艘軍艦和千名以上的士兵北上。在守軍僅有一百八十人的情況下，西班牙人於五天之後開城投降，結束了占領台灣十七年的歷史，而「聖薩爾瓦多」、「聖多明尼哥」與「聖地牙哥」這些充滿濃厚西班牙天主教風味的地名，也隨著西班牙人的離開，逐漸地被人所遺忘。在這之中，唯有「聖地牙哥」在後續的日本考證學家的記載下，有轉音為「三貂角」，而為吾人所記一說。

台灣也有海賊王？

——大海賊時代的倭寇、海商與濱田彌兵衛

《熱蘭遮城日記》中，時常出現與荷蘭東印度公司交手的李旦、顏思齊與鄭芝龍（一官）等海商，在明帝國的眼中卻是不折不扣的海賊王，據說顏思齊在台灣曾開墾十寨，劫富濟貧，奠定開台第一人……

倭寇一定是日本人嗎？

「倭」指日本，「寇」意味「侵犯」、「強盜」，所以「倭寇」指的一定就是「日本海盜」吧！——如果這樣想，那你就錯囉！事實上，就像斯斯分成三種一樣，倭寇也有兩種：「真倭」與「假倭」。「真倭」指的確實是以日本人為主體的海盜，他們因元朝與日本之間進行的「元日戰爭」之恩怨，而活躍於十三到十四世紀左右朝鮮半島一帶。稍後，主要由朝鮮人和中國人假扮的「假倭」出現了。他們活躍於十五至十六世紀的朝鮮半島、中國沿海甚至東亞內陸。《明史日本傳》曾記載：「大抵真倭十之三，從倭者十之七」。韓國《世宗實錄》亦載「然其間倭人不過一二而本國民假著倭服成黨作亂」，均可為證。

關於「倭寇」的成因，除了因東亞各國間的戰事而出現的流民與假海盜、真軍團外，最主要的組成份子，其實是海上商人。由於明太祖朱元璋一開國，

與「日不落」錯身而過的明帝國

明帝國初成之時，對於海上政策是依循元帝國的舊有政策，也就是自由貿易的原則。當朱元璋權力穩固之後，他立刻就下了海禁政策，也就是知名的「片板不許入海」。

然而，不為一般人所知的是，除了海禁之外，

即下了「片板不許入海」的海禁令，除了官方的朝貢貿易（勘合貿易）外，禁止民間對海外通商。然而，中國東南沿海一帶的居民，因地理條件的限制，無法僅以農漁牧業維生，海外貿易是他們賴以生活的重要手段。加以先前提過的「大航海時代」正在開展，歐洲商人對中國商品有巨大的需求。官方的禁止，實際上並無法禁絕貿易的進行，而只是將原本檯面上的交易，轉化為檯面下的走私與強盜。然而，參不透此點的明帝國，仍沉浸在陸上強權的迷夢中。無論是看輕貿易的抑商思想，又或單純不喜大海的無常與海外的異邦，都使得明帝國空有高超的製船技術、卓越的水手與腦筋犀利的商人，在時代的推進下，與「殖民強權」的標章錯身而過。而賴此為生的水手與商人，在其謀生管道無法合法化的情況下，遂化身為集海商與海盜為一身的「倭寇」。著名的倭寇包括許棟、王直（汪直）、李旦、顏思齊、鄭芝龍等。

明天啟年間荷蘭人登陸占領澎湖圖

朱元璋其實也施行了「陸禁」政策：陸地上的農民也不可以私自遷徙，必須安分守己地待在祖傳地耕作，違者處斬。從「海禁」與「陸禁」，其實也可以看得出來朱元璋理想的國家樣貌就是一個穩定的、恆久的大農村。

在海禁與陸禁的雙重禁止下，有機會成為開拓者與殖民者的海商與移民，非但得不到官方的協助，更成了官府急欲誅之的海盜與流民。也正是固守土地的保守心態，使得明帝國未能搭上大航海時代的船班，而與殖民強權的名號錯身而過。

成為海賊王——武裝海商點將錄

在前面提過的葡萄牙人，在與明朝官方的貿易協商被拒絕後，並未就此死心，而是轉入地下交易，也成了「倭寇」。許棟是第一個把佛朗機（葡萄牙）商人帶到浙江雙嶼港一帶進行貿易的海商，時為西元一五四〇年（嘉靖十九年）。成為「倭寇」交易之地的雙嶼島，因貿易之利，逐漸發展成一個重要的貿易樞紐，有「十六世紀的世貿中心」之稱。然而，好景不常，一五四八年，明帝國右副都御史朱紈出任浙江巡撫，發現雙嶼視海禁令為無物。個性認真的朱紈，遂「破其巢穴，焚其舟艦，擒殺殆半」。原本熱鬧的商業中心，瞬間片甲不留。

然而，認真的朱紈沒有想到的，是海上貿易到底蘊含了多大的利益。他的鐵腕令浙江、福建一帶的「大戶」們受到鉅額損失。在地方的反彈下，中央不得不將之罷黜，不久後朱紈就自殺了。而對於明帝國來說，此次剿滅雙嶼港的行動，雖然滅了許棟，卻讓在戰爭中表現不俗、日後比許棟更難對付的王直，有了出頭的一天。

逃出雙嶼港的王直，率領殘部到了日本的平戶休養生息。當時日本正值戰國時代，各地大名無不對能帶來利益的富商巨賈大表歡迎。是以，王直也受肥前大名松浦隆信之約，在西元一五四二年，開始以肥前國的平戶島（今長崎平戶）作為基地。一五五一年，王直打敗另一大海賊陳思盼，取得了舟山烈港作為中國基地。大敗陳思盼後，王直可說當上了「海賊王」。極盛時期，若船上沒有王直的旗號，甚至無法在海上通行。

林道乾與寶藏傳說

儘管只有短暫的停留，但林道乾卻留下了不少傳奇。傳說，林道乾到打狗後，有一天碰到一位仙人。仙人給他三支神箭，各刻了「林、道、乾」三字與百粒白米，告訴他供奉神箭、口含白米，睡一百天之後，一聽到他打獵時捕獲的錦雞啼叫，就向西北京城的方向射箭，即可射死皇帝、奪取天下。

林道乾回家告訴妹妹金蓮此事，金蓮怕錦雞亂叫，於是就拿了黑布罩住雞籠。然而，當第一百天來臨時，徹夜未眠的金蓮，想抱出錦雞看看是否安好，結果被抱出的錦雞，以為天已經亮了，就開始啼叫。聽到啼聲的林道乾立刻起身射箭，但因為時間太早了，皇帝還沒上朝，所以雖然射中了皇帝的寶座，但卻沒有殺死皇帝。皇帝大怒，遂派兵追擊林道乾。林道乾決定立刻收拾東

把「海賊王」當的有聲有色的王直，餘下的願望，就是將海上貿易合法化，去掉「賊」和「寇」的稱號，當個合法的海商。於是他上書明廷，以「殺陳思盼」、「擔負海防重任」等功績，要求明廷開放海禁。然而，對於擁有武力與錢財的商人王直，明帝國終究不能放心。西元一五五三年在總兵俞大猷的指揮下，王直遭到圍勦，敗走日本。

這次被勦後，王直乾脆在平戶稱王建制，立國號「宋」，自稱「淨海王」，後又改稱「徽王」。《明史》記載「三十六島之夷，皆聽指揮。」王直的生意越作越大，但他卻從未放棄逼迫明廷開放海禁的想法。之後，他率軍「蔽海而來，浙東西、江南北、濱海數千里，同時告警」大舉入侵明帝國，意圖令明廷在形勢所迫之下，開放海禁。此時，王直的同鄉、浙江巡按監察御史胡宗憲確實希望透過談判招撫他，在多次溝通下，王直接受了胡宗憲「通商互市」的條件。然而，死守祖宗家法的明廷，卻不認同時人對「越禁越嚴」的進言，由巡按御史王本固逮捕王直下獄。原先力保王直的胡宗憲，也在「是否收受王直賄賂」的流言下，為了保身，只好讓王直被明世宗下詔處死。一代海上帝王，就此隕落。

王直死後，無首的群龍回復到先前各自為政的狀態，同時又都因王直的被誘殺，而對明帝國抱持著懷疑乃至怨憤不等的情緒。因此，海疆並未如明廷祭出兇殘手段而趨於平靜，相反地，因為海商自此不相信明廷的綏撫，倭

旗後市街後對峙的打鼓山與旗后山

西，待明日清早錦雞啼叫後立刻出航。沒想到當晚，錦雞因為吃太飽而睡過頭，導致林道乾等人未能即時出發。林道乾一氣之下，殺了錦雞和說要留下來守護寶藏的金蓮。所謂的寶藏，是林道乾等人埋在柴山下，不及挖出的十八籃半白銀。

面對進逼的明軍，林道乾情急之下，把劍往西方劈去，不料，卻在打鼓山與旗后山之間闢出一個隙口，也就是後來的「打狗隙」（今高雄港），突圍而去。

林道乾沒有時間挖出的白銀，後來衍生了更多傳說。傳說，有樵夫在柴山砍柴時，遇到美女邀他共餐共飲，喝醉了的樵夫醒來之後，發現自己躺在榕樹旁邊。而該女就是金蓮的化身。也有傳說認為，日治時代在柴山旁興建台灣第一座水泥廠的淺野財閥，其財力來源即是林道乾的半籃白銀。柴山的別名為「埋金山」，亦是

日治初期打狗港鳥瞰

寇問題更為嚴重。下一個知名的海商，是西元一六五三年率戰船五十多艘自南澳攻打詔安、一鳴驚人的林道乾。

林道乾此番進攻被「抗倭名將」俞大猷所阻攔，林道乾遂退走至台灣打狗港（即今高雄）。其部眾也因此成為早期移民。到了高雄的林道乾，利用優勢兵力綁架原住民為奴隸，憤怒的原住民決定起而反抗，卻被林道乾偵知，搶先夜襲。這可能是有紀錄以來最早的大規模原漢衝突事件。

林道乾並未在高雄久留。留下部份人馬後，率領部眾遠走占城（今越南中南部），之後又回潮州。在穆宗即位，「隆慶開關」之後，率領部眾遠走暹羅。

源自於此。

然而史實上，林道乾之妹並未被哥哥所殺，而是隨兄渡海至馬來半島。至今，泰國北大年府仍有祭拜她的林姑娘廟、林姑娘墓，和據稱是林道乾闢建的「道乾港」與其所建立的清真寺遺跡。

從「打狗」到「高雄」

「打狗」源自世居於高雄的馬卡道族語，原意為「竹林」（Ta-Kao）。馬卡道族於此地遍植刺竹，以抵禦外敵。因為音近閩南語的「打狗」或「打鼓」，寫成漢字後，就成了地名。日本時代，日人覺得「打狗」不雅，遂以日文同音的「高雄」（Taka-o）改稱。民國後沿用至今。馬卡道族除了「鳳山八社」外，另也居於屏東地區。有一說認為馬卡道族遷徙至屏東阿猴社的原因，即是林道乾屠殺事件。但也有學者認為這純屬傳說。

「中國船長」李旦與「開台王」顏思齊

在林道乾和林鳳等大海商後，繼起的是被稱為「中國船長」（Captain China）的李旦，和被稱為「中國彼得」（Chinese Peter 或 Pedro Chino）的顏思齊。

有「開台王」之稱的顏思齊，據傳曾以台灣作為他的基地，是早期登陸台灣的漢人之一。他原先亦是在日本進行貿易的海商，而其離開日本的原因，據江日昇的《台灣外紀》記載，是因他與鄭芝龍等二十六人密謀推翻幕府統治，被發現後決定轉往台灣，登陸魍港（今嘉義縣布袋鎮一帶），建立「十寨」。傳說，顏思齊最後因往諸羅山（今嘉義）打獵，過程中染病而死，其墓則立於嘉義三界埔尖山上。現在的北港，還設有「顏思齊開拓紀念碑」矗立，提醒大家他的功績。

1

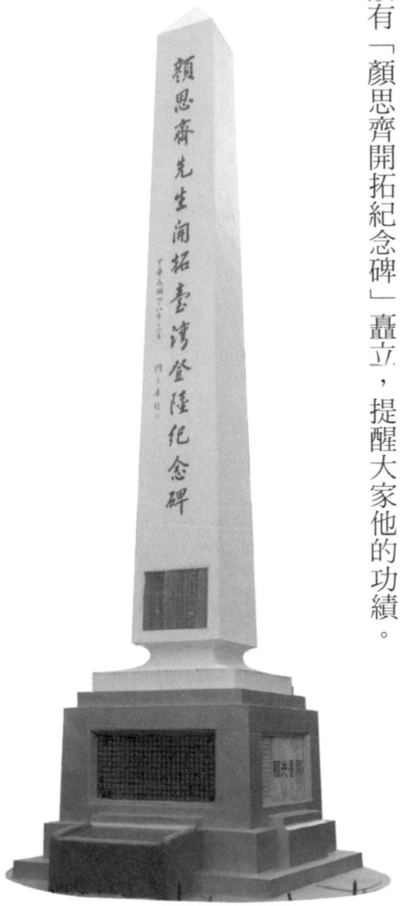

2

1 有另一說顏思齊建立的十寨在北港與水林鄉。水林鄉顏厝寮近年即營造出開台第一庄的意象／胡文青提供

2 顏思齊登陸紀念碑／胡文青提供

與西班牙人大戰的林鳳

除了林道乾外，當時另一個大海盜是生於潮州饒平的林鳳（或稱林風），又稱林阿鳳（林阿風，Lim-a-hong），後因斷音不同，誤傳為李馬奔（Li-ma-hong）。他曾與西班牙人在馬尼拉大戰、駐紮玳瑁港（今林加延灣），爭奪菲律賓。後因明廷與西班牙人的合作而敗走，留下傳奇性的「林鳳運河」。敗走的林風去了哪裡？有一說是他回到東南沿海，以台灣魍港（今嘉義）為據點，持續進行海盜事業，之後又赴東南亞，不知所蹤。

然而，這些說法，卻有諸多疑點存在。首先，《台灣外紀》比起史書，更接近小說，裡面提及的造反事件，除了沒有其他史料佐證外，提及的狀況也與日本歷史情況不合。史學界一般認為，顏思齊等人離開的原因，是因日本戰國時期結束後，繼之而起的幕府開始整頓對外貿易，使得華人海商集團逐漸無利可圖，才促使顏思齊離去。其次，儘管連橫《台灣通史》裡記載了顏思齊登陸與死亡的地點，然而亦有學者指出，兩地之間的距離過遠，質疑過往認定為「顏思齊墓」的古蹟之正確性。最後，因正史上並未記載顏思齊其人其行，早期的史學界，對此人是否存在也多有疑問，甚至一度認為顏思齊其實就是李旦。

在多方考證後，現今學界大抵認為顏思齊此人確實存在，可能是李旦的副手，然而其於台灣開拓的墾殖事業之範圍與事蹟，仍有待更多的研究釐清。

鄭芝龍的海上帝國

顏思齊死後，據傳其部歸鄭芝龍統領。事實上，除了顏思齊外，相傳鄭芝龍還以義子的身分，繼承了另一大海商李旦的勢力。至於為什麼鄭芝龍可以同獲兩大海商的青睞？這就要從他的出身開始說起了。鄭芝龍（一六〇四至一六六一），福建南安人，原名一官。荷蘭文書上以閩南語拼音記為「Iquan」，鄭芝龍也以此名為歐洲人所廣知。他早年曾前往澳門投奔親戚，在該地學習葡萄牙語，並受洗為天主教徒，教名尼可拉斯（Nicholas）。他因通曉閩南語、南京官話、日語、荷蘭語、西班牙語、葡萄牙語等之故，在投

顏思齊登陸爭議——「台灣第一鄉」的爭奪戰

由於顏思齊有著「開台王」這麼霸氣的稱呼，他登陸的地點當然就是一樣霸氣的「開台第一鄉」了。對於境內有顏思齊登陸遺跡或傳說的鄉鎮而言，此名號自然是勢在必得。在連橫《台灣通史》「至臺灣。入北港，築寨以居，鎮撫土番」以及「北港一名魍港，即今之笨港，地

顏厝寮顏思齊開台文化客廳／胡文青提供

奔李旦後，很快地便成為李旦的得力助手。一六二四年，鄭芝龍在李旦的推薦下，到澎湖擔任荷蘭人的翻譯與通事。也是在這一年，其妻田川氏在李旦的根據地平戶生下長子成功。從鄭芝龍早年的牛平，不難窺見他與李旦兩人關係之密切。兩人間的關係，有說是義父子的，也有說是同性戀的。當時類似今日八卦小報的《難遊錄》〈平國公——鄭芝龍傳〉裡，有這麼一段記載：「李習者，閩之巨商也，往來日本與夷狎，遂棄妻子娶於夷。芝龍少年姣好，以龍陽事之。」清楚地指出兩人同性之愛的傳聞。在明朝之時，閩南一帶因航海興盛，同性戀之風確實盛行，然而李旦與鄭芝龍是否有此關係？則眾說紛紜，莫衷一是了。無論如何。在隔年八月李旦逝世後，原本的海商集團分裂為日本、台灣與中國三塊。日本由李旦之子李國助、台灣由顏思齊、中國由許心素經營。緊接著，換成顏思齊去世。最後由鄭芝龍在鬥爭中勝出，稍後更打敗了廈門大海商、漳州人許心素。這一仗使廈門成為鄭氏地盤，也標誌著泉州幫的興起。

2

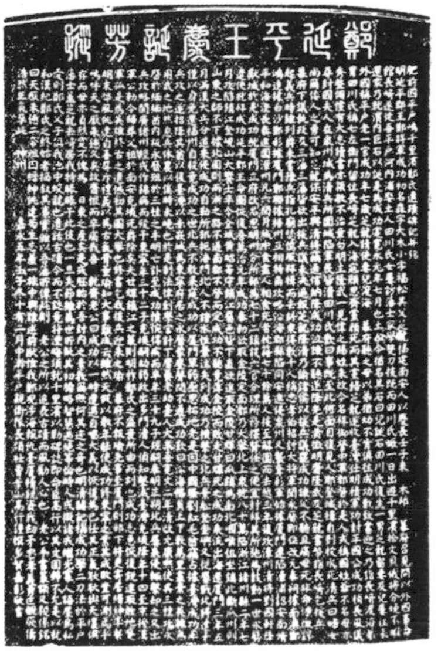

1

1 平戶千里濱鄭成功慶誕之碑

2 鄭芝龍官印

在雲林縣西」等幾段記載的加持下，舊名笨港的北港拔得頭籌。一九五九年，省政府在北港鎮圓環設了一個顏思齊登陸紀念碑。

另外傳說顏思齊在台灣有被稱為「十寨」的墾殖地。被列為十寨之首的顏厝寮，也因此蓋了「顏思齊開台文化客廳」，自稱開台第一鄉。然而，在參考荷蘭的史料後，亦有說法指出，在十七世紀，「北港」其實是台灣的通稱，到了清代，北港才屬於今日的北港。另外，參照古地圖亦有學者認為笨港（Poonkan）和魍港（Wanckan）兩者並不相同，魍港應位於今嘉義縣布袋鎮好美里一帶。另一說法，在參考歷代古地圖、地質演化與他國史料後，認為現今認定的「十寨」在當時仍是河海潟湖，因此後人杜撰的可能性極高。

1

3

2

一六二六到一六二八這三年，鄭芝龍以魍港為基地，對福建與廣東展開劫掠。他在一六二七年已經有七百艘船，堪稱一方之霸。後於一六二八年接受明廷招撫，官至都督同知。一六三三年，荷蘭東印度公司派遣的福爾摩沙長官漢斯・普特曼斯（Hans Putmans）率領艦隊往中國沿海掃蕩海盜，但卻在金門料羅灣被鄭芝龍率領的明軍打敗，並簽訂合約。原本與普特曼斯合作的顏思齊舊部劉香（西方文獻中以 Janglauw 或 Janglouw 留名，中文另有「劉香老」一稱），則以此事被鄭芝龍追殺，最終於一六三五年的廣東海戰中落敗身亡。其後，鄭氏勢力所及之處，包括了金、廈、泉、漳一帶，中國東南沿海一帶，來往商人均向其繳納金錢，懸掛鄭氏旗號。於是有「歲入千萬計」、「八閩以鄭氏為長城」的說法，連東印度公司都得偷偷靠著日本船的名義購買鄭氏令旗，而東南海權責正式落入鄭芝龍一人掌控，說是當時的海賊王應不為過。

然而，時代變遷的速度超乎人們的想像。明朝於一六四四年隨著崇禎帝的自盡滅亡。南明朝廷繼起後，鄭芝龍先是跟隨隆武帝。然而因為隆武朝廷內部文官與武官集團的鬥爭，及皇帝本人的決策失據，導致原先就不具備強烈國家觀念的鄭芝龍失去支持明廷之心，並決定於一六四六年降清。鄭芝龍的降清，為其子成功、其弟鴻逵與眾部屬所勸止，不聽從勸阻的鄭芝龍，果如成功所言，到北京受封同安侯之後即被軟禁，一六五五年入獄。鄭成功在一六六一年試圖北伐不成，決定遠赴海外，在台灣建立政權。五月鄭成功占

4

1 荷蘭航行遠東與台灣的船艦
2 熱蘭遮城／胡文青提供
3 鄭成功坐姿肖像
4 鄭成功畫像

領赤崁，十一月清廷斬首鄭芝龍於北京柴市，一代海商就此殞落。

濱田彌兵衛與消失的抗稅紀念碑：大員／奴易茲事件

由於台灣離中國距離不遠，又不屬中國領土，簡直就是當時的「自由貿易區」。因此，當時的台灣除了顏、鄭勢力外，還有荷蘭東印度公司（VOC）、西班牙與日本等多股競逐勢力存在。一六二五至一六二六年，荷蘭東印度公司與日本商人濱田彌兵衛因生絲進出口買賣問題產生衝突。生絲在日本極為昂貴，在產地的中國相較之下則相當便宜，因此濱田彌兵衛動了在中國買生絲，租借荷蘭戎克船，經荷轄台灣轉運到日本的念頭。至於為什麼不直接從中國運到日本？因為這條航線已經被鄭芝龍壟斷了，若執意循此路線運送，可以想見鄭芝龍除極度不悅之外，也會採取相應的報復手段。然而，濱田彌兵衛的如意算盤，卻在荷蘭人處踢到鐵板。荷蘭指揮官德・韋特（G. F. de Witt）拒絕出租戎克船、禁止日人派遣其他船隻赴中國取貨，另外要求日人需繳納十分之一的稅（即十一稅，百分之十的稅率）。最後一點引起日本人強烈不滿，因為荷蘭在日本的貿易，日本政府並未要求抽稅。

此時，濱田彌兵衛獲知新港社原住民不滿荷蘭統治，遂於一六二七年攜西拉雅族新港社長老理加（Dijka）等十六名原住民回日，以「高山國使節團」的名義晉見幕府將軍德川家光，同時鼓動其以台灣住民身分獻上大員（Taijoung）主權，希望能使幕府介入此一貿易糾紛。同時，荷蘭亦派遣東印度議會非常務議員奴易茲（Pieter Nuyts）任台灣長官，並赴日調解兩方關係。

1

1 濱田彌兵衛事件衝突圖

2 「贈從五位濱田彌兵衛武勇之趾」碑在戰後被改成安平古堡碑／胡文青提供

3 荷蘭時期原住民古文書

在兩方勢力交錯下，幕府並未接受新港原住民的進獻。由於荷蘭主張其擁有大員主權，因此新港原住民在一六二八年五月乘坐濱田彌兵衛的帆船返台時，被東印度公司視為「賣國者」而遭關押。濱田抗議未果，六月二十九日對荷蘭發動突襲，挾持奴易茲與其子。在協商後，濱田以奴易茲之子為人質，隨濱田返日。

濱田返日後，日方將奴易茲之子與荷蘭船員下獄，同時關閉荷蘭人在平戶的商館。巴達維亞在數度交涉都未成功的情況下，於一六二九年將奴易茲撤職查辦，一六三二年更將他引渡到日本監禁，荷日之間的貿易才又重開。兩百多年後將台灣納入版圖的日本帝國，為了紀念濱田彌兵衛的「抗稅」事蹟，於安平古堡前立「贈從五位濱田彌兵衛武勇之趾」碑。此碑在戰後，被台南市長卓高煊改刻「安平古堡」而消失。

2

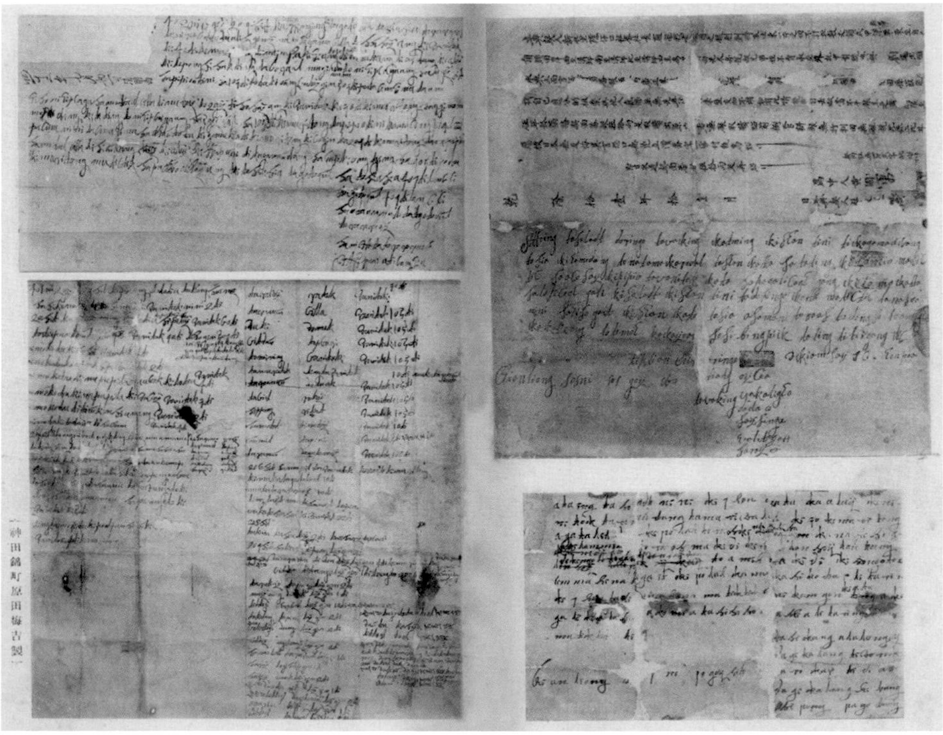

3

歷史上安平古堡與赤崁樓演變示意圖

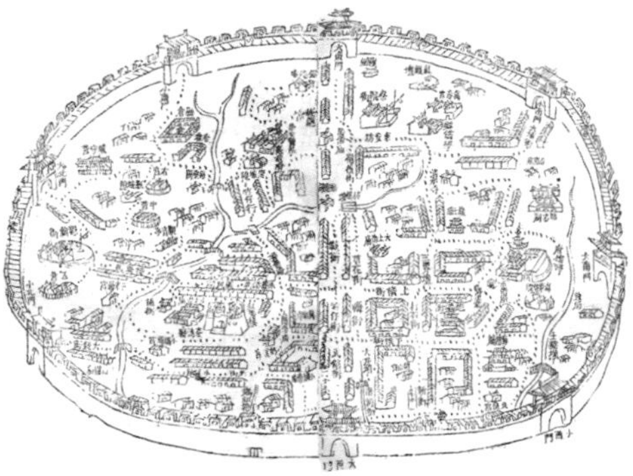

嘉慶十二年薛志亮修纂《續修台灣縣志》台南城池圖中的赤崁樓

嘉慶十二年薛志亮修纂《續修台灣縣志》八景圖之一「鹿耳連帆」中的赤崁樓

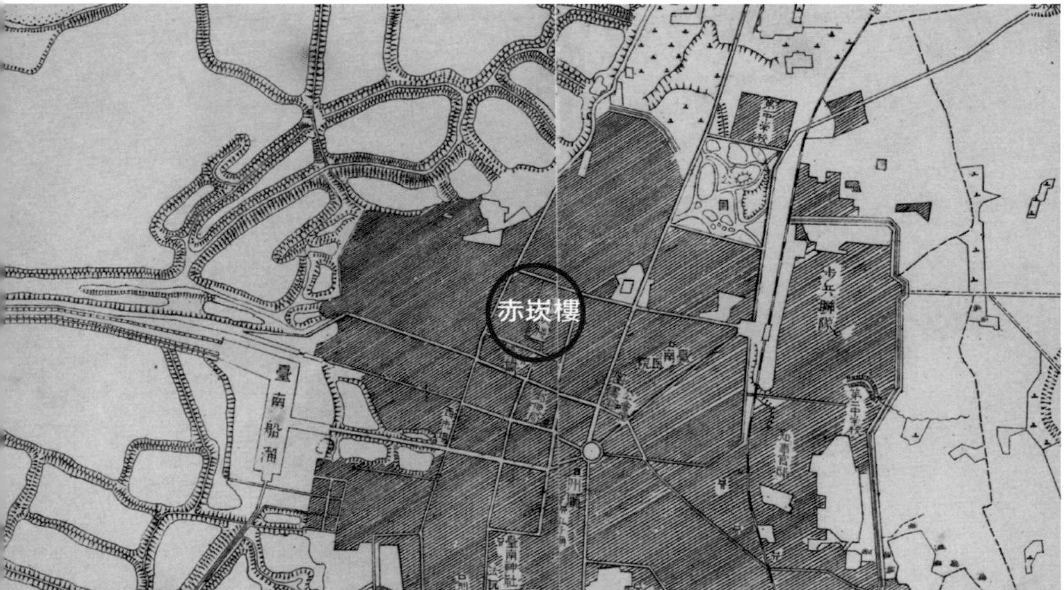

1930年代赤崁樓

1930年代赤崁樓底層城牆

1933年赤崁樓

1935年赤崁樓

荷蘭時期的熱蘭遮城鳥瞰圖

同治年間余文儀修纂《續修台灣府志》中的八景圖之一安平晚渡

同治年間余文儀修纂《續修台灣府志》台灣縣圖中的赤崁樓與安平古堡

昔日的熱蘭遮城，今日的安平古堡

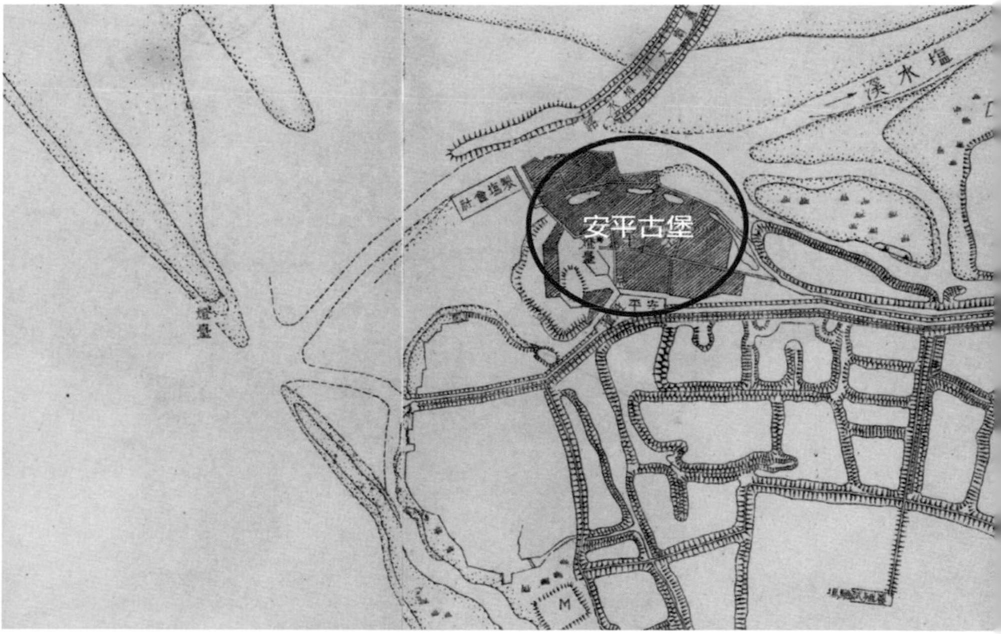

熱蘭遮城遺址

整修後的熱蘭遮城

設築燈塔時期的安平古堡

全台前後山總圖

清領時期

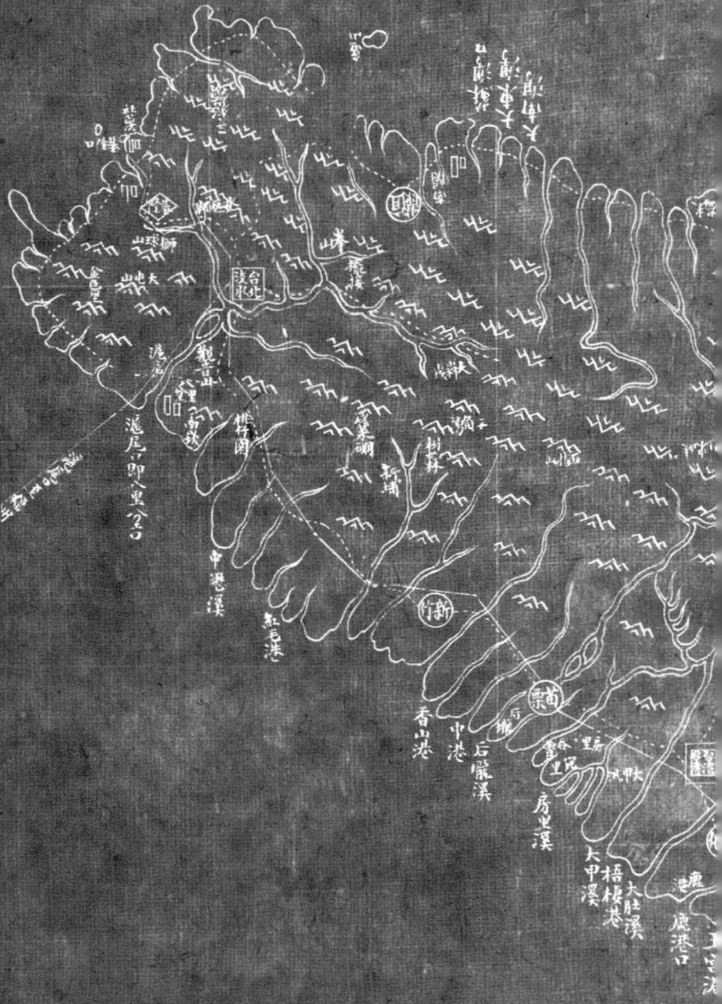

清帝國統治台灣消極、多民變嗎？

一六八四年至一八九五年清帝國治台凡二百一十二年間，
台灣社會發生大小動亂一百五十四次，
粗估一・三年即有一次動亂，
也因而給人「三年一小反、五年一大亂」的動盪印象……

從海島走入帝國

一六八三年（清康熙二十二年）七月，原鄭氏部將施琅歷經澎湖海戰擊敗了鄭氏政權的海軍，攻占了澎湖。鄭氏政權內部經過或戰或遷或降的商討，於同年九月呈上降表、向清帝國投降，結束自一六六一年以來凡二十三年的鄭氏在台政權。一六八四年，經過北方滿人高官主張放棄台灣、施琅為首的南方漢官主張收納台灣的爭辯，康熙皇帝最終在防止台灣再成海外反清基地等治安考量下，將台灣收為帝國領土，也開啟了台灣歷史之清領時期。

對於台灣史上的清領時期，現在一般認知是以一八六〇年代台灣開港為界線，認為清帝國治台政策「前期消極、後期積極」。「前期消極治台」表現在禁止人民渡台，亦導致當時台灣社會「三年一小反、五年一大亂」，民變、械鬥頻仍。然而，清帝國統治台灣長達二百多年，其間政策變動頻繁，並不能以「消極」一筆帶過。再者，這二百多年間民變、械鬥的出現，背後成因也不只是因為官方「消極」治台。破除這些常見迷思，可以對清國統治台灣的歷史有較為持平的評價，也能比較瞭解複雜的歷史實況。

清國棄留台灣論爭

清廷因剷除鄭氏勢力，於一六八三年八月攻下台灣，勝利後隨即面對如何處理鄭氏統治下的台灣的論爭。台灣過去不屬於中國的統治領土，是否將其納入版圖，並無定見。遠在北京的朝廷掀起了一場以「台灣棄留」為主的論爭。當時朝廷規劃在鄭克塽投降後，廢除遷界政策，將滯台軍民遷回中國

要評價清帝國對台灣的統治，可從台灣在清帝國中的定位，以及台灣社會組成兩方面著手。首先，從地理方位上來看，位於清帝國東南沿海海外的台灣，距離帝國權力中心北京直線距離約一千七百公里，即使以今天最進步的交通工具飛機，也需耗時三個半小時才能到達。與台灣較為接近的福建沿海，距離台灣約一百六十公里，一般而言從廈門出發最快要二十八小時，但在季節、風向、洋流影響下就不一定了。例如一六九七年（康熙三十六年）郁永河從福建橫渡「黑水溝」（台灣海峽的「黑潮」、亦即太平洋環流，因為海水深度較深、夾帶大量浮流生物，所以海水顏色看起來較黑）抵達台灣，就花了四天四夜。

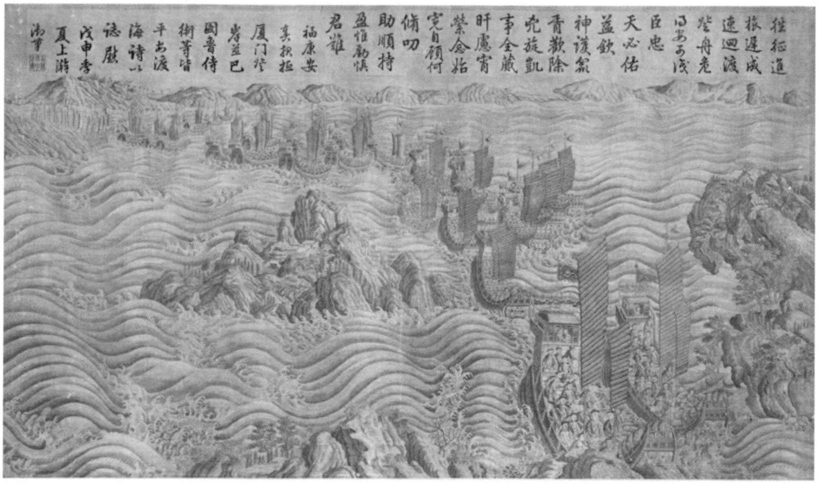

1787年（乾隆52年）林爽文事件，福康安大軍渡海進抵廈門圖，可見海勢波濤洶湧

大陸，全面放棄台灣，駐兵澎湖，做為閩南防衛的重心。一六八四年二月，克台立功的施琅獲知朝廷有意放棄台灣，立刻上疏康熙皇帝，從防衛、物產豐富、遷民困難、財政等各項理由試圖說服康熙皇帝，康熙收到疏文後，召集廷議討論，得大學士李霨的支持。一六八四年五月，康熙皇帝批准設置一府三縣，正式將台灣納入版圖。

在地理距離遙遠、海峽橫亙、航海受海流與風向限制等條件下，台灣在清帝國領土中可說是位於「邊陲」。台灣的邊陲位置加上鄭氏政權曾占地為王的歷史，讓清帝國統治者擔心，一旦動亂再度發生，台灣又將成為「反清基地」，並且也無法在亂起時很快地派兵平亂。也因此，清帝國對於台灣統治的基調，最主要就是「維持穩定」。為了防止台灣再度成為海盜、叛亂勢力聚集之地，而採取預防性措施。例如防守台灣的軍隊，在防止鄭氏舊部混入軍隊、台灣土地收成尚且無法供應軍餉等考量之下，由福建、廣東軍隊以三年「換班」一次的方式輪調，稱為班兵制。另外，一七〇〇至一七一〇年代（康熙四十至五十年），清帝國對台灣實施嚴禁無照偷渡、禁止攜眷等禁令，以遏止台灣社會秩序紊亂。

渡台三禁「紅豆泥」？

關於一七〇〇至一七一〇年代的「禁止無照偷渡」與「禁止攜眷」禁令，過去還常加上「嚴禁粵中惠、潮之民渡台」，而指稱清初限制內陸人民到台灣的「渡台三禁」。不過，根據學者研究，現在會形成「渡台三禁」的印象，起自日本時代學者伊能嘉矩撰寫《台灣文化志》而整理清初治台期政策之結果，並不是清初真的頒佈三條限制渡台之法令。實際上，當時政府有鑑於台灣人口數少、生產力低落，其實是積極鼓勵人民前往墾耕。也因為大量移民湧入台灣，導致社會秩序一時無法維持，才在不同時間依照不同社會狀況制定了相應限制措施。

1 台北石牌捷運站外漢番業界石碑／胡文青提供

2 清光緒年間後山總圖對台灣東部番社的掌握

在此之前的荷蘭、鄭氏統治時期，雖然也招徠漢人墾耕，但是活動範圍僅限於統治所及的台灣南部，規模也不過幾萬人。清帝國統治時期，控制範圍從最早十七世紀末期的中南部（一府三縣），到十八世紀中期已經擴展到北部，行政統治範圍幾乎達到整個西半部。行政範圍逐步擴大，加上清帝國東南沿海廣東、福建等省地狹人稠，許多人民即向政府申請渡台證照，或是透過偷渡方式，移居到台灣從事農墾。這時候的台灣平原上住著平埔各族，近山地區以上也有原住民各族活動，並非無主荒地。漢人移居漸多，首先就和原住民有所接觸，官方為避免兩者合作反抗，以及制止漢人侵墾原住民活動領域，而劃定「番界」分隔。然而，番界的存在並不能防止人們追尋伐木、打獵、採藤等利益，故偶有漢人與原住民衝突事件。

1

2

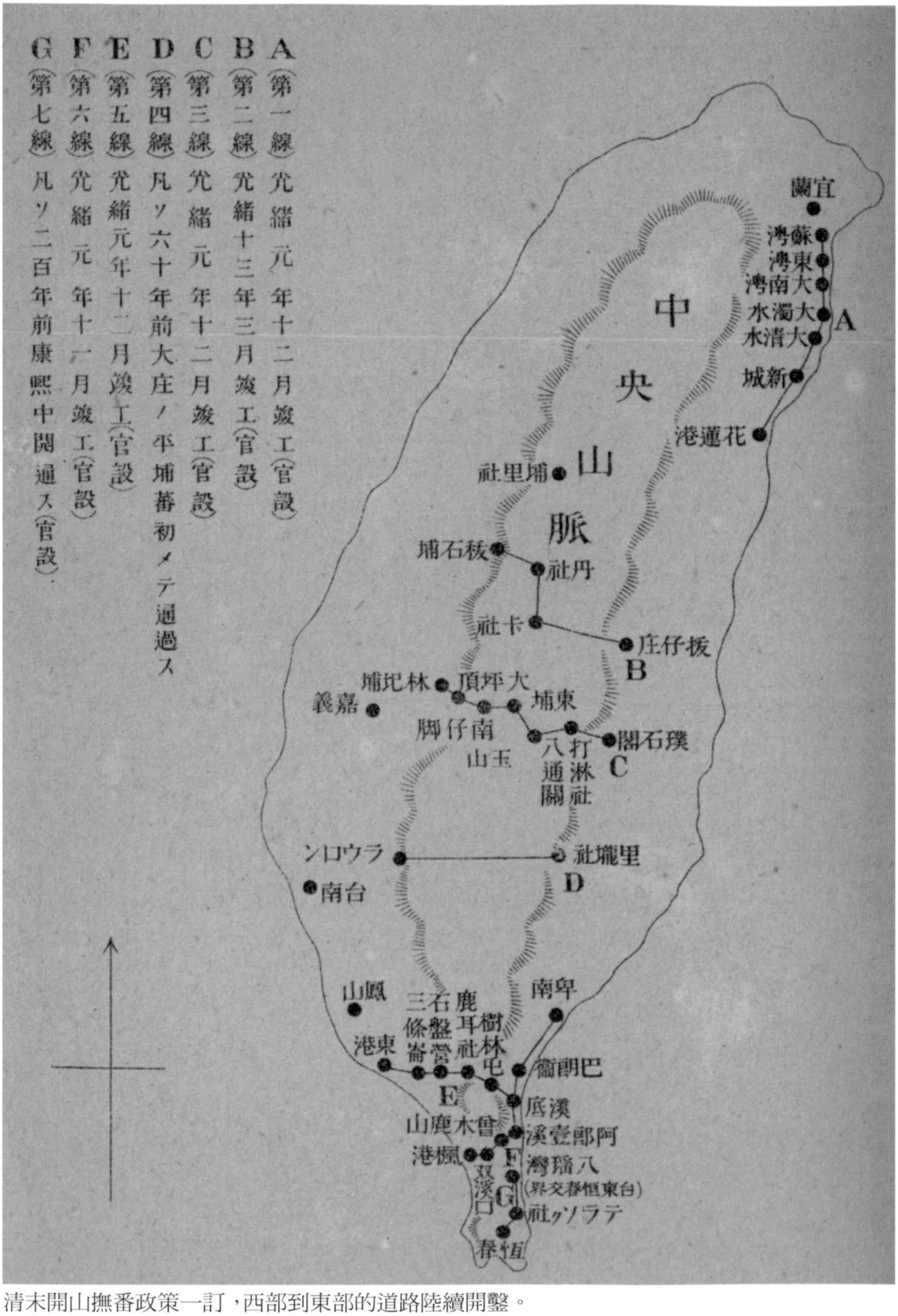

清末開山撫番政策一訂，西部到東部的道路陸續開鑿。
圖為光緒末年台東台西開路地圖

清代台灣早先因各種限制政策而有時無法攜眷，多由單身男子渡台墾耕。移民來源則如前述，以地理接近且地狹人稠的福建（閩）漳州、泉州各縣，以及廣東（粵）東部為主。移民各自以祭拜家鄉神明為認同依歸，如泉州人祭拜保生大帝、漳州人崇敬開漳聖王、粵東人祭祀三山國王等。另外，也依語言、籍貫、血緣，而形成社會分群型態。整體而言，以男性單身移民為主體的社會結構，秩序並不穩定。在這裡必須了解的是，清帝國統治地方社會的形式，並不像今天一樣，國家力量能藉由行政組織、戶口系統控制到個人身上。當時行政力量的控制普遍而言僅及於縣級，再往下的街庄即要依靠地方仕紳或豪強協助維護秩序。也因此，社會上養成依靠社會動員解決紛爭的模式。當時台灣社會有許多單身男性「羅漢腳」，沒有家眷可顧慮，無業期間四處遊食、容易因小事摩擦就鬧事，正是社會紛爭時容易被動員的對象。加以官方對台灣邊區社會動亂的過度緊張，以及不同籍貫、語言的移民群體相互爭奪土地水源等農業資源易生對立，在在使得清代台灣社會秩序容易失衡，進而演變為分類械鬥或民變。

屏東佳冬地區「褒忠門」，2015.12.11／作者攝

褒忠門

佳冬為清代六堆左堆，當時聚落出入口建立隘門以抵禦外人入侵，此褒忠門即為「西隘門」。一七八八年六堆義民協助清廷平定林爽文事件，村莊獲賜「褒忠」及「懷忠」匾額，當地居民遂將匾額貼於隘門上，藉以彰顯榮耀。若仔細留意，還可看到此褒忠門門額兩側留有當時防禦用的銃（火槍）眼。

島內互打為哪樁？

根據粗略統計，一六八三年至一八九五年清帝國治台凡二百一十二年間，台灣社會發生大小動亂一百五十四次，粗估一點三年即有一次動亂，也因而給人「三年一小反、五年一大亂」的動盪印象。更甚者，早期研究者還將動亂全視為「漢人反清復明行為」，無視清代台灣動亂在時期、原因、類型上的差異，並不能以年平均次數一以概之。首先，應該將清代台灣社會動亂分為「不同祖籍、姓氏、職業的民眾間之衝突」的分類械鬥，以及「官民對立」的民變兩大類。分類械鬥即吾人常聽到的「閩粵械鬥」或「漳泉械鬥」等類，大抵上是為了爭奪土地、水源等農耕資源，因為官方行政管理能力弱而未能管束，或是前述「羅漢腳」因小事起騷動，而衍生為暴力行動。民變則是朱一貴事件、林爽文事件、戴潮春事件等民眾與官方的對抗，多因不滿賦稅、吏治，有時亦混雜秘密會黨勢力抗官意圖，但不是所有民變都有意「顛覆清政權」。

林爽文事件

林爽文事件，為清代台灣最大規模的民變，主事者林爽文為天地會的成員，為人豪爽，常替族人解決爭端。1786年，諸羅縣楊光勳、楊媽世兄弟為爭奪家產，各自結會相鬥，地方官員常以查緝會黨為由，騷擾地方，彰化縣大里杙（今台中市大里區）為林姓聚族地，亦有參加天地會黨者，因害怕遭到官員緝捕遂擁林爽文等人豎旗抗官。林爽文起事後，擊斃副將赫升額、知縣俞峻等官員，並攻下彰化縣城，殺台灣知府孫景燧。在南部，莊大田等人響應起事，攻克鳳山縣城，全台僅剩柴大紀等數千官兵死守諸羅、鹿港及台灣府未淪陷外，其餘均落入民兵之手。叛變消息傳入北京，震驚朝野，清廷先命水陸提督黃仕簡、率軍來台鎮壓，

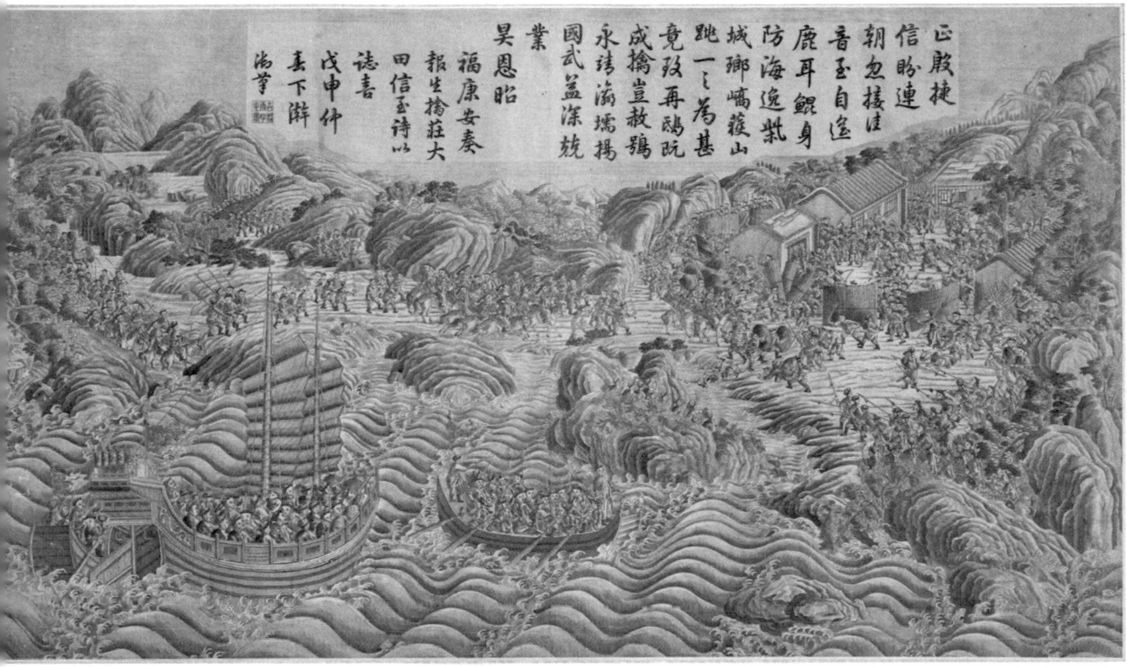

1

2

1 1787年（乾隆52年）林爽文事件，福康安生擒莊大田圖

2 林爽文事件後，清乾隆封敕福康安的紀念石碑

另行調派福康安等率領數省軍隊來台協助鎮壓民變，福康安以優勢兵力，陸續收復彰化、鳳山，一七八八年，生擒林爽文、莊大田等人，事件始告平息。事件影響層面甚廣，平定費時耗力，乾隆自詡為十大武功之一，為獎勵協助防守的諸羅的義民，將諸羅其改稱為嘉義縣。

義民，原來不只客家人

大規模抗官民變的發生，也造就一批「義民」。今天我們說到義民，多會直接聯想到新竹新埔義民廟或是屏東竹田六堆忠義祠等象徵標的，而和客家族群劃上等號。甚至過去常在「清代動亂為漢人反清復明義舉」的邏輯下，指責傾向助官平亂的客家義民為「不義之民」，可說是天大的誤解。事實上，「義民」是一項官方賦予協助平定動亂者的身分表徵，並不專屬於客家族群，而也有閩籍漳泉人士。義民的出現，來自於閩、粵族群往往因過去爭奪生存空間及經濟利益的分類械鬥「舊恨」，在面對社會動亂時，選擇幫助官方平定敵對族群挑起的動亂。而今日吾人容易連結義民與客家族群，係因客家族群在清代台灣相對閩南族群為少數，在科舉、渡台、日常農墾上常處劣勢，反而較有團結意識。加上義民封號代表的免除差徭、渡海優惠證照、正統象徵、獲得官職等實際利益，讓有較強生存危機感的客家族群比較常響應官府號召、也較有意主張義民身分，久而久之即產生「義民＝客家人」之印象。

六堆忠義祠最早是一七二一年六堆地區粵籍人民協助清帝國平定朱一貴之亂後，建造了「忠義亭」紀念犧牲者。其後的林爽文事變、乙未割台戰爭等大規模動亂，六堆「義民」都會在忠義亭誓師出戰，為鄉土捐軀者也會供奉於忠義亭。二戰後忠義亭傾頹嚴重，一九五八年重修完成，改稱忠義祠。

1935年間忠義亭

屏東竹田六堆忠義祠，2015.12.11／作者攝

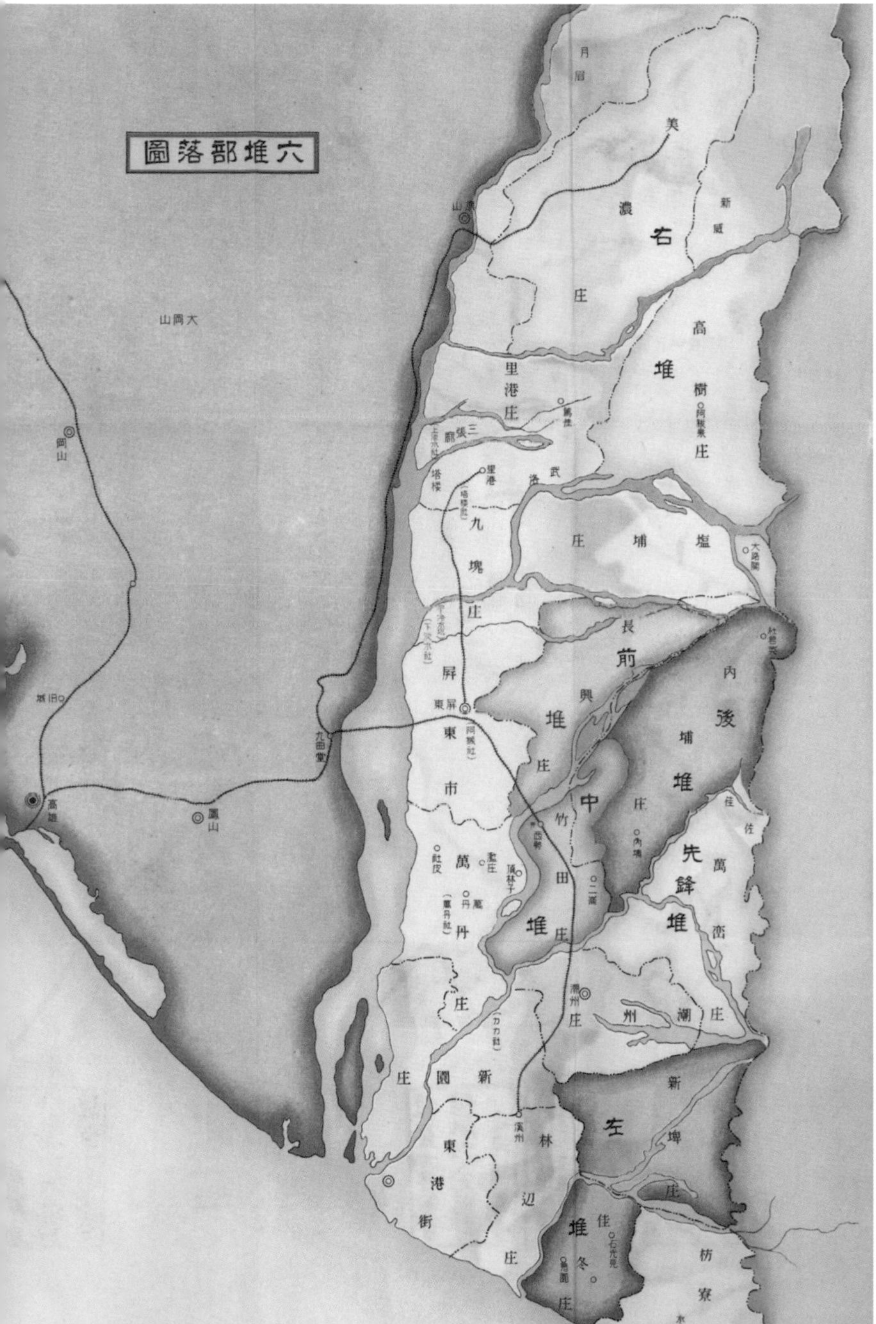

六堆部落圖

根據古書契史料，六堆的組織與空間主要分成三個階段演變，第一階段從康熙三十一年（一六九二年）到乾隆五十年（一七八五年）；第二個階段從乾隆五十一年（一七八六年）到咸豐三年（一八五三年）；第三個階段此時期區域性更為明顯，從咸豐十一年（一八六一年）到現今的六堆。據日人《台灣事情一班》載，咸豐年間當時的六堆組織有六堆大總理邱鳳揚（阿）；六堆大副理林逵瓊；上前堆總理邱鳳祥；下前堆總理憑文生；上中堆總理鐘發春；下中堆總理李鎔均；後堆總理邱阿二；先鋒堆總理林換德；左堆總理戴登壤；右堆總理宗楹光；前大總理李向榮；前左堆總理蕭光明等各區總理。

清末台灣開港是西方列強侵略的一環嗎？

十七世紀後期台灣納入清帝國統治後，一方面，距離接近的華南閩粵地區因人口壓力沉重，當地人民開始移居台灣進行拓墾。另一方面，台灣氣候、地形適合種植水稻，配合十八世紀興起之水田化運動，稻米產量大幅度提升，島內人口亦快速增加。列強也逐漸涉入這塊肥沃的海島……

西方殖民者眼中的台灣

今天談到清領後期，亦即十九世紀末台灣開港通商的歷史時，不少人還是受到「中國近代歷史多是西方列強侵略」的歷史理解框架影響，而視清末台灣開港為列強侵略清帝國之一環。事實上，台灣的開港通商不單只是「列強侵略」之政治影響結果，而是國際政治、經濟力量所推動，背後還有著農商貿易傳統悠久的歷史基礎。

國際政治、經濟力量方面，將於後續清代台灣涉外政策專文詳細說明。在此簡而言之，清末台灣開港是清帝國以本國為中心、設計對外貿易及外交制度的「天朝體系」，和歐美各國為代表之近代國際外交、政經互動觀念，兩者間相互角力的結果。從現代中國的立場來看，清末不斷對外開放貿易、利

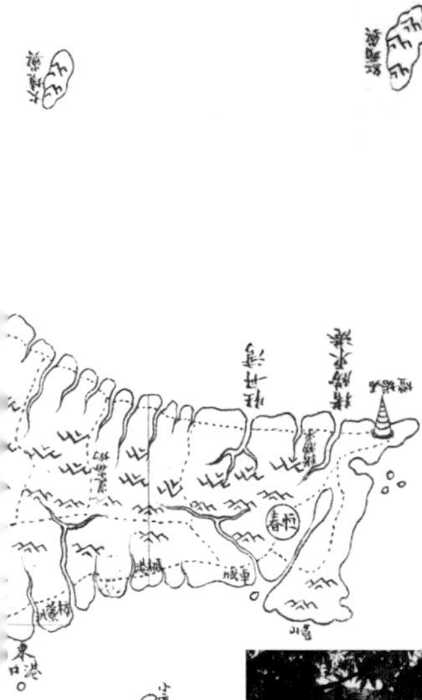

安平開港後所設立的安平稅務司公館，今安平古堡內熱蘭遮城博物館／胡文青提供

權、簽訂條約都是「喪權辱國」，不過若是從中國以外的角度想，其實清帝國天朝觀念和近代國際外交觀只是不甚相容，並沒有孰優孰劣的問題，清帝國也不是一味受壓迫而已。也因此，對於清末台灣開港的解釋，應該超脫以往將台灣放置在中國歷史框架中的做法，而從當時台灣自身的歷史條件來看，亦即所謂的農商貿易傳統。

從荷蘭、西班牙、鄭氏政權在台灣的政權發展，我們知道台灣在十七世紀中期一直是歐洲國家到東亞貿易、傳教的根據地。台灣的地理位置鄰近當時的明、清帝國，又位居荷、西等國的殖民地印尼、菲律賓和另一貿易目的地日本之間，而是東亞、東南亞航線交會處，儼然可稱為東亞海域的「十字路口」。直到一六八三

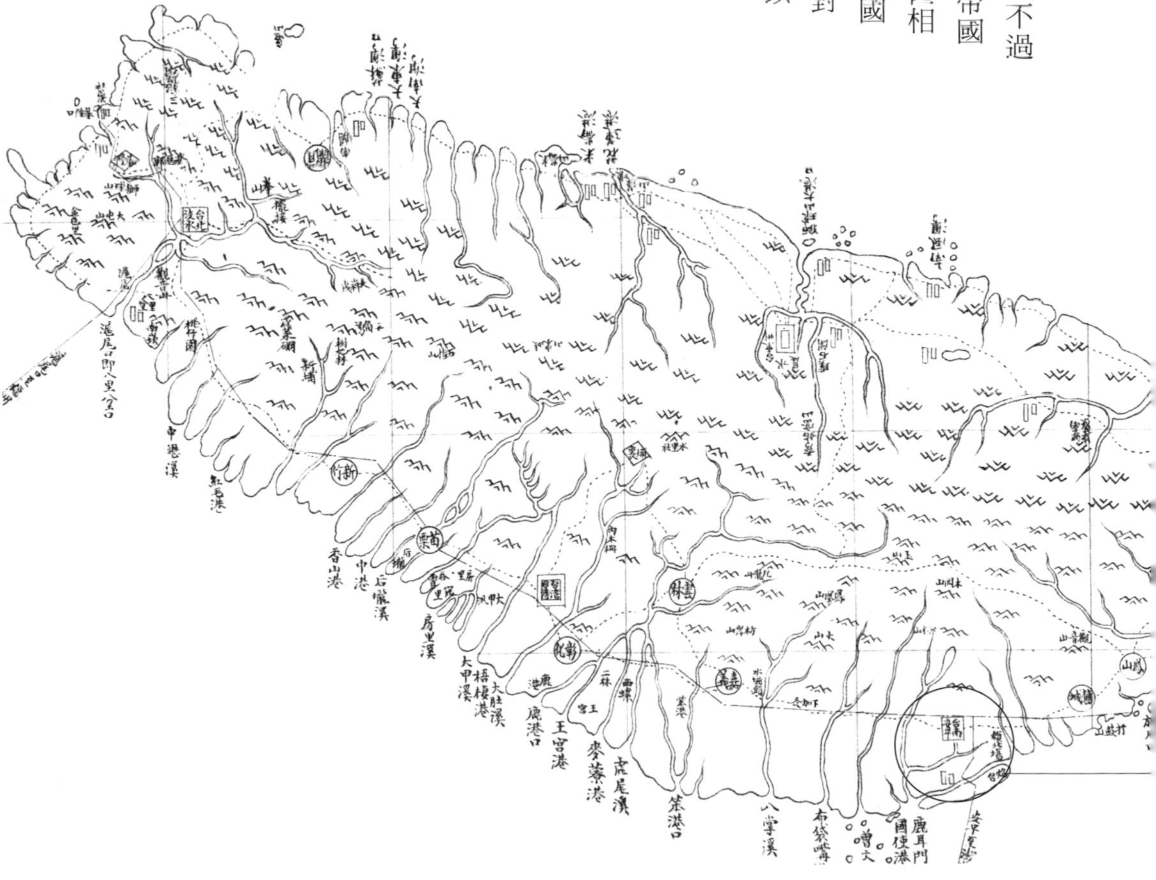

清光緒年間《台灣地輿總圖》
「全台前後山總圖」

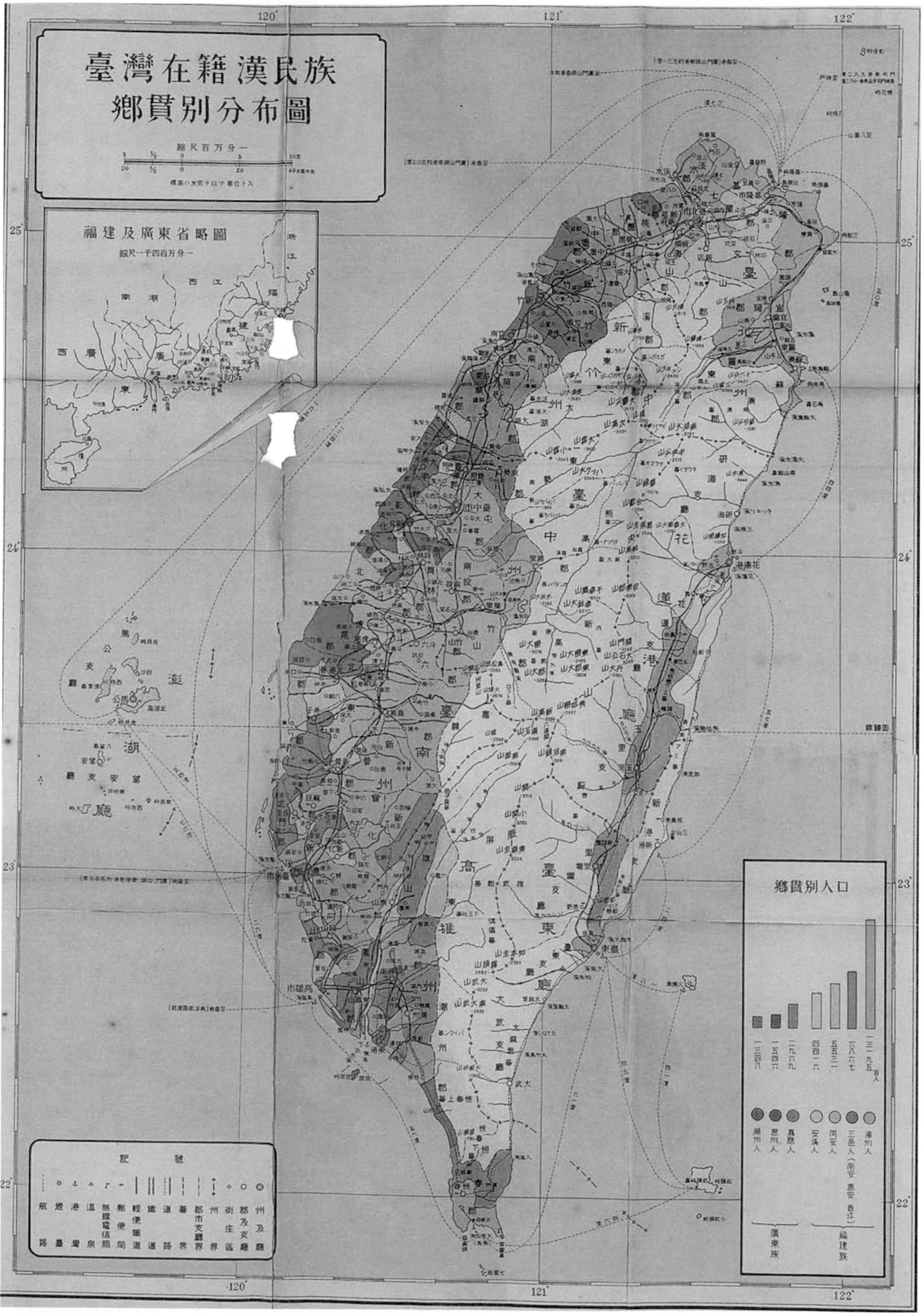
臺灣在籍漢民族
鄉貫別分布圖
縮尺百万分一
福建及廣東省略圖
縮尺一千四百万分一
鄉貫別人口
潮州人 一三四八
惠州人 一五四六
嘉應人 二九六九
安溪人 四四一六
同安人 五五三一
三邑人（南安 惠安 晉江） 六八六七
漳州人 一三一九五
百人
廣東族
福建族
記號
州及廳
郡及支廳
街庄區
州界
郡市支廳界
蕃界
道路
鐵道
輕便鐵道
郵便局
無線電信局
溫泉
港灣
燈臺
航路

年清帝國打敗鄭氏政權、一六八四年台灣正式納入清帝國版圖，以往連接東亞海域國際貿易的商業形式不再，轉而被納入清帝國國內體系之中，形成向清國輸出農工原料、輸入手工品及日用物資的區域分工體系。

不過，即使主要貿易對象改變，台灣的農商貿易傳統依舊持續不斷。所謂的農商貿易體系，是指台灣的農業發展與明清帝國自給自足之大陸型經濟不同，農產品除部分自用外幾乎是以出口貿易為主，民眾也習於透過貿易交換生活所需物資、大多具有重商趨利性格。台灣自從十七世紀荷蘭人引入重商主義、發展蔗糖、鹿皮出口導向之農業起，鄭氏政權以台灣為反清根據地而提倡種稻，清帝國時期華南地區人口外移台灣進行拓墾、米糖外銷產量大增，到十九世紀中期開港時樟腦、茶葉產業興盛，儘管不同時期的農業有著不同重點作物，台灣的經濟一直維持著「種農作物拿去賣」的農商連體型態。

正港vs.私口

十七世紀後期台灣納入清帝國統治後，一方面，距離接近的華南閩粵地區因人口壓力沉重，當地人民開始移居台灣進行拓墾。另一方面，台灣氣候、地形適合種植水稻，配合十八世紀興起之水田化運動，稻米產量大幅度提升，島內人口亦快速增加。此時，清帝國中央收取台灣田賦時，因台灣米多銀少，而選擇實物租方式——亦即將台地米穀運往內地漳、泉與福州，換取銀兩入台流通。此一互通有無的「台運」米銀流通結構，使台灣米穀生產納入華南地區米穀貿易圈及消費市場。同此之際，台灣內陸靠近山地的淺山丘陵地區，

右圖 1920年代調查的台灣在籍漢民族鄉貫別分布圖，可了解漢人移民的分布情形

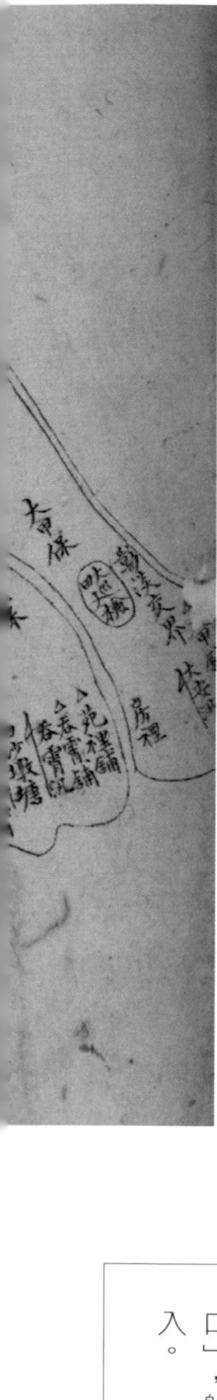

雖因「番界」政策封禁，山林豐富的木材、樟腦、黃藤、鹿皮等資源仍然吸引漢人不斷越界開墾，而形成淺山經濟型態。十八世紀以降漢人大規模移墾台灣，不僅提升米糖農產產量、形成穩固外銷基礎，外來閩粵人群亦和在地原住民族群相互競爭、合作，逐漸形塑新的台灣社會面貌。

上述清領時代的農墾開發，需要配合港口商貿網絡的輸運，才能形成農業原料與日用商品交換的分工體系。台灣由於是四面環海的海島地形，自古海外貿易即相當興盛，納入清帝國後主要貿易對象改為清國大陸地區，台灣海峽上常有帆船載運貨物往來。當時台灣的港口係隨著開發順序及載運貨物種類發展，因而最早開發、鄰近米糖產區的府城（台南）港口居首，中部鹿港、北部艋舺等河港也因應當地稻米、樟腦、茶葉興起，形成「一府二鹿三艋舺」的港口市街。例如清代六堆地區（今屏東竹田、內埔一帶）所產白米，半數以上都經由下淡水溪（今高屏溪）運至出海口的東港，再轉運到府城輸出。

不過，由於官方以管制港口維持前述「台運」網絡、禁止走私，台灣在十七世紀後期以降開放鹿耳門為唯一正口，配合官兵把守查緝，只有正口能與對岸廈門對渡貨物、人群。十八世紀後期增加八里坌與鹿港，至此北、中、南三個正口都能和福建貿易；一八二六年再因東部宜蘭開墾完成、中部地區發展迅速，再開烏石港、海豐港對渡福建，擴展為五個正口。正口之外，許多民間商船、漁船利用台灣沿岸「私口」走私，形成地下流通圈。直到

清代台灣「正港」的出口品

所謂「正港」指的是清代的正口制度，當時清朝政府基於管理方便的考量、台米配運的考量，而將往來台灣、中國大陸間的船隻集中於官方選定的港口（正口）下管理，經過官員查驗後才能通往其他港口。被開設為正口的港口，大多已具有一定的對外貿易規模，如鹿港、淡水在開設正口以前，已有來自大陸的船隻前來貿易。

到十九世紀初葉為止，清朝政府在台先後設立了鹿耳門、鹿港、八里坌、烏石港、海豐港五個正口，與中國大陸的廈門、永寧、五虎門、獺窟等港口對渡，但這個制度日久因管理鬆弛、土地開發成熟、地方財政需求等原因，當時台灣各地方政府紛紛將許多地區性港口就地合法，改為「小口」，船隻直接由這些港口出入。

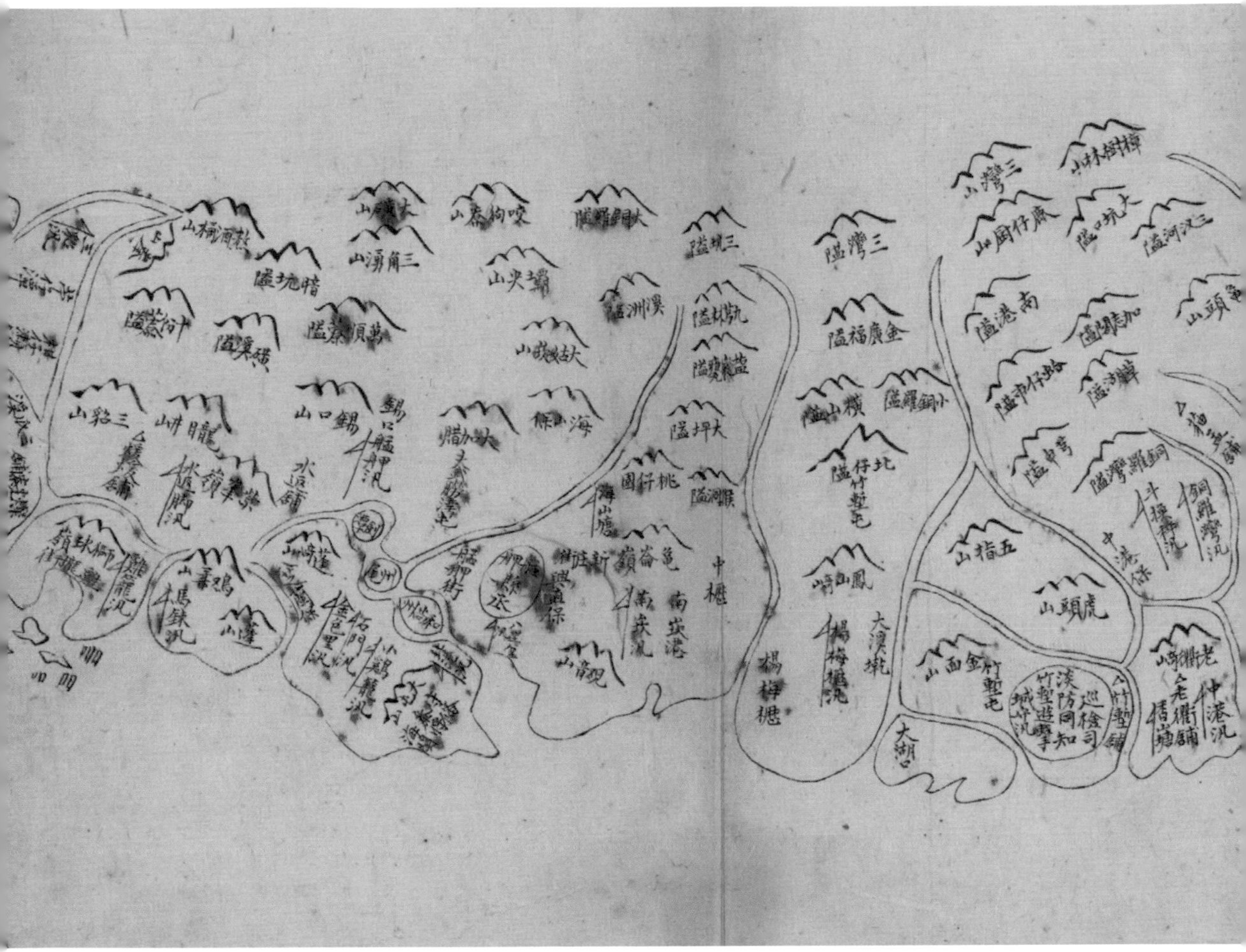

清領時期台灣重要的貿易港口常以「一府二鹿三艋舺」形容。
圖為同治年間淡水廳輿圖纂要

輸出品價額　仕向地別表

Total Value of Commodities Exported by Destinations

中華民國 China.	(1) 厦門 Amoy.	(2) 汕頭 Swatau.	(3) 泉州 Chuanchau.	(4) 福州 Fuchau.	(5) 興化 Hinghua.	(6) 溫州 Wenchau.	(7) 寧波 Ningpo.	(8) 臺州 Taichau.	(9) 上海 Shanghai.	(10) 廣東 Kuangtung.	(11) 青島 Tsingtau.	(12) 漢口 Hankau.	(13) 天津 Tientsin.	(14) 牛莊 Niuchuang.	(15) 其他各地中華民國 All other places in China	(1–15) 合計 Total.	滿洲國 Manchukuo.	關東州 Kwantung Province.
	円 Yen	円 Yen	円 Yen	円 Yen	円 Yen	円 Yen	円 Yen	円 Yen	円 Yen	円 Yen	円 Yen	円 Yen	円 Yen	円 Yen	円 Yen	円 Yen	円 Yen	円 Yen
明治三十五年 1902	5,303,018	257,336	2,044,383	159,899	8,125	62,659	573,433	20,722	173,514	4,788	…	…	…	7,510	144,392	8,759,779	…	…
三十六年 1903	4,266,809	220,477	1,171,040	152,714	11,116	107,109	229,696	19,431	70,089	266	…	…	10,541	…	15,893	6,275,181	…	…
三十七年 1904	3,410,206	224,028	1,006,048	165,683	19,266	89,276	244,506	13,194	14,295	…	…	2,713	…	…	1,985,937	7,175,202	…	…
三十八年 1905	3,354,528	249,276	986,946	198,584	42,871	96,214	73,843	5,976	…	…	…	…	…	…	24,636	5,032,874	…	…

日治初期台灣與中國貿易的主要港口與貿易量。引自《台灣貿易四十年表》

一八四〇年代「台運」效率不彰、台灣通貨已足，官方不再嚴格執行正口對渡政策，亟需財政收入的地方官廳亦逐漸開放私口與清國內地港口貿易，是為「小口」。一八六〇年代台灣開港通商，指定安平、淡水兩個港口為通商口岸（正港），打狗與基隆則是前述港口之副港。據說當時雖開放四個港口，外來商船載運貴重貨品時仍習慣經由「正港」，也影響台灣民間到今天還是以閩南語「正港的」一詞形容物品貨真價實。

重回世界貿易圈的台灣

農產商業化、港口貿易興盛，也影響台灣商人團體化現象出現。不同於清國大陸地區稱商人團體為會館、商幫等，台灣的商人團體稱為「郊」，再依貿易地區或貨物種類細分為南北郊、米郊、糖郊等等。需要注意的是，台灣的郊商常常是「家在彼而店在此」，他們很多是福建等地商人因從事台地貿易而在此活動，隨著貿易規模提升，原本個體經營的散戶依宗教、文化、地緣關係形成團體，並因祖籍、航線等和清國地區商人組織連結。像是十八世紀中期台灣開始出現北郊「蘇萬利」等郊，將台灣所產蔗糖輸出至福州、寧波、天津等地，他們雖然在台灣活動、向地方社會捐資建廟，但地緣認同仍以福建祖籍為主，反映在郊商組織以祖籍地為單位這點上。

在一八四二年清帝國開放通商口岸而湧入外資等世界政經情勢變化下，台灣優越的地理位置及豐富農產，再度引起歐美國家注意，而在一八六〇年淡水、安平開港、一八六三年雞籠（今基隆）開港、一八六四年打狗（今高雄）

洋行

洋行一詞源自於清代，泛指從西洋來華從事貿易、代理等商務的商行，清代台灣在一八六〇年開港以後，許多洋行著眼於台灣的樟腦、蔗糖、煤而來台貿易，清末在台灣著名的幾個洋行有怡和（Jardine I Matheson& Co.）、德記（Tait & Co.）、公泰（Butler & Co.）、寶順（Dodd & Co.）、東興（Julius Mannich & Co.）等等，洋行在台灣或者中國大陸的貿易，通常會委由熟悉在地商情的買辦，從事採買。

在台灣的洋行之中，值得注意的是寶順的業主陶德（John Dodd），他看中北台灣適合茶葉種植的環境，而從福建引進茶葉種植，而後使茶業在北台灣蓬勃發展，讓茶葉在清末與樟腦、蔗糖並列三大商品。

開港。進入台灣市場的外商洋行，因自身資金、人力有限，且不熟悉當地語言、市場，遂多和熟悉在地市場、掌握經銷網絡的買辦合作。洋行在台灣選擇合作的買辦多兼具郊商身分，雙方相互交換外國勢力保護傘、深入本地市場等優勢，呈現既競爭又合作的動態關係。與外商合作的買辦自身也透過經營重點產業厚植實力，成為地方社會有力人士。例如大稻埕茶商李春生，原來是活躍於廈門商界的買辦，一八六五年經怡記洋行介紹來台，受聘於寶順洋行老闆陶德。兩人合作引進福建安溪茶苗，在今天台北文山山區一帶推廣

1

2

1 台灣烏龍茶享譽世界，與產業行銷密不可分。圖為台灣採茶美人
2 Formosa烏龍茶廣告

買辦

中國自一八四〇年因鴉片戰爭通商開港以後，大量的洋商到中國從事貿易，洋商因語言、文化的隔閡，而逐漸興起買辦這樣的職業，為洋商從事採買商品、辨別貨幣成色、真偽、收、放款、翻譯等工作。台灣在一八六〇年開港以後，隨著洋商來台，也有很多當時居住在台灣的郊商開始擔任買辦，那時台灣的買辦很多本身自己有商號，與洋行採取對等合作或者受雇的方式，為洋行工作。

早期的論述常認為買辦依附於西方勢力之下作威作福、成為西方帝國主義的鷹犬云云，但根據新進的研究顯示，買辦與洋行之間的關係其實錯綜複雜，有時表面上雖然合作，但私下可能也有商業上的競爭關係，很難以過去那樣的論述論斷他們之間的關係。

2

1

3

1 李春生紀念教堂／2015年5月17日作者攝

2 高雄巨賈陳中和

3 陳中和創辦新興製糖株式會社，圖為1920年代新興製糖工場

4 大稻埕碼頭／2015年5月17日作者攝

種植，而後外銷至紐約、大獲好評，奠定茶葉在台灣農產外銷中的地位。茶葉產業的興起亦帶動台灣本地製茶手工業，大稻埕市街也因製茶、轉口貿易而繁榮一時，一八七〇年代有五家洋行進駐。李春生本身也在擔任買辦過程中致富，在後來的台北城、鐵路建設中出力不少，亦以基督徒身分推動基督教傳播，今日台北貴德街還留有李春生紀念教堂。

茶、糖、樟腦與商人崛起

相較於北部茶葉與李春生的崛起，南部盛產蔗糖，則造就陳福謙家族的興盛。陳福謙於咸豐末年至同治初年擔任洋行買辦，累積財富後自立門戶，設立順和行買賣蔗糖、經營糖廍。他掌握打狗地區大半的蔗糖產量，銷往日本、英國，一八六四年甚至在橫濱創設順和棧，成為當地中華街中心之一。陳福謙在世時，順和行貿易範圍遍及香港、上海、日本、歐洲，並聘任出身鹽埕的陳中和擔任商行總幹事。其逝世後，繼任者與陳中和分道揚鑣，商業勢力逐漸由陳中和另外新開的公司頂替，形成南部豪商勢力代換。

台灣開港後的重要外銷商品，除了茶、糖外還有樟腦，知名的霧峰林家即是由此興起。台灣的樟腦業發軔於鄭氏治台時代，清領後由國家獨占，到日本時代時仍由政府專營，年產量占世界總產量百分之七十，到二十世紀中之前一直是台灣重要出口產物。清代將樟樹資源視為建造戰船所需材料、由「軍工廠」專營，嚴禁私人煎腦。不過由於樟腦是火藥、賽璐珞重要原料、台灣產量大，外商不斷來台私下採購，官民都熱衷私販樟腦獲利。一八六〇

4

年、一八六六年清帝國官員幾度想將樟腦收歸官營，都因與英商的國際糾紛作罷。此時，霧峰林家在林朝棟帶領下，透過與德商公泰洋行合作出口樟腦、以棟軍武力維持樟腦生產，在台灣中部建立起地方豪商勢力。

以上簡略地梳理清末台灣開港通商中，台灣自有農商連體經濟因素的形成過程。要言之，清末台灣開港通商雖然在結果上是歐美列強挾武力要求而來，但是正因為台灣本身具有悠久外貿傳統、優勢地理區位，配合外在商貿需求，才能形成開港決策。而在開港通商後，台灣本地商人也非一味受侵略壓榨，而是活用熟悉在地商貿網絡以爭取與外商合作，亦在和外商競合過程中壯大己身勢力，並積極參與地方社會文教事業。

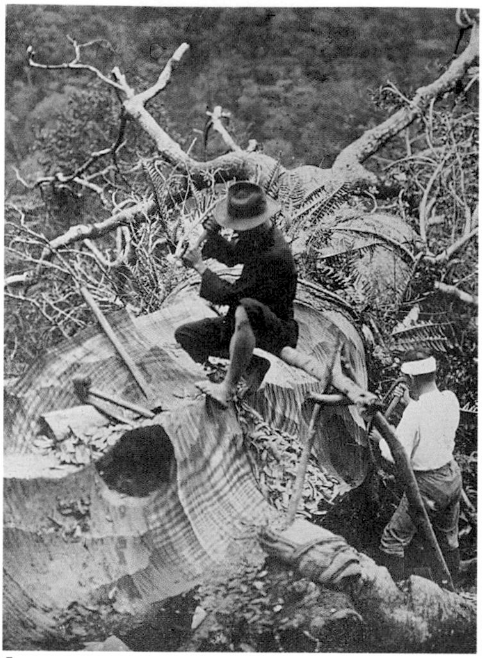

1

1 樟腦採收情形
2 1920年代台灣各港口分布圖

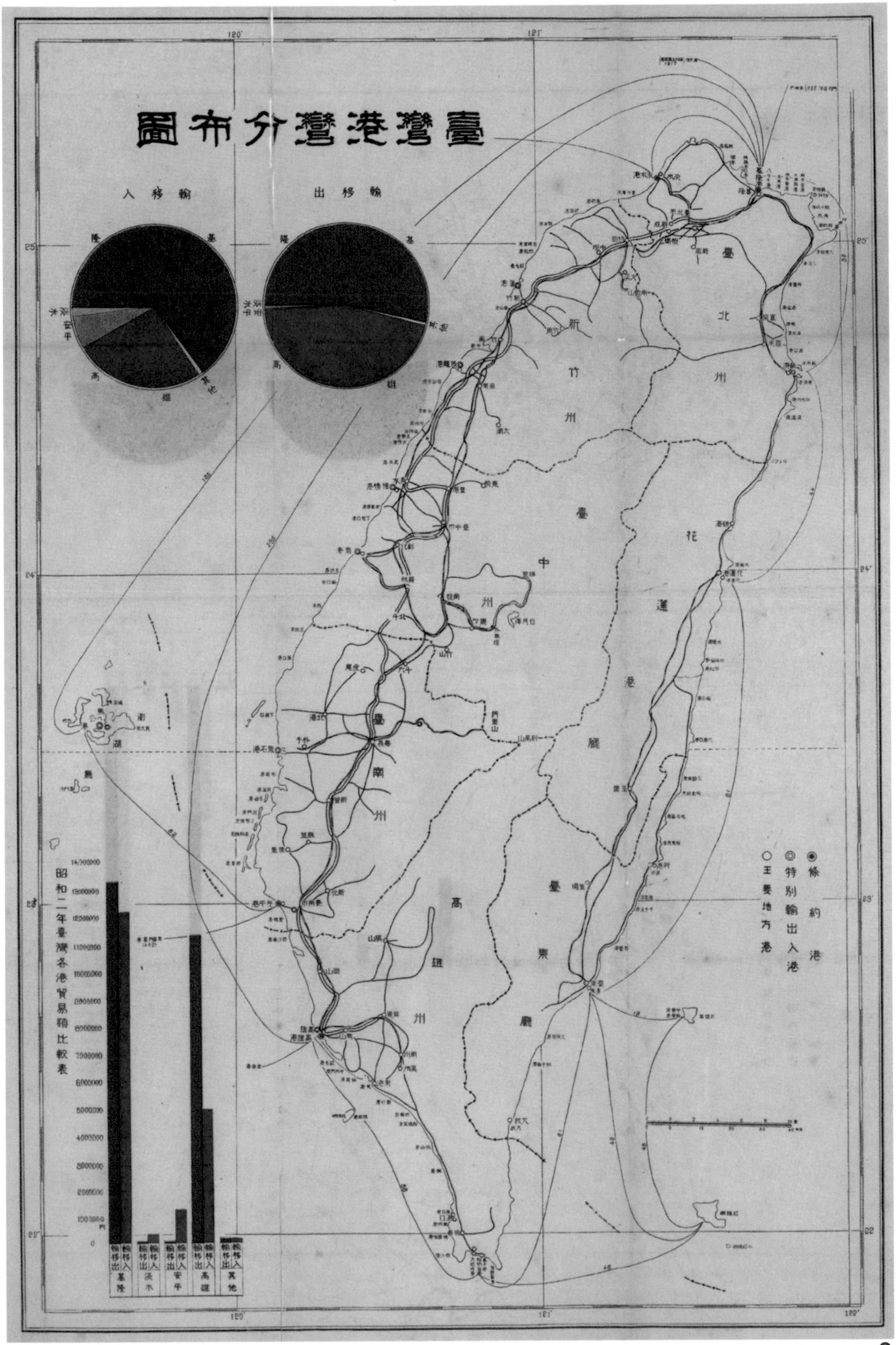
臺灣港灣分布圖
輸移入
輸移出
基隆
淡水
安平
高雄
其他
昭和二年臺灣各港貿易額比較表
條約港
特別輸出入港
主要地方港
臺北州
新竹州
臺中州
臺南州
高雄州
花蓮港廳
臺東廳
澎湖
120°
121°
122°
25°
24°
23°
22°

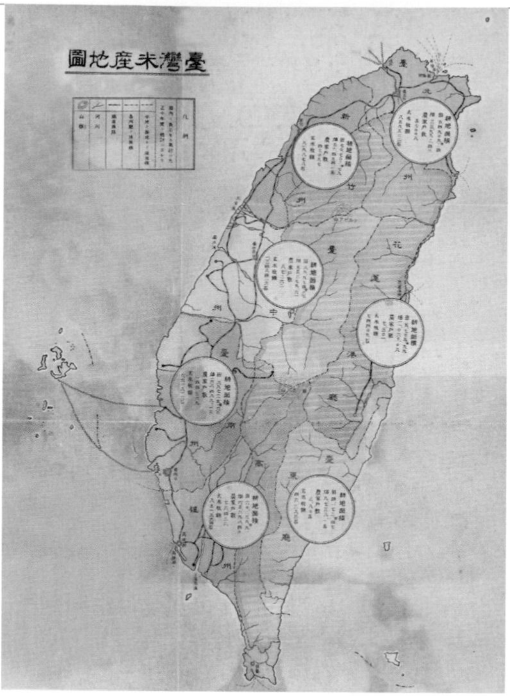

2

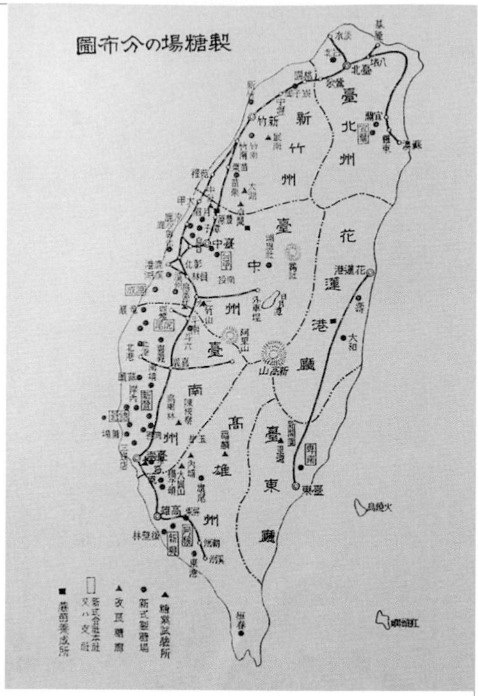

3

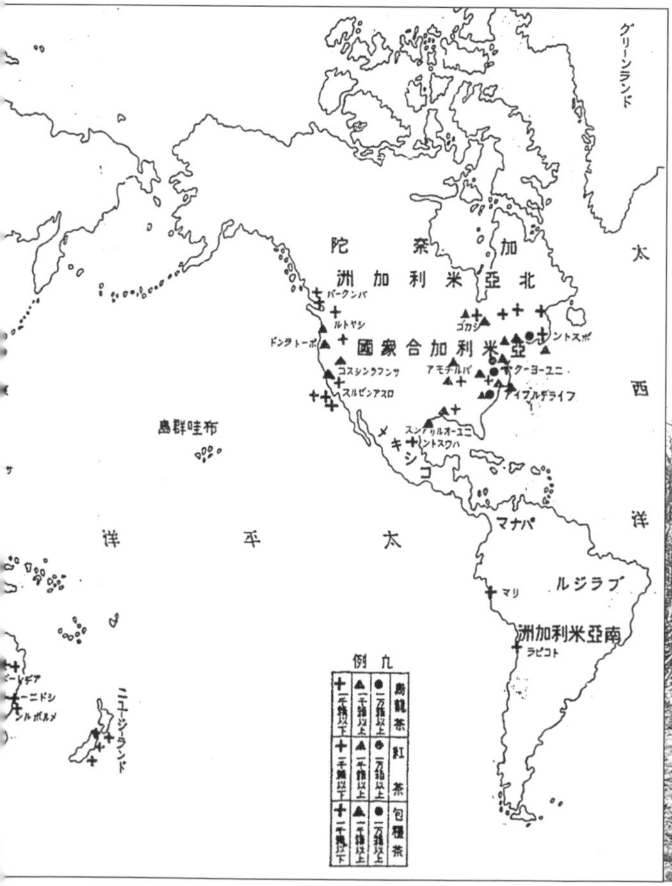

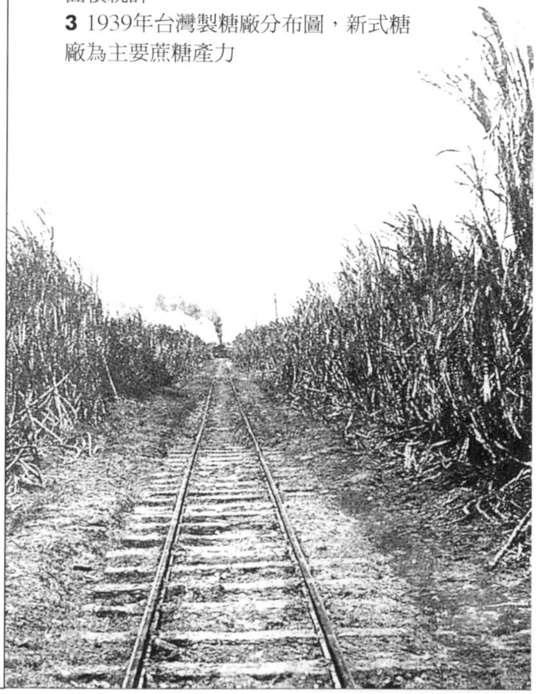

1 1934年「台灣茶仕向地別一覽」，可見台灣茶在世界各地的貿易地點

2 1923年台灣產米地圖，有各地耕地面積統計

3 1939年台灣製糖廠分布圖，新式糖廠為主要蔗糖產力

女工包紅茶

台灣茶、糖、米的產銷地圖

經外商引進茶葉在台灣北部種植後，製茶外銷成為台灣非常重要的經濟產業之一，也是東西方文化交流重要的媒介。根據歷年茶葉輸出量的統計，從一八六五年開始輸出的八十二 ・ 〇二二公斤，茶商的經營逐年有「歲率數萬擔，獲利多」的情況。一九三四年「台灣茶仕向地別一覽」即見台灣茶輸出世界各地的路線圖。

台灣米糖耕作的分布過去大致呈現「南糖北米」的情形，但台灣總督府積極發展新式製糖產業，到了昭和初年更有糖廠為了吸引更多蔗農種植甘蔗，還訂出「米價比準法」，讓收購甘蔗的價格高於稻米，結果更引發「米糖相剋」互相競爭農作地的問題。附圖為一九二三年台灣產米地圖，內有稻米耕地面積的統計。另一圖示一九三九年台灣製糖廠分布圖，可見遍布台灣各地的糖廠密度。

1

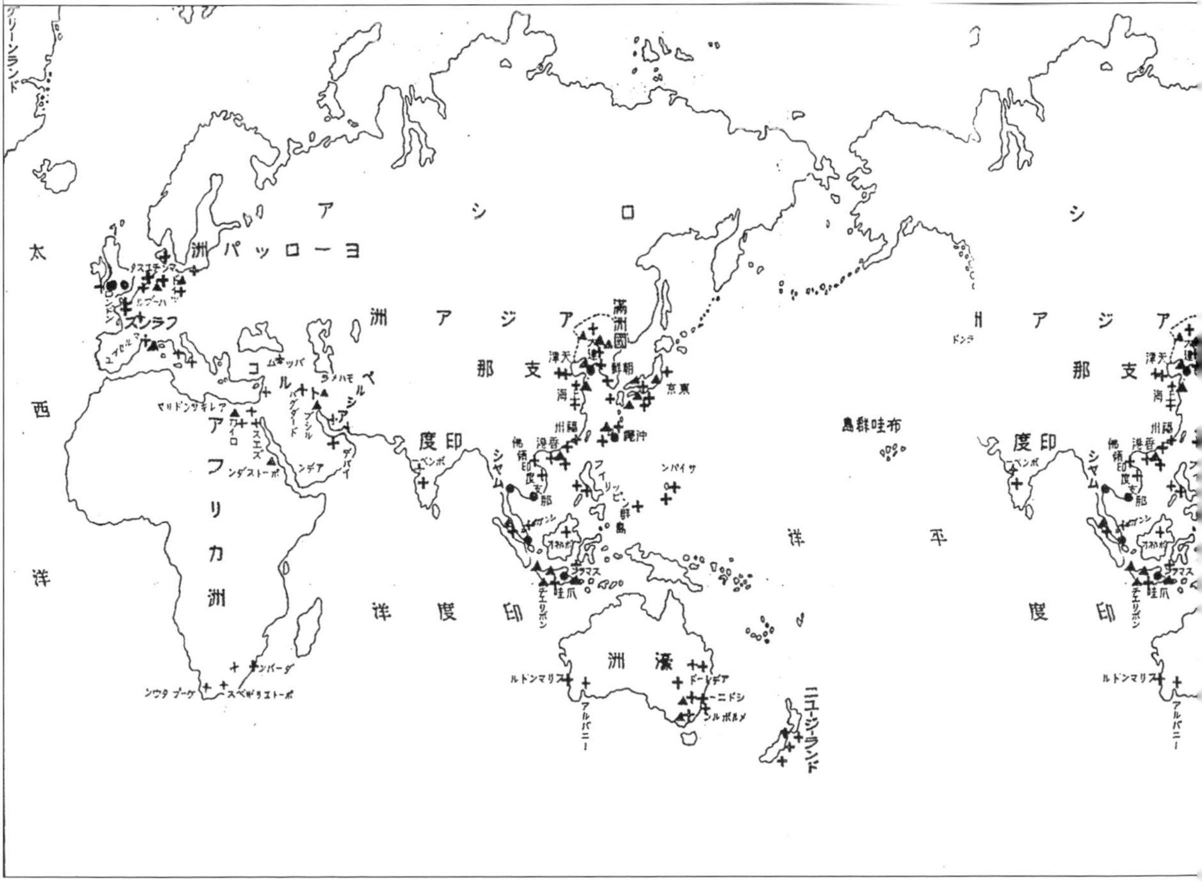

清末台灣為什麼不斷被捲入涉外事件？

十七世紀中期明清政權更迭之際，打著南明旗號抗清的鄭成功家族，輾轉來到台灣、驅逐荷蘭東印度公司勢力，在此建立政權，亦延續鄭氏海商集團在日本、清國沿海至東南亞一帶的商貿活動。一六八三年清帝國打敗鄭氏政權、一六八四年正式將台灣納入版圖，台灣也從東亞海域十字路口轉為清帝國國防前線……

掃到清末颱風尾的台灣

一般對於清領時期台灣歷史的印象，很多人最先想到的，不外乎以一八六〇年代開港通商為分界線的「前期消極，後期積極」，再來大概就是開港到割讓這三十多年間不斷被捲入涉外事件了。暫且先不論清領台灣時期的歷史能否以開港通商畫一條線一分為二、或是將清帝國治台單純評為積極或消極是否得當，不過自一八六〇年代開港以降，台灣確實是每幾年就被捲入一件涉外事件，諸如一八六七年羅發號事件、一八七一年牡丹社事件及一八七四年日本出兵、一八八四年清法戰爭餘波，以至一八九四年甲午戰爭導致一八九五年割台。其背後原因，主要是台灣位在清帝國、日本、朝鮮以及歐美各國勢力交會之東亞海域「十字路口」，很容易就受到十八世紀後期起東西方政經結構變遷、清帝國天朝體制鬆動等的影響。

台灣自從十六、十七世紀荷蘭、西班牙等國來到東亞貿易起，就因為世界航線開通、航海交通技術改進、國際貿易需求等情勢變化，加以鄰近貿易傳教目標的明、清帝國及日本等國，被視為良好商業根據地，從而開啟國際競逐時代。十七世紀中期明清政權更迭之際，打著南明旗號抗清的鄭成功家族，輾轉來到台灣、驅逐荷蘭東印度公司勢力，在此建立政權，並延續鄭氏海商集團在日本、清國沿海至東南亞一帶的商貿活動。一六八三年清帝國打

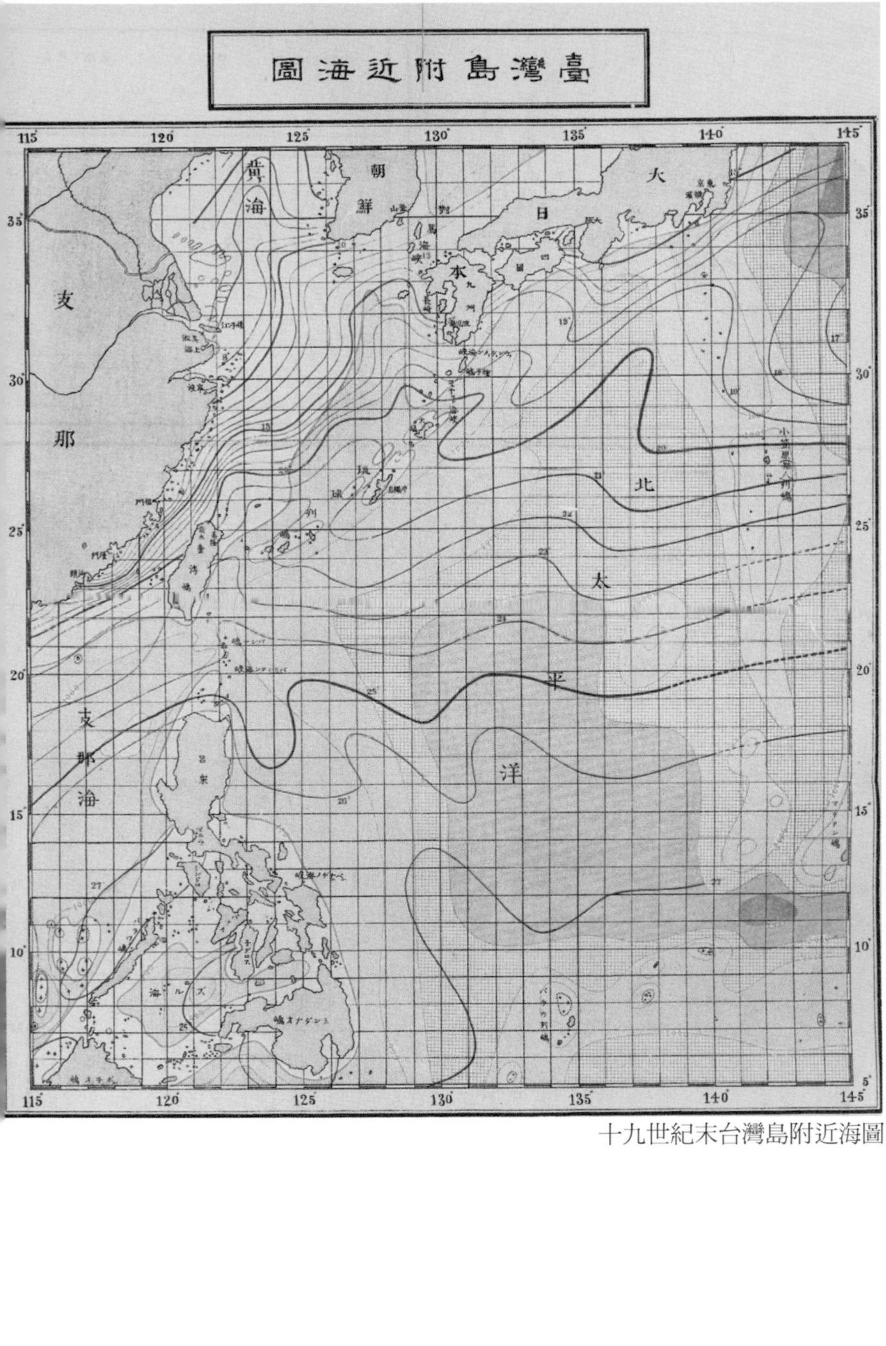

十九世紀末台灣島附近海圖

敗鄭氏政權、一六八四年正式將台灣納入版圖，台灣也從東亞海域十字路口轉為清帝國國防前線，貿易體系則自國際商貿轉運改為與清帝國交換農業原料及手工製品的區域分工體制。

帝國領土與近代國家主權的碰撞

十七世紀後期成為清帝國領土以降，一直到十九世紀中期開港通商為止，其間二百多年台灣一直處在清帝國天朝體制之中。所謂的天朝體制，簡單而言即是清帝國以本國為中心，以文化近似程度建構一個具中心與邊陲差序的同心圓體系，依此和鄰近屬國、屬國之外的其他國家等劃分親疏，進行不同程度之外交、貿易互動的一套規則。在十九世紀中期前的國際關係上，清帝國按照親疏次序將往來國家劃分為「屬國」（最親密，文化相近、與清帝國是宗主／藩屬關係，藉朝貢換得清國商品再轉賣），例如琉球、朝鮮；「與國」（次級親密，締有對等條約），例如一六八九年〈尼布楚條約〉後的俄羅斯；「互市國」（沒有國交、但可互相通商），例如一八四二年簽訂〈南京條約〉前的英國。此外，天朝體制不僅用以規定國際關係，亦反映在台灣領土界線與統領族群上。台灣原本是非帝國領土的「化外之地」，即便劃歸領土後，清帝國也依照接受教化、納稅與否劃分漢人、生熟番原住民等族群，並在今日中央山脈以西處從北到南劃定番界，界內為領土、臣民居住處，界外則非領土、為非臣民的生番居處，嚴禁臣民越界、違者後果自負。

左圖「台灣漢人拓殖沿革圖」

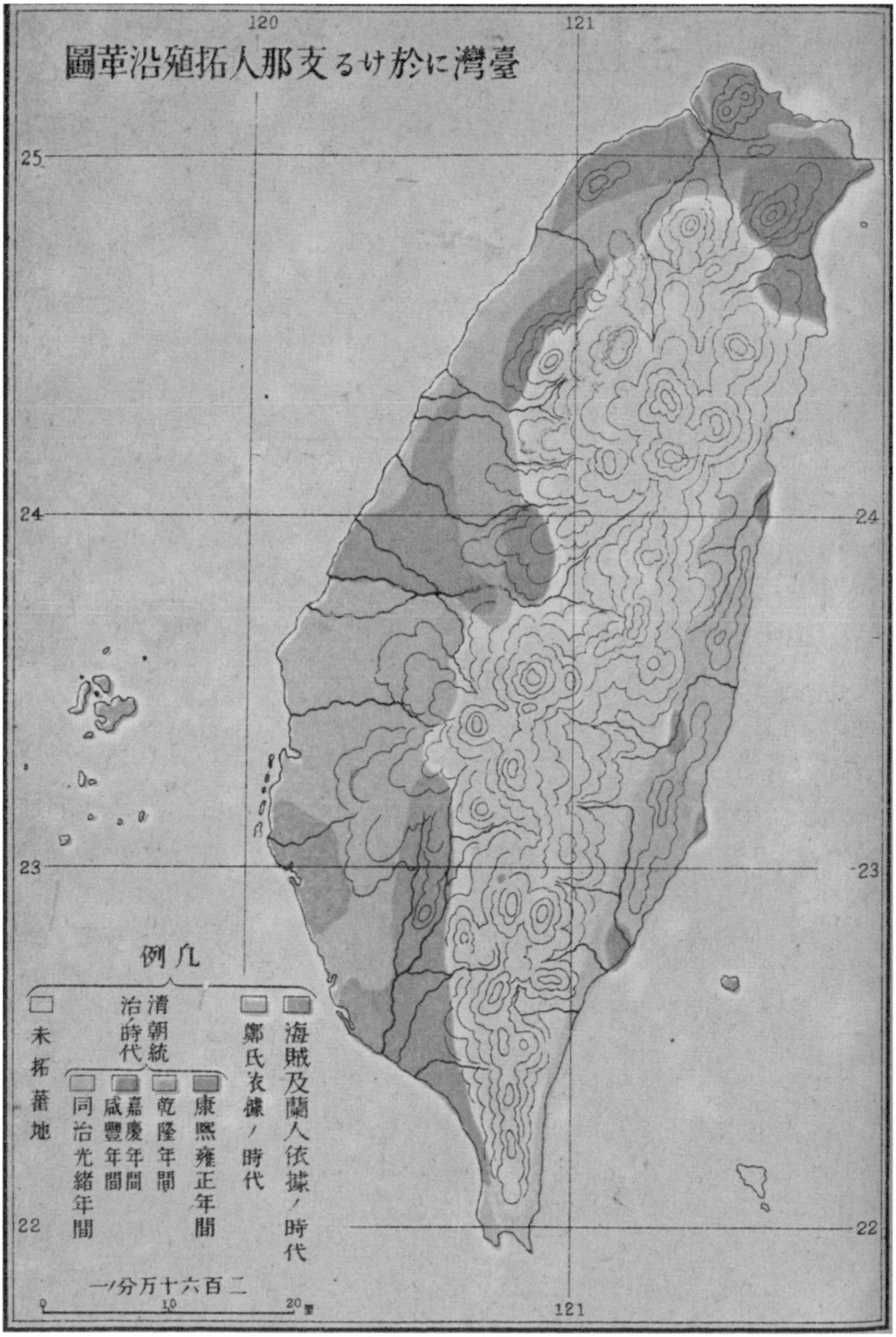
臺灣に於ける支那人拓殖沿革圖
120
121
25
24
23
22
凡例
海賊及蘭人依據ノ時代
鄭氏依據ノ時代
清朝統治ノ時代
康熙雍正年間
乾隆年間
嘉慶年間
咸豐年間
同治光緒年間
未拓蕃地
二百六十万分ノ一
0
10
20里

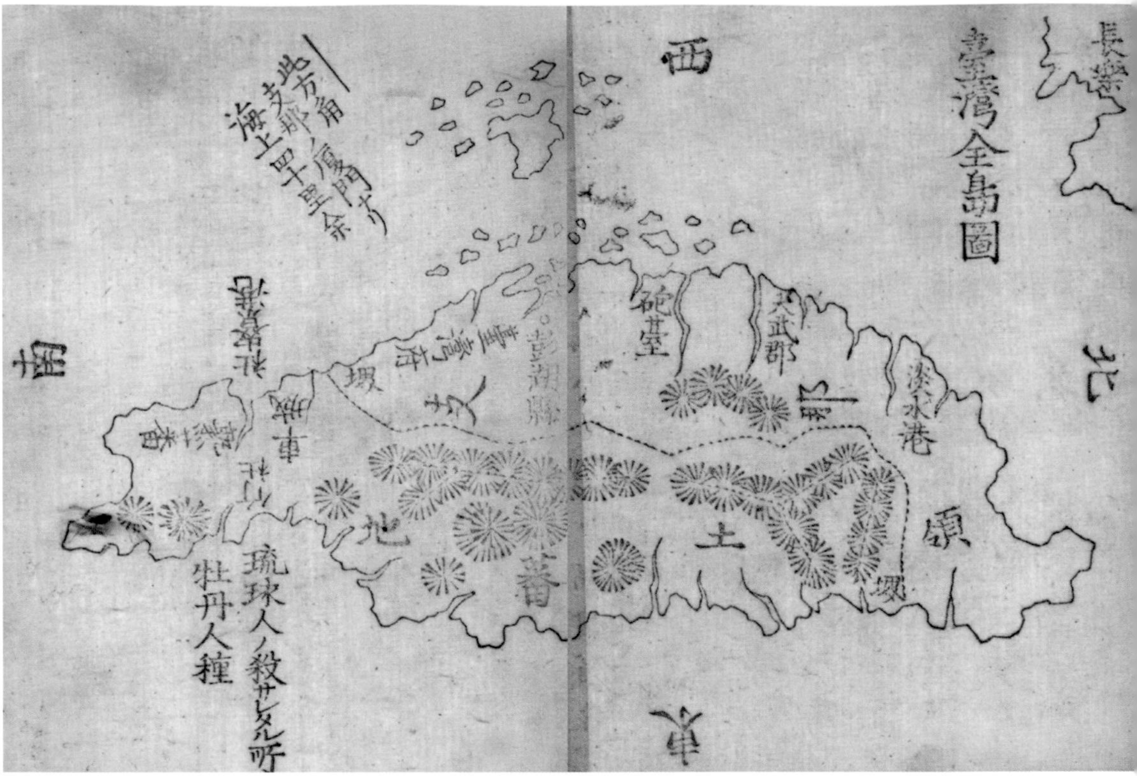

1

2

1 牡丹社事件中日人所繪台灣全島圖
2 牡丹社人石版畫
3 大日本辦理大臣支那於北京台灣件議決之圖

清帝國維持二百多年的天朝體制，到十九世紀歐美國家工業革命後新式政經體制、軍備提升，並且試圖打破對清貿易逆差的狀況後，面臨了巨大衝擊。以英國為例，十八世紀中期以來清帝國長期實行廣州一口通商，外銷茶葉、絲綢等貨品，對西方工業製品或天鵝絨等貨品卻無需求，加上海關稅率及貪腐情形，使得英商利潤大為受損。十九世紀起，英國殖民世界最大罌粟產地印度，開始出口鴉片到清國，逐步逆轉對清貿易為順差。清帝國為穩定貿易及金融體系、臣民健康，下令嚴禁鴉片，導致了一八三九年至一八四二年鴉片戰爭的失敗。鴉片戰爭促使清帝國對外關係從天朝體制轉為條約體制，透過簽訂條約開放外國商貿、傳教，衝擊了原有的封閉經濟體系，從而致使太平天國等內在社會秩序動搖。

在這樣的清帝國舊有秩序巨變下，台灣在十九世紀中期開港通商，重新適應新的國際秩序。在台灣重回東亞十字路口、接納外來勢力之過程中，清帝國領土觀念和鄰近近代國家主權觀念不斷碰撞，於是產生了一連串涉外事件。一八六七年的羅發號事件，是美國船難者誤闖台灣原住民領土，排灣族為捍衛家園而出草，所引發之外交事件。清帝國以此事發生在「版圖之外」而拒絕負責，最後在一八六九年由美國駐廈門領事李仙得和排灣族總頭目卓杞篤簽訂書面協議下落幕。不久後的一八七一年，又發生琉球王國宮古島上繳年貢船隊漂流到台灣東南部高士佛社、牡丹社、竹社之交界處，與原住民發生摩擦被殺害，後來稱為「牡丹社事件」。清帝國對於這次事件，一樣以發生在「版圖之外」而不願負責，但是此事件卻可說是深遠地影響了台灣後續的歷史走向。

3

牡丹社事件與清帝國真正統一台灣

一八七一年事件發生當下，由於琉球王國為清帝國藩屬，按照慣例由清國撫卹受害者並送回琉球王國即可。然而，琉球王國早在十七世紀就被迫在向清帝國進貢之外，也秘密向日本江戶幕府統轄之薩摩藩進貢，日本明治維新後更於一八七二年將琉球王國收為「琉球藩」，並以此事為藉口向清國尋釁。當時日本正欲為國內高漲的「征韓論」尋求出口，又得到羅發號事件中發現「番地不隸屬清國」事實、時任日本外務省顧問的李仙得助言，一八七四年部分軍方人士於是獨斷地向清帝國眼中的

1

2

1 牡丹社事件石門戰役圖

2 琉球人因船難漂流到台灣恆春八瑤灣而遭難，死難者由楊友旺等人安葬於統埔村旁，後日人設立墓碑與墓塚之前。圖為後有原墓塚的「大日本琉球藩民五十四民墓」石碑

3 1884年清法戰爭實況透過當時快報與圖繪呈現

「無主番地」出兵。這場戰爭因為日軍水土不服及清日政府有意弭平事態下很快地結束，結果則是一方面承認日本此舉為「保民義舉」、加速日本併吞琉球王國，另一方面使清帝國撤除番界、統領範圍擴及台灣全島，以防止外國勢力再因原住民問題進犯台灣。

台灣全島在一八七四年日本出兵後被清帝國盡收統治，此後不再有「界外原住民」引起涉外問題，卻依舊無法抵擋各國挑戰清帝國既有藩屬體制的波及。首先是一八八三年，法國為奪取清帝國藩屬越南主權而對清國開戰，又因越南戰事不順而在一八八四年企圖攻占具戰略地位、煤礦動力來源的台灣，台灣於是在一八八四年至一八八五年接連於淡水、基隆、澎湖受法軍攻擊。法軍對台灣的攻擊雖未奏效，卻亦封鎖了茶葉、樟腦等外銷主力貨物無法出港，戰爭也在台人記憶中留下「走西仔反」的陰影。此戰促使清帝國重視台灣海防，一八八五年宣布台灣建省、福建巡撫兼任首任台灣巡撫，推動台灣新政。也因戰事集中的台灣北部突顯戰略價值，劉銘傳將省城、新政實施重點移往台北，配合北部出產的茶葉、樟腦為清末台灣外銷要項，北部政經地位大為提升，使得台灣政經中心由台南移往台北，影響持續至今。

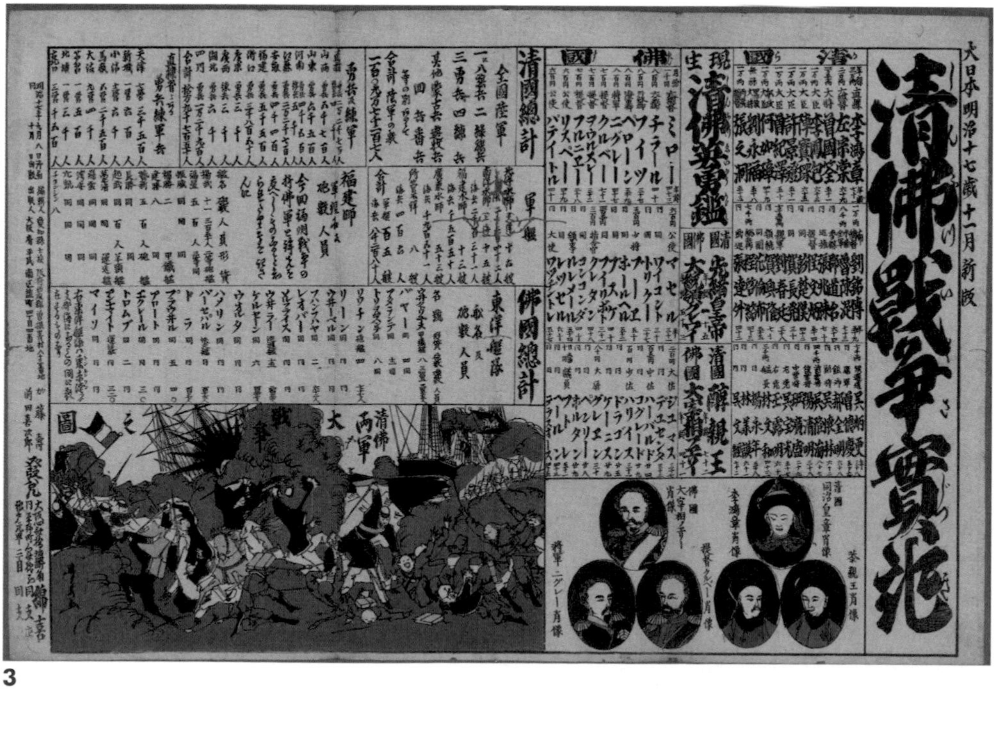

3

十九世紀末台灣情勢

十九世紀後期台灣因為不斷捲入涉外事件，促成清帝國重視台灣建設、防務，不過清帝國天朝體制受到的嚴峻挑戰依然影響了台灣。十九世紀中期，日本明治維新廢除武士階級，國內社會經濟問題叢生，以西鄉隆盛為首的守舊派士族於是提倡「征韓論」，希望透過出兵海外活化國內經濟、解決社會問題。一八七四年以牡丹社事件對台灣出兵一時平息了征韓論調，不久後征韓論又再度受到熱議，並逐漸成為日本重要東亞政策之一。一八九四年，日本趁朝鮮內亂出兵介入，清帝國為維護對朝鮮宗主權而回擊，甲午戰爭於是爆發。清國精銳北洋艦隊在短短幾個月內敗於日本帝國，一八九五年清日兩國簽下〈馬關條約〉，以賠款二一・三億兩白銀及割讓台灣、澎湖及其附屬島嶼作結。

清領台灣後期，由於清帝國天朝體制受到世界情勢轉變之衝擊，台灣幾次因為新舊領土觀念、清帝國藩屬體系受挑戰而捲入涉外事件。這些事件發生當下多因影響範圍有限，而未為全島所知，但其後續效應卻是相當深遠。台灣由於清末幾次涉外事件提升了帝國內部行政地位，領土範圍受到釐清，軍事建設亦有所升級。同此之際，涉外事件也使台灣最終離開清帝國統治，迎向新一階段之歷史。

1

1 台灣割讓日本後，日軍混成支隊登陸澎湖情形

2 歷次涉外事件中進擊軍進入澎湖的路線地圖

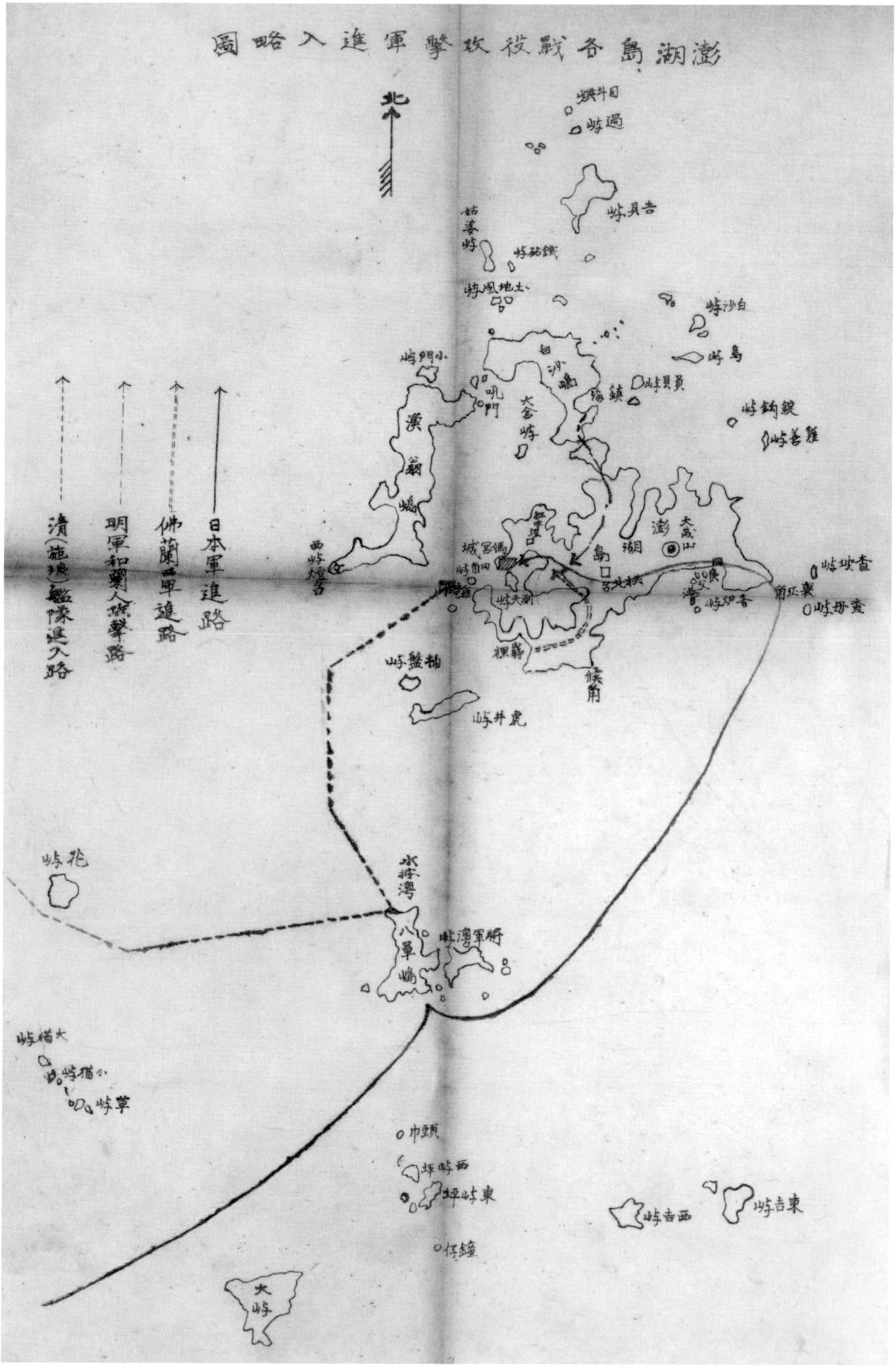
澎湖島各戰役攻擊軍進入略圖
北
日本軍進路
佛蘭西軍進路
明軍和蘭人攻擊路
清(施琅)艦隊進入路
過嶼
吉貝嶼
姑婆嶼
鐵砧嶼
白沙嶼
鳥嶼
員貝嶼
雞善嶼
小門嶼
吼門
大倉嶼
白沙嶼
鎮海
澎湖島
大武山
西嶼燈台
媽宮城
四角嶼
桶盤嶼
虎井嶼
花嶼
水垵灣
八罩嶼
將軍澳嶼
大貓嶼
小貓嶼
草嶼
頭巾
西嶼坪
東嶼坪
鐘仔
西吉嶼
東吉嶼
大嶼

2

清末近代化新政對台灣社會留下多少影響？

一八八五年台灣因清法戰爭威脅而獲准建省，以更高行政層級來籌備海防，首任台灣巡撫劉銘傳接續此前開山撫番政策、推動自強新政，其施政重點之一的近代化實業，包括鋪設鐵路、設立水陸電報系統、創立新式郵政、建立自來水及電燈等現代化設施等項，向來被譽為「奠定台灣近代化基礎」。

清末涉外事件

十九世紀起，世界各國陸續轉向近代化，清帝國天朝體制應變不及而不斷面臨歐美、日本等近代國家的挑戰。台灣在一八六〇年代開港通商、與外國官商接觸變多後，也屢屢受到波及。例如近代國家主權觀念與天朝「王土」、「臣民」觀念的扞挌，使發生在台灣的船難衝突事件延燒為一八六七年羅發號事件及美軍福爾摩沙遠征、一八七一年牡丹社事件及一八七四年日本出兵台灣；清帝國藩屬體制受到近代國家、國際互動新形式衝擊，發展成一八八四年清法戰爭、一八九四年甲午戰爭，後者甚至導致清帝國對台統治劃上句點。

不過，台灣因為十九世紀中葉起歐美日各國的挑戰而捲入涉外事件，確實也令清帝國重新認識台灣之戰略地位，而在一八七四年日本出兵後加派官

土地清丈

清代的台灣因為民間一田二主的習慣，土地所有權一直相當複雜，隱匿田產的事情所在多有，政府也很難清查實際耕作的土地面積，進而收到相對應的田賦。到了劉銘傳撫台時期，為了支應台灣建省和其他新政的鉅額開銷，而推出清丈土地的政策，確認土地的實際業主權，增加田賦稅收。

員經略，這也被視為「清朝統治後期積極治台」的源出。對此必須注意，清帝國統治台灣的中心思想是「以最少經費維持國防、避免為亂」，而在不同時期應用番界、族群分治、禁止來台等政策，十九世紀則是因應外力影響、事務增加而提高行政層級，其實並無積極消極之分。

開山「撫」番？開山「剿」番！

再談回一八七四年後的台灣統治變化，一般會很容易想到「開山撫番」以及鐵路、電報線等自強新政，論者也多視之為台灣近代化開端。所謂的「開山撫番」係由日本出兵時來台防備的欽差大臣沈葆楨提出，主張以勇營武力為後盾，進行「開山」、「撫番」兩部分政策。「開山」係開發北、中、南三個方向的山路，通往此前統治力量不及、封禁於番界之外的台灣東部，但是多數山路均於開成後短時間內便告廢棄。主要原因即在開路主

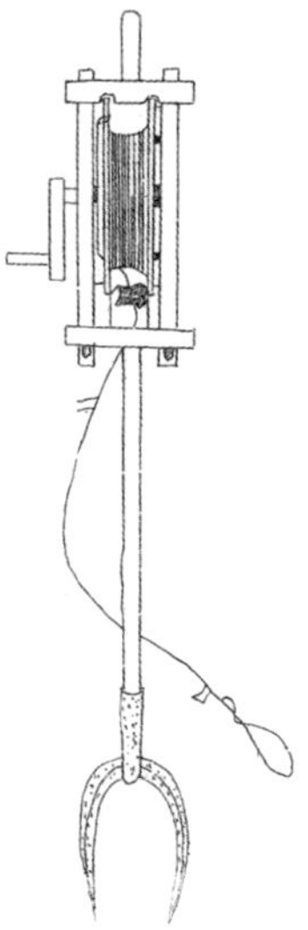

1

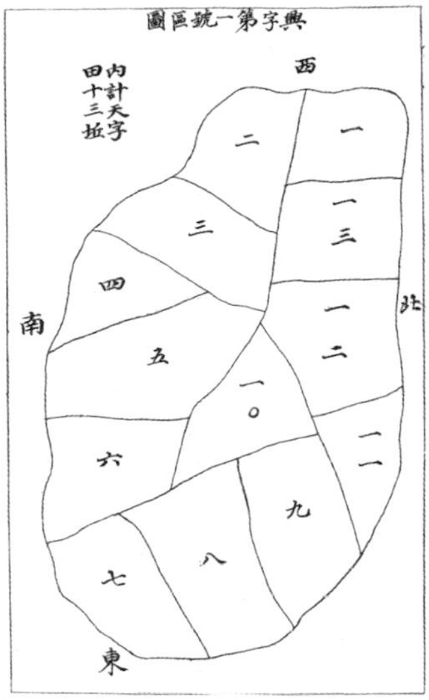

2

1 清丈纜車示意圖
2 清丈簡明總括圖

力的勇營軍隊管理不彰、官員執行政策無法持續，以致開路後無法維持穩定通道，很快地即被高山原住民反撲。

「撫番」是「安撫」原來未受統治的生番（高山原住民），其實就是強迫其漢化、不服者以軍隊屠殺鎮壓。之所以需要特別針對原住民的原因在於，此前清帝國以接受儒教文化、納稅與否劃分臣民與非臣民，對應於原住民即是「熟番」、「生番」。被視為生番的多為高山原住民，其遵守部落律法，不僅砍殺侵入生活領域者、有時亦主動「出草」獵人頭，開港後甚至引起外交問題，故一直被視為野蠻且動搖社會秩序者。清帝國在決定統領台灣全境後，單方向地要求原住民漢化、拋棄「野蠻」習俗，以符合帝國臣民教化。原住民不滿清帝國以國家力量侵犯其生活領域及傳統習俗、奮力反抗，導致一八七五年獅頭社事件、一八七六年太魯閣事件、一八七七年大港口事件、一八七八年加禮宛事件、一八八八年大庄事件等反清抗爭。

劉銘傳自強新政再思考

一八八五年台灣因清法戰爭威脅而獲准建省，以更高行政層級來籌備海防，首任台灣巡撫劉銘傳接續此前開山撫番政策、推動自強新政，而被譽為「台灣近代化起點」。先瞭解劉銘傳施政重點，包括防務、財稅、撫番、近代化建設等項：（一）建設多處砲台、兵工廠等現代化軍備（二）一八八六年至一八八八年進行土地清丈以清除隱田，進一步改革田賦、大租減四留六，以提升財政收入（三）與台灣豪紳大族合作擴大撫番，同時力行原住民漢化

1 1891年基隆與台北間鐵道路線

2 騰雲一號火車頭／立石鐵臣版畫

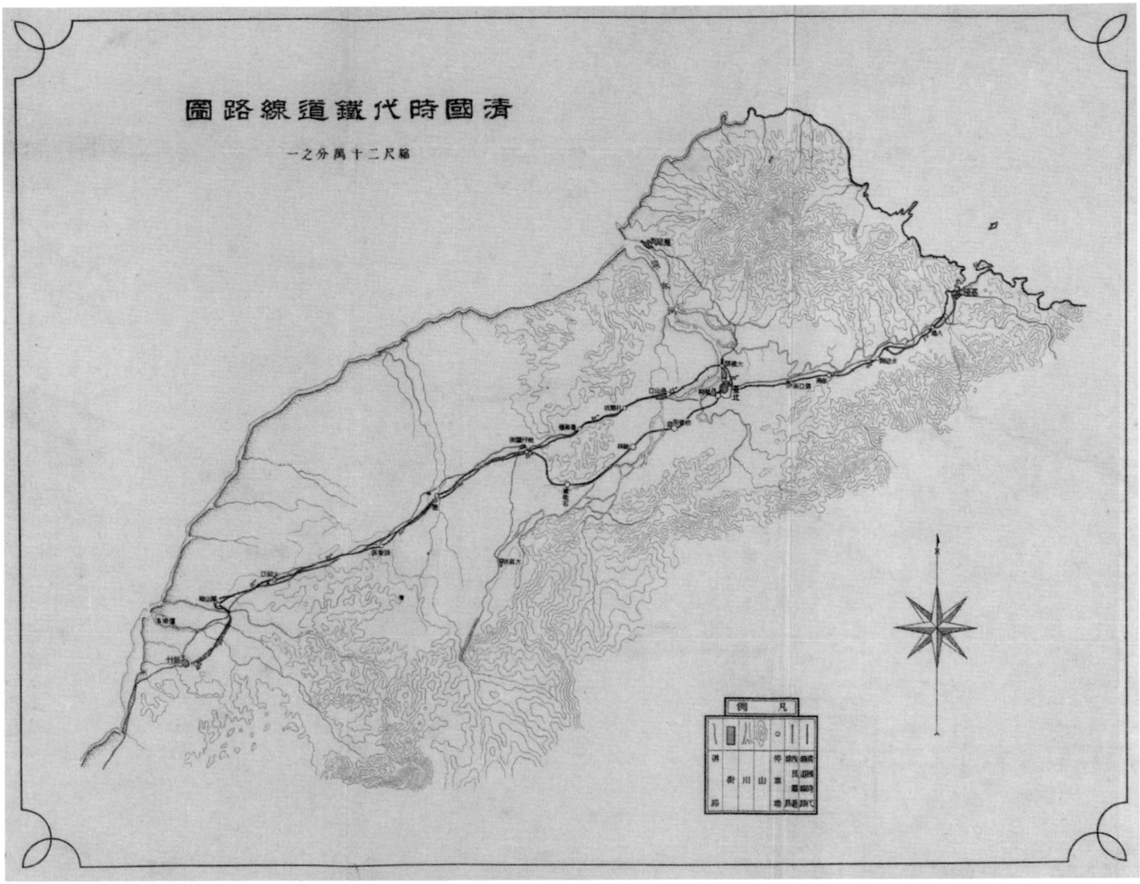

1

2

如設番學堂、教漢文、禮儀（四）建置台閩、新式郵政系統，創設電報局、鐵路局，一八九一年基隆、台北間鐵路通車。劉銘傳投入鉅資建設台灣新式設備、清丈土地並改革賦稅、對原住民發動招撫鎮壓，中國近代史學者郭廷以評其為「才氣無雙」、「對『近代化』成績最著」，一連串新政被後世視為開創台灣近代化，為日本殖民統治打下基礎、地位猶如火車軌道之「台木」。

然而，若從劉銘傳個人性格、其所推行新政實際影響來檢視其對台灣歷史之意義，則有另一番可能。首先，部分史家為以劉銘傳新政貢獻抗衡和日治初期近代化政策推手後藤新平，多強調其個人施政成就，而貶低同時期實際統管台灣事務的台灣道劉璈，無視劉銘傳以淮軍出身和湘軍出身之劉璈爭奪保台戰功、派系鬥爭，並對其誣告、編織罪狀，令其於一八八四年獲罪流放黑龍江。同樣因抬高劉銘傳形象而被壓低評價的，還有一八九一年繼任台灣巡撫的邵友濂。暫且不論劉銘傳的新政、剿番、清賦成效如何，造成台灣財政重大負擔卻是事實。邵友濂接任後停辦鐵路在內的效果不彰新政，以紓緩財政赤字，卻被提高劉銘傳成就者批為「不延續新政之守舊派」。

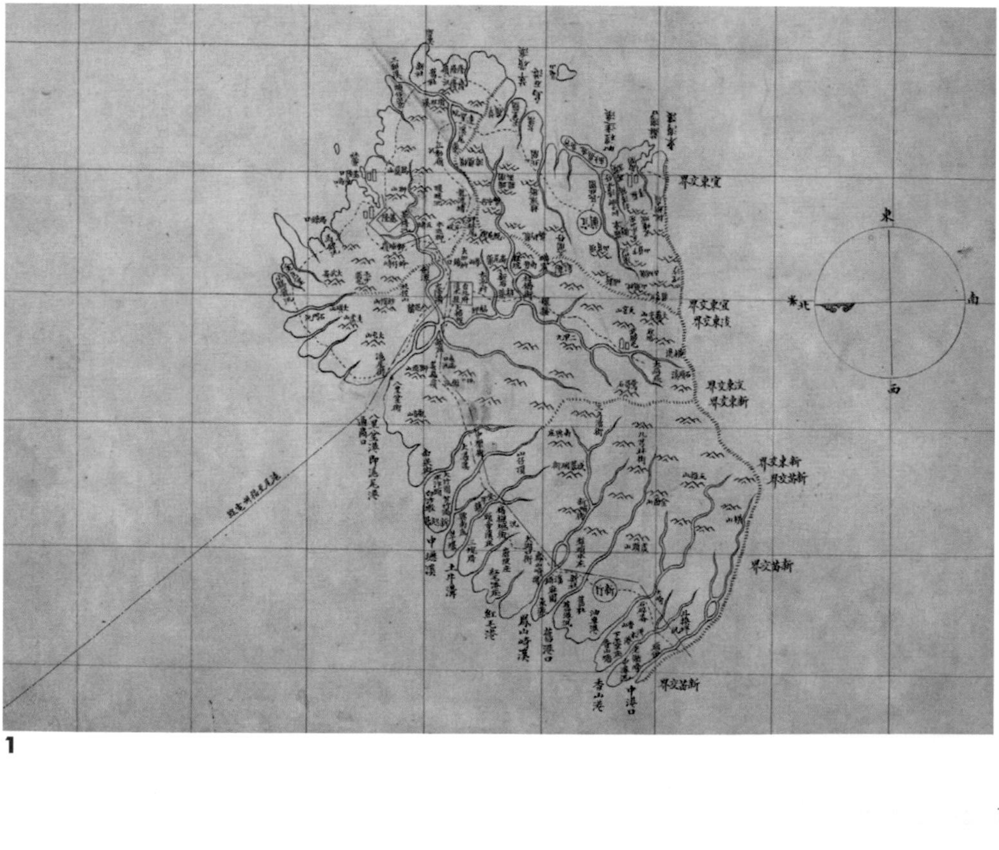

1

事倍功半的近代化

更進一步檢視劉銘傳推行政策的延續性。劉氏在台施政重心以軍事防衛為中心，而著重設立砲台、兵工廠等軍事設施，因而排擠其他政策預算，使新政以能獲取財政收入之近代化實業、增加稅收兩處為優先。其施政重點之一的近代化實業，包括鋪設鐵路、設立水陸電報系統、創立新式郵政、建立自來水及電燈等現代化設施等項，向來被譽為「奠定台灣近代化基礎」。然而，當中除了水路電報系統較少故障而能發揮實際功效、新式郵政系統略有成果外，鐵路因工程艱鉅、資金不足而只鋪設基隆到新竹段，且施工品質粗糙不齊、不堪使用，以致日本來台時必須拆除此段鐵路，重新規劃台灣鐵路系統。裝設自來水、電燈設施僅限於台

2

3

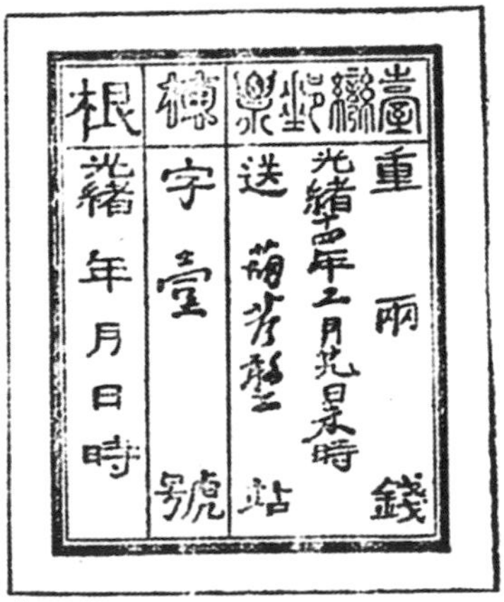

4

1《台灣地輿總圖》「台北府全圖」內可見滬尾至福州延伸入海的海底電纜
2 劉銘傳像
3 官方公用郵票雛形
4 劉銘傳新郵政之台灣郵票

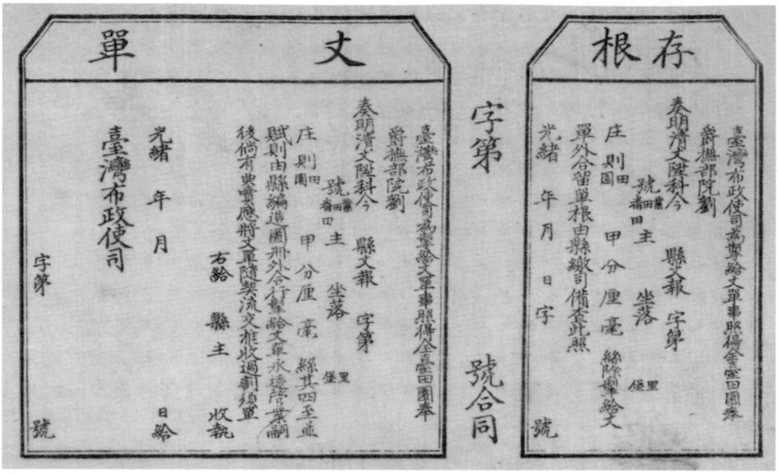

存根

臺灣布政使司為遵照給丈單事照得全臺田園奉
爵撫部院劉
奏明清丈隱科今　縣丈報　字第
號　業主　坐落
庄　則田園　甲　分　厘　毫　絲除照給丈
單外合留單根由縣繳司備查此照
光緒　年　月　日　字　號

字第　號合同

丈單

臺灣布政使司為遵照給丈單事照得全臺田園奉
爵撫部院劉
奏明清丈隱科今　縣丈報　字第
號　業主　坐落
庄　則田園　甲　分　厘　毫　絲其四至並
賦則由縣編造圖冊外合行給丈單永遠管業嗣
後倘有典賣應將丈單隨契流交推收過割須單
右給　縣業主　收執
光緒　年　月　日給
臺灣布政使司
字第　號

1

北，並未普及全台。這一方面是受限於經費，另一方面也隱含劉氏施政重北輕南的態度。

再者，劉氏施政重點之二的清丈田賦，係因清領以來台灣開墾過程中累積形成隱匿田產（避稅）及「一田二主」（大小租戶）現象，造成土地所有權紊亂、業權糾紛、侵吞公地、無法核實田賦等社會和財政問題。劉銘傳對此採取清丈田畝以減少隱田，減四留六（減少大租額度）、明定業權而改革田賦等土地改革政策。問題在於政策推行方式，舉凡丈量土地等級劃分粗糙、官員收賄、與大地主妥協，加以重北輕南態度引起中南部地主不滿，一八八八年彰化縣爆發大規模民變施九緞事件，最後清丈計畫草草結束，實未解決土地制度混亂問題、亦沒有完全廢除大租權。

1 劉銘傳清丈田賦的丈單與存根

2 1913年日本時代測繪浚渫前的基隆港

劉氏施政重點之三為延續此前「開山撫番」政策，動用大量軍力招降原住民接受漢化統治。有關招降手法，政策原意是希望以「安撫為主、武力討伐為輔」，但因原住民不滿清帝國以漢文化本位要求單方面服從、侵入傳統生活領域、危及傳統語言文化，拒絕接受招撫，使「撫番」實際上大多是花費龐大軍費、造成死傷多數之剿番戰爭。根據學者統計，清末台灣「開山撫番」在全台共引發二十二次大小戰事，劉銘傳任內即占二十次。其積極推動剿番政策花費了龐大軍費、致使財政困窘，最終卻未收得撫番成效，還造成原住民滅族、遷移、反抗、原漢關係緊張等惡果。

清末新政再評價

從結果來看，清末台灣推行新政，雖然確實將新式設施引入台灣，但是耗費龐大財源、影響層面卻不廣，可說僅有開創意義而無政策延續性。而力行開山撫番政策一方面是統領台灣全境、形成整體性，另一方面卻是以國家武力強行鎮壓原住民，造成族群關係裂痕。對於清末近代化對台灣社會影響之評價，過去習慣提高劉銘傳個人功績以抗衡日本殖民近代化功效，而今則可以跳脫英雄崇拜，重新審視兩個統治政權各自施策之優劣處，考量歷史多方面複雜現實而不定於一尊，藉此恢復相較持平公允的歷史原貌。

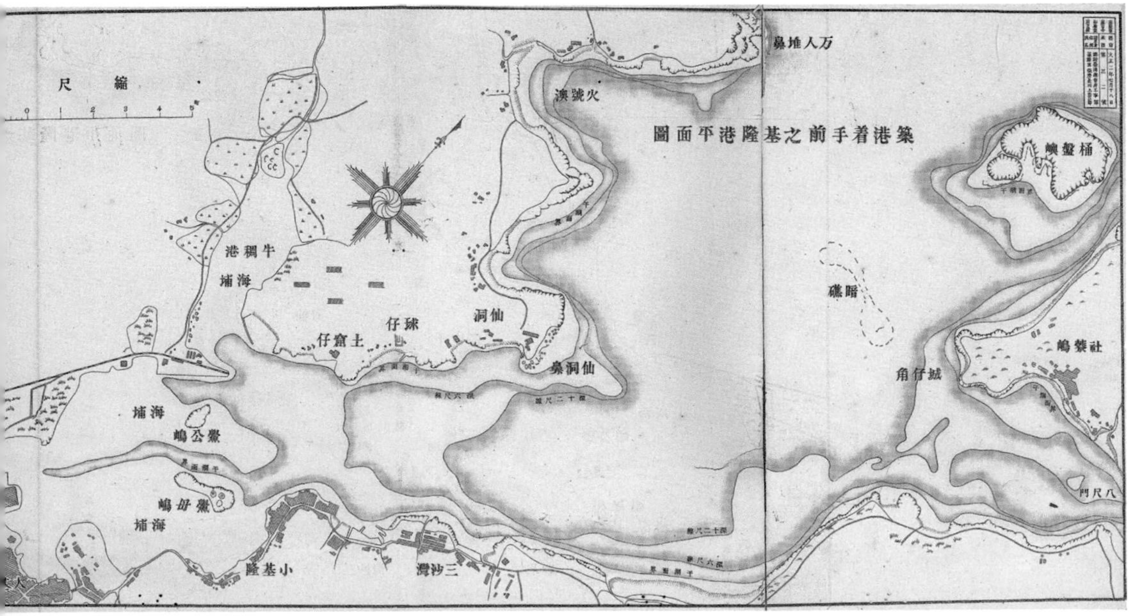

2

漢化台灣——明鄭與清國如何「教化」台灣？

「開台進士」鄭用錫，是在清國領台後一百多年才出現。而台灣的「舉人中獎率」，則約莫是在雍正年間，才提升到百分之一。之後，台灣的舉人開始有較為穩定地增長，仕紳階級也逐漸出現……

漢化台灣：明鄭時期陳永華的經營與沈光文的開拓

建立一個國家，需要的元素有什麼？土地？人民？軍隊？

鄭成功打敗荷蘭人，占領台灣之後，除讓軍民休養生息外，更重要的是建立起明鄭的行政制度。而要建立制度，人才的晉用是相當重要的一環，此即為教育的功效。然而，鄭成功在一六六二年二月打敗荷蘭人後，同年六月就去世，加上他與原住民爭地的屯田政策，使得明鄭早期無力推行官方主導的官學，而以民間為主導的義學，其推展進度也有限。直到四年後的一六六五年（永曆十九年），參軍陳永華以開墾就緒，向鄭經建議應該要在教育上放點心思了，比如應籌設孔廟、興辦學校等等。一開始，鄭經仍以「台地荒服新創，地狹民少」的理由拒絕，覺得台灣不大，人口不多，教百姓讀書這件事還不急，但陳永華這樣說：「昔日成湯以百里而王，文王以七十里而興，國家之治，豈關地之廣狹哉？為在國君之用人好賢，以相佐理耳！今台灣沃野數千里，遠濱海外；人民數十萬，其俗素醇。國君倘能舉賢以佐理，則十年生長，十年教養，十年生聚，三十年之後，固足與中原抗衡，又何慮其狹促稀少哉？夫逸居無數，何異禽獸。今幸民食稍足，寓兵待時，自應速行教化，擇地建立聖廟，設學校以造人才，庶國有賢士，邦本自固，而世運日昌矣。」

1

這段話的意思，就是說即便台灣小國寡民，但透過教育，將台灣變成好國好民的話，那麼就算面對如清國一樣的大國，又有什麼好怕的呢？商湯和周文王兩個開國明君，本來的基地都不過方圓百里，更何況台灣有數千里肥沃的土地呢？在陳永華的勸服下，鄭經終於同意將推展文教排上優先順序。之後，陳永華選定承天府寧南坊鬼仔埔為孔廟位址，於一六六六年（永曆二十年）建成後，稱為「先師聖廟」，即今台南孔廟。

為什麼陳永華推動文教，優先設置的卻是祭祀孔子的孔廟呢？這是因為明代將孔廟稱為文廟，並習慣將國家教育最高機關的「學宮」設置在文廟旁，形成「左廟右學」的建築形制。陳永華在台南文廟旁設了「明倫堂」作為教學場所，即是明鄭最高教育機構「太學」。

2

1 陳永華像

2 全台首學孔廟大成殿／胡文青提供

育機構「太學」。

孔廟落成後，陳永華接著在各地設置漢庄與土著的社學。按明鄭的制度，男童八歲入學，考試後可進入州學，通過州試後進入府學，通過府試後可以進入院學，通過院試後才能成為太學的「廩膳生」（相當今日的公費生）繼續接受高等教育。太學每三年舉行「大試」，優秀的監生在通過此試後取得任官資格。

明鄭時期的學校教育，是台灣加速漢化的一大原因。承天府（今赤崁）以北的麻豆、蕭壟（今佳里）、新港（今新市）、目加溜灣（今善化）等四大社，在此前原是荷蘭傳教士的佈教中心。荷蘭教士早期透過羅馬字拼寫西拉雅語，讓西拉雅的四大社接受基督教的洗禮，後期則透過荷語教學，試圖讓西拉雅人「荷蘭化」。在當時其實頗有所成。明鄭取代荷蘭後，一直到社學制度出現，因讀書可免傜役，在此誘因下，西拉雅人遂逐漸漢化。

除官方興辦教育外，私人教學是另一股不可忽略的力量。事實上，**明鄭遺老沈光文**（字文開，號斯菴，一六一二至一六八八）興辦私學的時間，比起明鄭的官學要早了約莫十年。一六四四年崇禎皇帝自縊，明國正式滅亡。沈光文在崇禎自縊後，隨南明朝廷遊走各地。一六五二年，沈光文因於海上乘船時遭遇颶風，漂至台灣。在無法回鄉的狀況下，便留在目加溜灣社教授漢學，這也是目前所知台灣最早的私塾。之後，大大小小的義學也陸續出現。所謂的義學，指的是由官方或民間捐贈的資金成立，施行識字讀書等基礎童蒙教育的機構。

海東文獻之祖

沈光文在台灣除興辦私學外，亦曾進行多樣考察，其〈台灣輿圖考〉研究地理、《草木雜記》記載植物，因而有「海東文獻初祖」之稱。沈光文去世後葬在善化里東堡，即今善化火車站前、車站職員宿舍後。遺憾的是，這樣一位對台灣文化有深厚影響的人物，其墓今已不存，現僅立有「沈光文歸宿處紀念碑」以供憑弔。這不能不說是過往台灣對自身文化的漠視之所致。

明鄭時期文學：過客與流亡

在明鄭之前，台灣文學以無文字的原住民口傳文學為主。這類口傳文學包括神話、傳說、故事、歌謠等。目前來說，被公認最早以台灣為主體的文學寫作，是陳第（一五四一至一六一七）的〈東番記〉。他在一六〇二（明萬曆三十年）隨沈有容等人來台，在此居住了二十多天。本文採用寫實的記敘方式，紀錄當時西部原住民習俗，並以「無懷、葛天之民」喻之，建構一中式理想國。

但陳第終究只是過客。一六五一年沈光文之流寓台灣，才真正令古典漢文文學在台灣生根發芽。沈光文不僅首開私塾，著有〈台灣賦〉、〈台灣輿圖考〉等作品，更在一六八五年（康熙二十四年）和文友共組「東吟社」，是台灣組織「文社」之始。

所謂的「文社」，即文人之間的同好社團。在音訊往來不若此刻方便的古代，是維繫彼此感情、相互砥礪創作的常見方式。文社、詩社等組織的盛行，在曹雪芹名作《紅樓夢》中亦有描寫。此一文社的組織，也顯示了在清國一統天下後，到台灣的流亡文人快速增加的情形。

原名「福台吟詠」的「東吟社」，成員除沈光文外，有季麒光、華倉崖、韓震西、陳元圖、趙蒼直、林貞一、陳克瑄、屠仲美、鄭紫山、何明卿、韋念南、陳雲卿、翁輔生等共十四人。首次吟詠的題目為「東山」，題詠台灣頗有盛名的高山。遺憾的是，這一批遺民作家的作品人多失傳。然而他們對故國的

畫家林玉山作品
「東吟社觴詠圖」

懷念低吟、對新世界的好奇觀看，仍為台灣古典漢文文學播下了種子。

明鄭時期的重要文學家，除了上述提到的東吟社諸子成員外，作為統治者的鄭氏父子，也是重要角色。儒生從軍的鄭成功，不僅本身是後世文學家想像、書寫與傳頌的對象，他自身也從事詩文的創作。其最知名的，應屬〈復臺〉一詩。詩云：「開闢荊榛逐荷夷，十年始克復先基。田橫尚有三千客，茹苦間關不忍離。」展現出欲以台灣為復國基地的雄心壯志。其子鄭經，在文學上的造詣更勝乃父一籌。著有《東壁樓集》，詩歌總計四百八十多首，內容從懷家憂國之思，到遊山玩水之興，充分展現了鄭經性格的一個面向。

誰是開台進士？清領時期文教的開展

施琅一六八三年以澎湖海戰攻克明鄭，開啟了台灣的清國時代。然而對於這個「蕞爾小島」該怎麼處置，清廷也頗有一番爭論。不少廷臣以台灣孤懸海外，治理不易，主張棄守。雖然後來施琅以台灣戰略地位重要說服清廷將台灣留於版圖之中，然而由於上述因素，清國對於台灣的治理態度在早期仍偏消極。在文教方面更是如此。比如對孔廟的維護，要到清國統領台灣三十年後，才於康熙後期擴建明鄭學宮，將明制孔廟改為清制。儀典部份，則更是在一七四一年（乾隆六年）後才正式改為清制。

也因此，雖然隨著地方行政組織的擴展，清國在台灣先後設置儒學十三所，但因治理態度偏向消極，因而過半的學校是在同治、光緒時期以後，對台政策轉為積極後才設置。同治以前設置的六所官學，有五所是在台中以南，

1

1 舉人文魁匾額圖

2 清學宮平面

北部僅有一淡水廳廳學。此一趨勢也反應在官學錄取的生員（秀才）人數與舉人分配的名額上。按學者估計，嘉慶時期，台灣人口總數約一百九十萬人，是康熙年間廿五萬人的八倍，但官學的總錄取人數卻增長不到一倍。為什麼要討論到生員錄取率的問題呢？因為生員數的多寡，直接影響到舉人錄取名額的分配，也就是影響到當地知識份子的就業情況。

此外，由於地廣人眾、族群有別，清國在舉士上，除了將旗人與非旗人分開舉士外，另有省籍考量。按照情況，不同的省分會有不同的舉士人數，所以許多人會「遷戶籍」到相對來說好考的地區。而台灣在初入清國版圖，教育系統並不發達的狀況下，自然成為鄰近省分如福建或廣東等地考生遷戶籍的首選。因此，台灣本地儒生的功名之路，相較於其他省分，要來得艱辛許多。另一方面，由於「進士」是全國知識份子的最高稱號，因而「首位台籍進士」的誕生，實際上也等同台灣的文

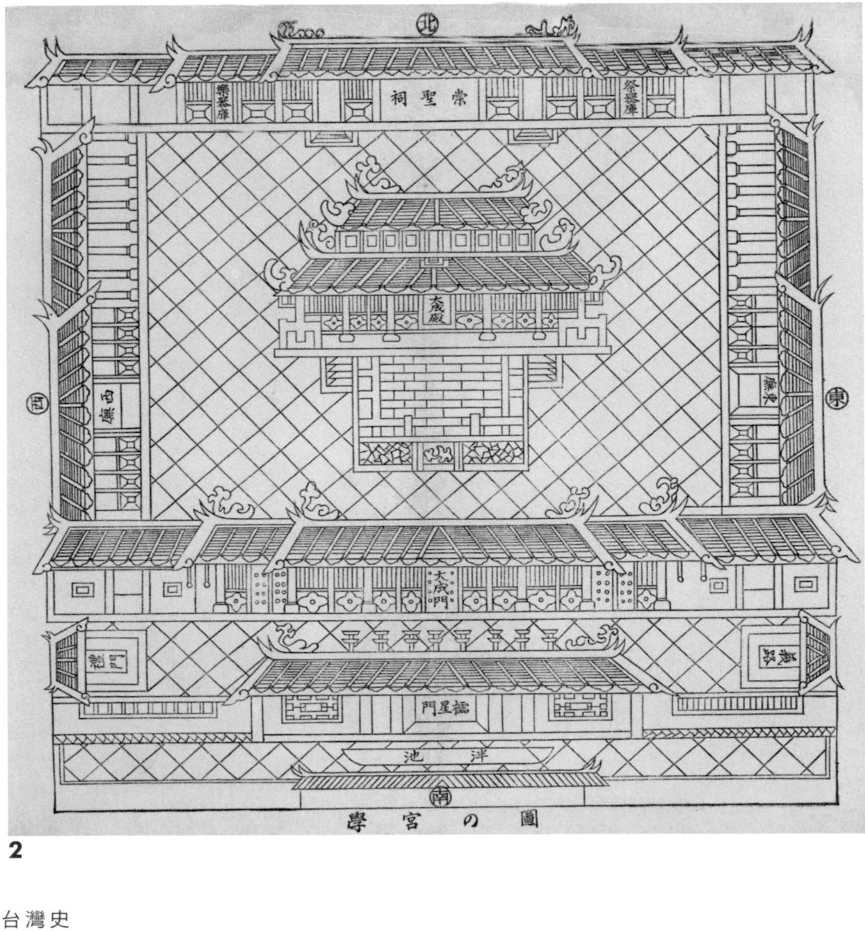

2

教水準已經和清國其他省份可以並駕齊驅的一個展示。因為這些因素，所以「開台進士」（首位台籍進士），也就成了大眾津津樂道的話題。

那麼，誰是這位象徵新時代開啟的「開台進士」呢？我們的候選人有三名。

第一位是陳永華的次子陳夢球。陳夢球出身於台灣府台灣縣（今台南市），於一六九四年（康熙三十三年）中進士。但因為他在明鄭滅亡後隨鄭克塽入籍滿人八旗的「漢軍正白旗」，因此嚴格算來，雖然陳夢球生長於台灣，但因為其以漢軍旗資格應考，還是應該算在滿人進士，而不能算是開台進士。

陳夢球之後，依序是一七五七年（乾隆二十二年）中進士的王克捷、一七六六年（乾隆三十一年）中進士的莊文進、一七七二年（乾隆三十七年）中進士的林聰，和一八二三年（道光三年）中進士的鄭用錫。其中，王克捷是幼年才隨父親自泉州渡台，並非台灣出生。莊文進與林聰則都是福建泉州晉江人。王克捷有冒籍的疑慮，而莊文進和林聰則幾乎可以肯定是為了應試而遷移戶籍。因此，儘管上述四人的牌位均可以在台南孔廟中看到，但一般來說，會被稱為開台進士的，仍是在淡水廳竹塹（今新竹市）土生土長的鄭用錫。作為開台進士，鄭用錫的府第「進士第」、家廟與墓葬都成為

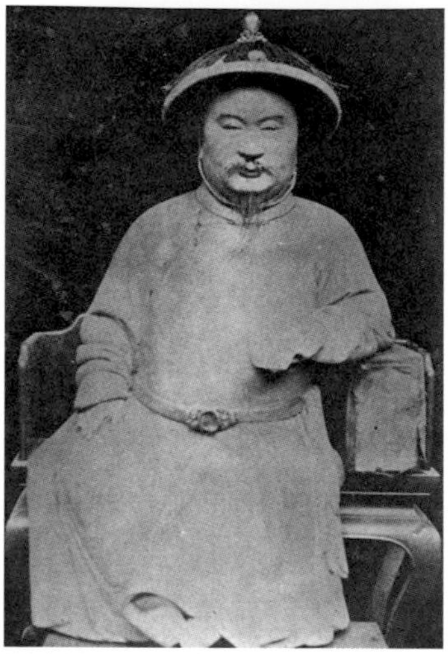

開台進士鄭用錫

台中考棚

台中考棚遺址湧泉閣

台中考棚的正式名稱應該是「台灣府儒考棚」，又稱「台灣省城儒考棚」。所謂的考棚，類似於今日的國家考場。為了防止考生舞弊，而實施的集中考試手段。一八八七年（光緒十三年）劉銘傳來台後，將台灣府改至於橋仔頭（今台中市西區）。原本的台灣府則改稱台南府安平縣。日治時期曾作為臨時警察官署，一九一八年（大正七年）改為警察俱樂部，是清代唯一留下的考棚遺址。考棚的主樓稱為「湧泉閣」，一九五〇年代倒塌。

重要古蹟留存至今。他的文章〈勸和論〉近年亦收錄至中學教材中，廣為傳頌。

「開台進士」鄭用錫，是在清國領台後一百多年才出現。而台灣的「舉人中獎率」，則約莫是在雍正年間，才提升到百分之一。之後，台灣的舉人開始有較為穩定地增長，仕紳階級也逐漸出現。除了官學的逐漸普及外，民間的自主興學亦功不可沒。終清一代，民間建立書院六十五所。其餘像是私塾、義學等，數量超過千所，是培養台灣知識分子相當重要的系統。這個系統一直延續到日治中期，才逐漸被日本殖民政府引進的現代教育系統給取代。

除了漢人的教育系統外，隨著傳教士來台傳教，西洋教育也開始在台灣生根。西洋教育的生根，除了神學與科學外，還引入了女子教育與殘疾人士教育等先進觀念。一八七六年（光緒二年），牧師馬雅各將先前在台南與高雄成立的「傳教者養成班」合併為「台南大學（神學校）」，即今台南神學院的前身。一八八二年（光緒八年），牧師馬偕在淡水開辦「理學堂大書院」（又名「牛津學堂」），為今日台灣神學院、淡江中學與真理大學的前身。兩年後，馬偕開辦「淡水女學堂」，為台灣第一所女子學校。一八八五年（光緒十一年），英國基督教長老教會在台南創辦「長老教會中學」，隔年創辦「長老教女學校」，分別為今日長榮中學、長榮女中前身。劉銘傳亦在此時將西式學堂引入官學系統，在台北大稻埕六館街（今永昌街）開設「西學堂」、建昌街開辦「電報學堂」，為台灣前兩所官方西式教育。一八九一年（光緒十七年）牧師甘為霖在台南創辦教導盲生的「訓瞽堂」，即為今日台南啟聰學校的前身，迄今已經有超過一百二十五年的歷史！

台北考棚

一八七五年台北設府。在台北建府以前，屬於淡水廳，廳治設於彰化，所以要應試的人必須到彰化，而考府試和院試更是要到台南。交通不便的狀況下，安全與費用都是一大負擔。一八八〇年，台北仕紳洪騰雲捐款，在台北城的府後街建造考棚，位置為今日忠孝西路以南、青島西路以北、中山南路以西、凱薩飯店以東，可容納兩千名考生。日治時期，考棚先是作為軍營，後來又成為高級官員宿舍。戰後改建為市議會。市議會搬移至信義區後，現為公園。

旌表台北仕紳洪騰雲的急公好義亭

1

2

3

1 日本時代初期大甲公學校女學生合影。圖中的小女學生仍延續清國的文化，穿著傳統服飾、綁小腳

2 淡水女學堂

3 牛津學堂

清國時期文學：唯有宦遊文章？

清國統領時期為一六八三年到一八九四年，共計二百餘年。在文學上，初期因本地文士尚未育成，文學活動主要仍是由清廷派來的仕宦官員，以及在明鄭時期便在此居住的寓台文人。此時期的文學風格，據此可分為「書寫閱歷」與「遺民之哀」兩大部。在書寫閱歷的部份，又集中在原住民與其習俗、台灣風物特產與海洋書寫上。最著名的作品，應屬郁永河的《裨海紀遊》。

《裨海紀遊》為郁永河於一六九七年來台採集硫磺所作。他以清帝國本位的漢人觀點，紀錄了時人眼中的台灣。其面向囊廓歷史、地理、居民、物產等，歷來為人所重。日本時代，學者伊能嘉矩、文學家西川滿等人，均曾譯介或改寫郁永河與它的《裨海紀遊》。

《裨海紀遊》之外，黃叔璥的《台海使槎錄》亦是重要作品。黃叔璥於一七二二年抵台，為首任巡台御史。此一巡台御史的職位，導因於前一年發生的「朱一貴事件」。在平定朱一貴後，康熙認為此事源於台灣吏治敗壞，故決定每年派遣滿漢御史各一人至台灣稽查吏治。原應於隔年離開的黃叔璥，奉旨留任一年，在台灣停留到一七二三年。

《台海使槎錄》出版於一七三六年，有〈赤嵌筆談〉四卷、〈番俗六考〉三卷、〈番俗雜記〉一卷，總計八卷。其中，以〈番俗六考〉最為人所重，其中不僅有對當時原住民習俗與生活情況的觀察記載，更少見地站在原住民立場，體察到其遭受強勢漢文化壓迫的處境，而不僅是將之視為「無教化的野蠻人」或「無邪的太古遺民」看待。其書不僅在文學上具有高度價值，在

郁永河《土番竹枝詞》

二十四首之二

文身舊俗是雕青，
背上盤旋鳥翼形。
一變又為文豹鞹，
蛇神牛鬼共猙獰。

作者註：「半線以北，胸背皆作豹文，如半臂之在體。」

二十四首之二十四

深山負險聚遊魂，
一種名為傀儡番。
博得頭顱當戶列，
髑髏多處是豪門。

二十四首均寫台灣原住民的習俗，為連章竹枝詞。〈之二〉一首有作者註，因若非親眼見過原住民紋身的清代文人，難以想像全貌整體。

史料價值上亦頗受重視。

在散文書寫外，台灣清代流行的體例還有「竹枝詞」與「八景詩」。郁永河《裨海紀遊》中收錄的《台灣竹枝詞》與《土番竹枝詞》，是目前首見最早書寫台灣的此類詩歌。竹枝詞起源於唐，在元時慢慢成為歌詠地方景物、書寫當地習俗的一種體例。與一般詩歌酷愛用典不同，竹枝詞一般而言少用典故，同時不避忌俚俗詞彙，但在格律部份卻仍存有一定的規範，並多以七言四句的方式寫就。因此，即便竹枝詞較一般格律詩要來的平易近人，此體與打油詩仍有相當程度的差異。清代台灣竹枝詞的特色，除了以詩詠景寫俗外，更在於出現了大量「連章竹枝詞」與作者加註的盛行。所謂的「連章竹枝詞」，就是以多首竹枝詞書寫類似主題，彼此接連成章。而作者註的盛行，則在於台灣風俗殊異，加上註解，才更能傳達風土特色。

「八景」起源於北宋畫家宋迪的八幅山水畫「瀟湘八景」，即湖南湘江流域的八大景色。以後，成為在選擇地區多項名勝時的慣用方式。「八景詩」即是根據地區八景名勝作詩的體例。台灣八景詩，以目前所知，首次出現於高拱乾《台灣府志・藝文志》中收錄其自撰的〈台灣八景詩〉。高拱乾的台灣八景分別是「安平晚渡」、「沙鯤漁火」、「鹿耳春潮」、「雞籠積雪」、「東溟曉日」、「西嶼落霞」、「澄台觀海」、「斐亭聽濤」。此一書寫形式後來掀起風潮，上述的詩題也廣為詩人所使用。另一方面，除大範圍的「台灣八景」外，各地也開始出現地區形式，甚至私人園林範疇下的八景，前者如鳳山八景、淡水八景，後者如聚芳園八景、北郭園八景等。

老百姓看不到的八景

高拱乾〈台灣八景・澄台觀海〉

有懷同海闊，無事得台高。瓜憶安期棗，山驅太白鰲。
鴻濛歸紫貝，腥穢滌紅毛，濟涉平生意，何辭舟楫勞！

高拱乾〈台灣八景・斐亭聽濤〉

島居多異籟，大半是濤鳴。試向竹亭聽，全非松閣聲。
人傳滄海嘯，客訝不周傾。消夏清談倦，如驅百萬兵。

高拱乾八景中的「澄台觀海」、「斐亭聽濤」兩景，建物「澄台」與「斐亭」其實都是出自他的手筆。「斐亭」落成後，高拱乾又於其旁建成「澄台」。因此，兩者其實都在台灣道署的府衙裡面，一般人無法進入。

往昔的台灣道署的所在地，現為永福國小。而過往可以看到台江內海、聽到濤聲的地點，現在則是車潮川流不息的熱鬧街市。這就是所謂的滄海桑田吧！

林占梅書法題字

清領中期、乾嘉以後，隨著帝國文教的傳播，本土文人紛起，各地也開始有不同的區域特色出現。如台北楹聯文學發達，新竹因有「潛園」、「北郭園」等著名園林，而以園林詩聞名，如鄭用錫《北郭園全集》、林占梅《潛園琴餘草》等，均為翹楚之作。中部地區的文風，則以書寫社會現實與百姓疾苦為主軸，如有「詩史」美名的彰化詩人陳肇興與洪棄生，均為此中代表。南部地區的詩作，則工於用典，如許南英、汪春源等，均為一時之選。在流寓與本土詩人均有顯著增長的情況下，詩社遂有大興之勢。

清代的重要詩社，有一八四九年林占梅建潛園時成立的潛園吟社、一八六三年成立的竹社、一八八六年結合竹社與梅社成立的竹梅吟社、一八九三年由唐景崧發起的牡丹吟社、一八九四年林景商發起的海東吟社等。其中，牡丹吟社為台灣史上第一個影響遍及全台的詩社，社友百餘人，其結合了遊宦人士與台籍詩人的社員組合，為此詩社最大的特色。隨著詩社紛陳，「詩鐘」、「擊缽吟」等文藝遊戲也隨之在台風行，到了日本時代，風潮依然不減。戰後迄今，詩社雖不再是文壇焦點，但依然有為數眾多的愛好者默默根耘。

老百姓玩得到的八景

八景除傳播到台灣外，此前亦透過留學僧，傳至日本。因此，日本在明治維新以前，亦有所謂的「近江八景」。明治維新後，旅遊業興起。他們發現，過去文人歌詠的八景，可以簡單地轉化為民眾旅遊的去處。因此，一九二七年在鐵道省支持下，大阪每日新聞社、東京日日新聞社以民眾投票、名人審查選定的方式，選出了「日本新八景」。同年稍後，《台灣日日新報》也以民眾投票的方式，選出了「台灣八景十二勝二別格」。選出的八景有基隆旭岡、淡水、八仙山、日月潭、阿里山、壽山、鵝鑾鼻、太魯閣。從名稱上可發現，此時的八景，已不見自然與人文結合的文人風雅，而純以景物取勝。

日本時代日月潭邵族

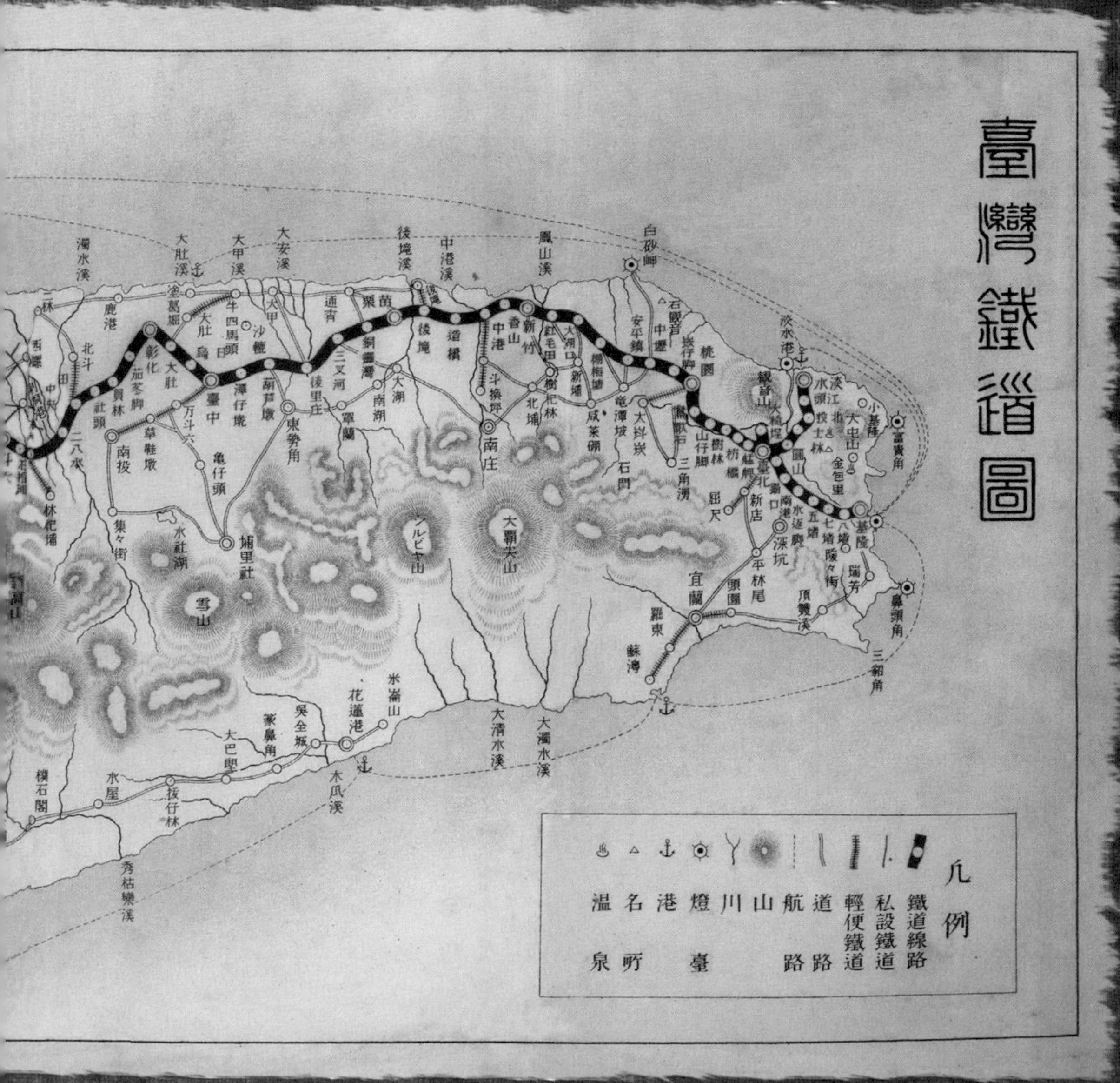

1908年台灣鐵道圖

日本時代

澎湖島
吉貝島
媽宮
曾文溪
塩水溪
北港溪
朴仔脚溪
布袋嘴
朴仔脚
北港
新港
北門嶼
蕭壠
蘇荳
新營庄
後壁寮
水堀頭
嘉義
平安
臺南
林鳳營
番仔田
灣裡
新市街
大目降
關帝廟
店仔口
關仔嶺
噍吧哖
車路墘
太湖街
中洲庄
舊城
打狗
鳳山
阿里關
甲仙埔
番薯寮
阿里港
阿緱
卑南主山
九曲堂
下淡水溪
小琉球嶼
東港
潮州
枋寮
巴望衛
大麻里
臺東
鹿寮
卑南溪
卑南新街
車城
射麻里
八瑤灣
恆春
火燒島

台灣如何因為一場不相關的戰爭被割讓給日本？

五月二十九日日軍登陸澳底後，六月三日民主國正規軍戰死者二百多人，六月四日總統唐景崧就帶著銀兩逃出台北、不久回到清國。副總統丘逢甲很快地也追隨唐的腳步捲款潛逃回清，台北城內一時群龍無首、守軍變為匪徒劫掠商民，秩序大亂……

目標琉球，順便台灣

一八九五年，清帝國對日甲午戰爭落敗後簽下《馬關條約》，決定了台灣、澎湖諸島被割讓予日本。消息傳至台灣時，一眾官民譁然，一是因為恐懼於異族統治的未知命運，二則是驚訝於清日兩國為千里之外朝鮮打仗、犧牲的居然是與此戰毫不相關的台灣。台灣到底為什麼會被割讓予日本？當時台灣官民對此又有何反應？這些問題的答案隱藏在此前的歷史之中，並對後續台灣歷史走向造成了巨大影響。

日本在一八九五年的談判桌上要求割讓台灣，並不是被樹上掉一顆蘋果打到頭的靈光一閃，而是由來已久。日本在十九世紀中期展開明治維新的近代化風潮，舉國上下都熱衷於思考如何讓日本能抗衡西方列強、成為強大的現代國家。當時日本的官員和知識份子們都認為，日本是個農業為主、缺乏

帝國第一處海外殖民地

一八八二年朝鮮發生新舊黨爭，中日兩國同時出兵朝鮮，並協助平亂，一八八五年中日雙方簽定天津條約，規定兩國出兵朝鮮需另行知會另一國，並不得在朝鮮駐兵。一八九四年三月朝鮮東學黨起事，中日兩國依約出兵鎮壓，事件後，中國依約撤兵並要求日本辦理。

工礦資源的島國，農村人口壓力又大，解決方法之一即是向外地移民發展。向外移民的一個選擇，即是前往熱帶農業、礦產資源豐富的南洋地區（今東南亞一帶）。南進論調開始在明治時代的日本國內發酵，而位於日本和南洋地區之間的台灣，很快就吸引了日本的注意。

日清談判與簽署馬關條約的春帆樓會場

也差不多在同一個時間點，日本為了併吞位於國境南方、做為日本防衛西方勢力入侵「防波堤」的琉球王國，以一八七一年台灣原住民殺害琉球宮古島人民為藉口，在一八七四年向台灣南部出兵。雖然此戰的主要目的是為逼迫清帝國承認琉球王國為日本藩屬，但是在出兵之前，日本已派遣一些調查人員來台探勘，做為備戰準備。例如後

然而，日本反對撤兵並要求共同改革朝鮮內政，衝入王宮擄走朝鮮王，驅逐駐牙山的清軍，戰爭遂起，日軍連敗陸軍及北洋軍隊，攻占威海衛，並陸續攻占遼陽、鞍山及澎湖等地。此時，光緒帝主戰，而慈禧太后與李鴻章等人主和，日本要求割地賠款，並指派李鴻章為和談代表，但因日方所列條件過鉅，和談遲未有結果，後因李鴻章遭到日人暗殺未遂，才使日方軟化態度，一八九五年四月十七日在春帆樓簽訂馬關條約，割讓台、澎、遼東，五月八日在山東芝罘換約，後以德法俄三國干涉還遼。日本則於六月十七日舉行始政式，成為帝國第一處海外殖民地。

來擔任乙未戰爭攻台主帥、也是首任台灣總督的樺山資紀，即在一八七二年以日本陸軍少校身分多次前往宜蘭等地從事偵查。經過此次實地調查與出兵，日本更加確認了台灣在做為南進南洋基地中繼站上，具備控制航線、運輸補給、軍事防備等重大功用。加上台灣本身有著出口砂糖、樟腦、茶葉的經濟價值，日本棉紡織市場亦需要出口市場，種種誘因便在簽訂乙未和約時化為具文，向清帝國要求割讓台灣。

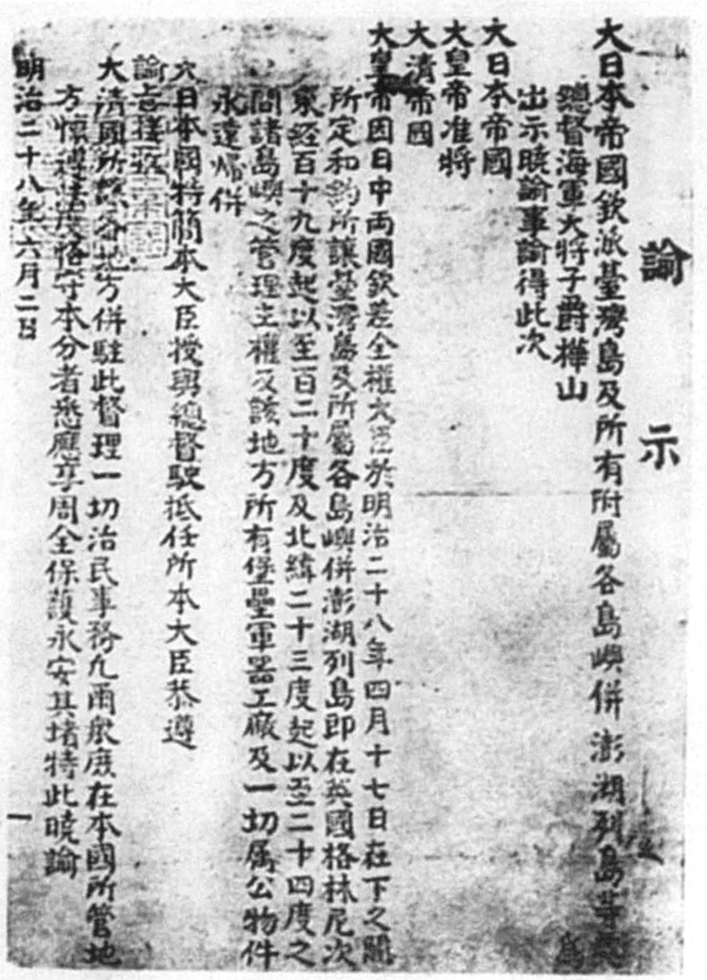

諭示

大日本帝國欽派臺灣島及所有附屬各島嶼併澎湖列島等處
總督海軍大將子爵樺山
出示曉諭事諭得此次
大日本帝國
大皇帝准將
大清帝國
大皇帝因日中兩國欽差全權大臣於明治二十八年四月十七日在下之關
所定和約所議臺灣島及所屬各島嶼併澎湖列島即在英國格林尼次
東經百十九度起以至百二十度及北緯二十三度起以至二十四度之
間諸島嶼之管理主權及該地方所有堡壘軍器工廠及一切屬公物件
永遠讓併
大日本國特簡本大臣授與總督駛抵任所本大臣恭遵
諭旨接收
大清國所派各地方併駐此督理一切治民事務凡兩處在本國所管地
方懷禮法恪守本分者悉應享周全保護永安其堵特此曉諭
明治二十八年六月二日

1

2

1 割讓台灣諭示
2 樺山資紀
3 北白川宮近衛師團登陸澳底營宿

台灣民主國，亞洲第一個民主國家？

割台消息傳回清帝國後，朝廷高層擔憂「割台灣將失天下人心、令其他各國更加覬覦領土」，知識份子康有為、梁啟超更會同一千多名舉人發起「公車上書」，力阻割讓戰略位置重要、非戰區的台灣。台灣方面的反應則如前述，混雜著憤慨和疑懼，而後沿燒成官商、地主與平民兩類型的反抗接收行動。官商方面，當時的台灣巡撫唐景崧首先在南洋大臣張之洞授意下，積極聯絡干涉還遼的俄德法，以及與台灣商貿往來密切之英、美等國介入。然諸國不願在干涉還遼後繼續刺激日本，此途便告中斷。接著，唐景崧、丘逢甲、劉永福等人為了保護台灣而在五月二十五日宣布「自立」、成立台灣民主國。

一般都說台灣民主國為亞洲第一個獨立民主國家，不過從其年號「永清」、佈告強調「台灣已成棄地、不得已才獨立」等方面來看，唐丘等人並無建立獨立於清帝國外的國家之意，台灣民主國毋寧可說是一

3

個抵抗日本接收的「外交設計」。也因為台灣民主國並非一個具有獨立共識、行政組織嚴謹的統一國家，五月二十九日日軍登陸澳底後，六月三日民主國正規軍戰死者二百多人，六月四日總統唐景崧就帶著銀兩逃出台北、不久回到清國。副總統丘逢甲很快地也追隨唐的腳步捲款潛逃回清，台北城內一時群龍無首、守軍變為匪徒劫掠商民，秩序大亂。台北商人李春生等人為保身家財產安全，遂派遣辜顯榮為代表迎接日本軍進城恢復秩序。

「竹篙鬪菜刀」抗日去

由於台北官商或逃或降，日軍原以為其餘接收過程也會如此平順，在前往中南部後才知道「好傻好天真」。具備正規軍武力優勢的日軍從台北南下後，從新竹起就遭受猛烈反抗，不得不頻頻增兵。這是因為相較於台北多是從事買賣商品、只求迅速回復秩序的商人，

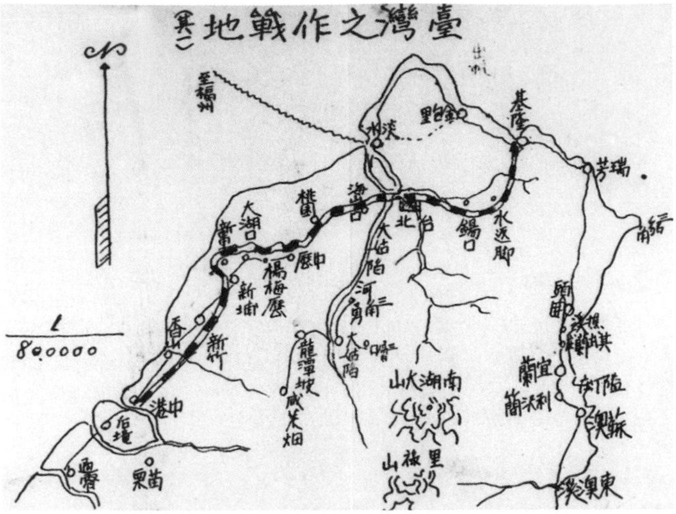

1

1 日軍手繪之作戰地圖

2 日軍接收軍艦在外海與台灣抗日軍戰役圖繪

3 「六氏先生事件」遇害的六位教師

4 山根支隊遇襲圖繪

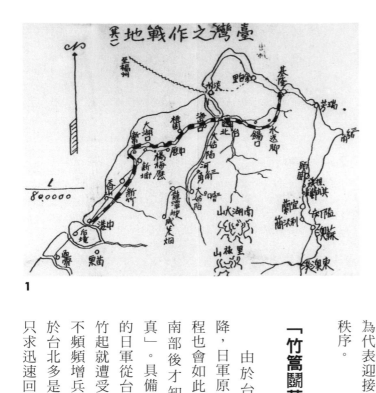

2

中南部較多經營米糖茶葉生產、擁有土地產業之在地中小地主，對於異族政權統治後失去財產的恐懼更為明顯，保護鄉土的決心因而較強。加上台灣自清領時期官府的行政控制力大多到縣層級，縣以下的廣大地方社會，依靠豪強勢力維持秩序，私人武力風氣盛行。所以一旦面對外敵，即使手中拿的武器只是「竹篙鬬菜刀」、比不上日軍槍砲，各地民眾依然激烈抵抗日本接收，例如苗栗吳湯興、姜紹祖，彰化八卦山之役，嘉義城戰役，以及南部六堆地區步月樓戰役等。需要注意的是，這些反抗行為不見得是為了效忠清帝國、也沒有台灣獨立之意，而較多是單純出於保鄉衛土的心理。

日本為了接收台灣，前後共出動兩大師團、士兵共三萬七千多人，並折損皇族北白川宮能久親王及將士萬人以上。其中因作戰死亡約五、六百人，其餘多是因為霍亂、瘧疾而病死。台灣方面，正規軍及非正規軍約三萬三千人、死傷一萬多人，另有十萬名平民受波及而死傷。台灣人激烈的抵抗令日軍無法輕易地接收台灣，一直到同年十一月十八日，首任台灣總督樺山資紀

3

4

才勉強宣布平定。不過，此後台灣各地方仍然有零星武裝游擊反抗，例如一八九五年底北部茶農陳秋菊率領深坑地區武裝集團攻擊日軍，同時台北各地抗日武裝團體也伺機而動，在一八九六年一月一日群起攻擊台北城。當時日本在台首個教育機構芝山岩學堂的六位職員到總督府參加元旦賀典並拜年，途中遭到抗日游擊隊襲擊，因而全數遇害，即是「六氏先生事件」。

日本建設台灣是好心？

日本原來是看上台灣的戰略地位和豐富資源，才想殖民台灣的。不料在接收過程中收到強烈反抗，即使大致底定秩序、依然有各地神出鬼沒的武裝游擊隊抵抗，使得初期統治相當不順利。加以台灣疾病叢生，日本人來台或病或傷，台灣統治又須耗費龐大國費，一度讓日本政府灰心，一八九七年甚至有國會議員提出以一億圓將台灣賣給法國之「台灣賣卻論」。當然，從歷史的後見之明，我們知道台灣並沒有被賣掉，而繼續由日本統治。並且，由於台灣是日本首個海外殖民地，日本更加用心建設台灣，以向國際顯示日本為亞洲唯一有殖民能力的帝國。

日本在台灣推行諸多建設，例如日本殖民政府台灣總督府自統治之初即透過調查舊慣，制定不會過度破壞台人原有習慣的法規，不過也因而將台灣劃歸於本國憲法體制之外，使總督府不經帝國議會監督、方便實行犯罪即決（不經審判立即定罪）、匪徒刑罰令（警察擴權以對付「土匪」）等惡法。再者，教育普及、介紹近代知識也是日本殖民成果之一。日本自統治初期即推動初

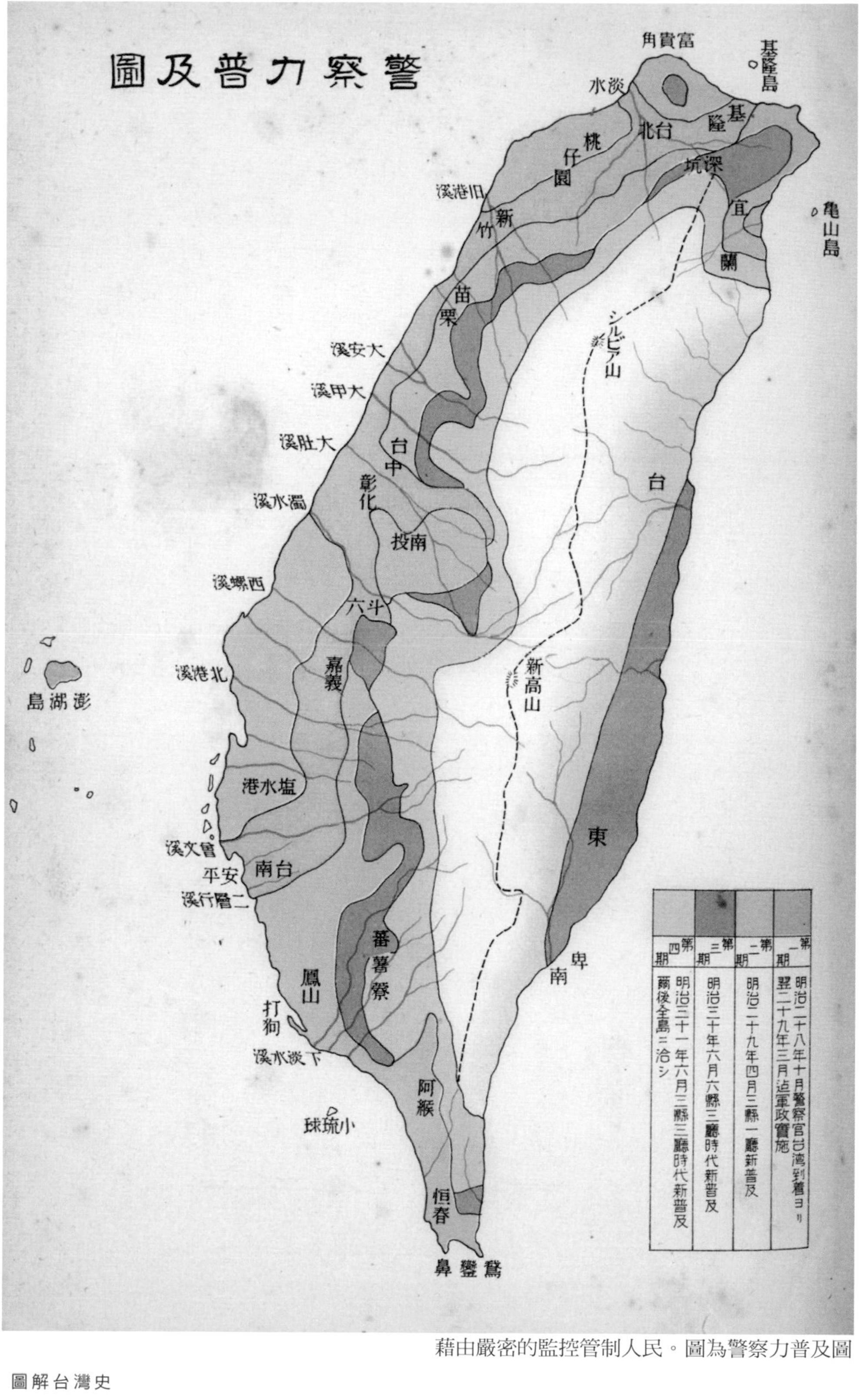

藉由嚴密的監控管制人民。圖為警察力普及圖

等教育，目標在「培養出具備基本生活知識、協助推動殖民統治的台灣順民」，對台人的中、高等教育則在不願台人學習高深知識、萌生反抗意識下相較緩慢，台人的就學制度、受教內容、考試成果更是長期劣於在台日人。再如衛生、醫療方面，日本統治前已因戰爭經驗瞭解到台灣衛生建設不足，統治後致力建設下水道、醫院、公共衛生系統，以保甲、學校教育強制民眾改善衛生，也鼎力支持醫學研究，而能逐漸抑制瘧疾、鼠疫等傳染疾病。正面評價日本殖民統治歷史者，多讚賞上述成果帶來之近代化改變。不過我們必須注意，日本殖民者從事這些建設，目的在於創造順利推展殖民統治的環境、以殖民地資源服膺母國需求，而不是為台灣好為出發點。實行過程中，常為了遂行政策目的而犧牲台人利益、強制台人配合。所帶給台灣的近代化，更是選擇能配合殖民統治利益，重視硬體建設而輕忽公平正義、人權自由，並不全面。

日本的治理術

日本殖民時期以嚴密法律及統計做為政策制定基礎、國家控制力及於個人等近代化統治手法，使台灣人

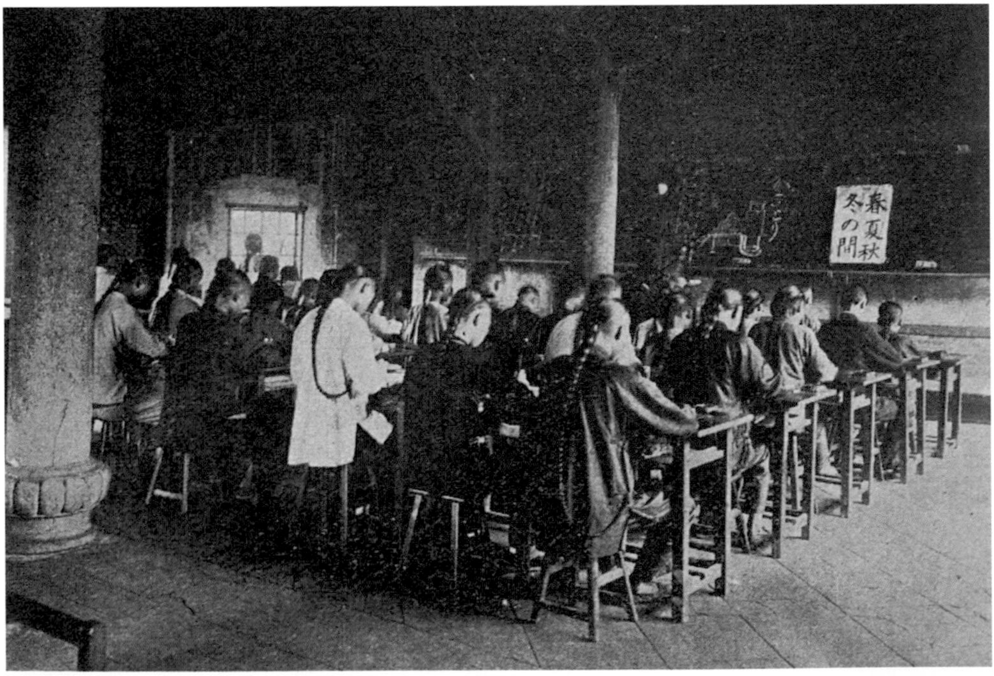

在法律上被切離二百多年的故國清帝國，帶來莫大衝擊。像是統治初期規定台灣人在一八九五年五月八日至一八九七年五月八日「住民去就決定日」的兩年間，可以決定留在台灣、接受日本統治，或是變賣所有產業、離開台灣而遷往他處。兩年一到，留在台灣者即具大日本帝國「國籍」；即便原來居於台灣，只要一八九七年五月八日後不在台者，即非日本籍台灣人，出入需用旅券（護照）證明身分。以上的「國籍」、「證明身分」，都是過去習於傳統帝國模糊統治的台灣人未曾想像過的。即便一八九七年五月八日前選擇離開的人只占全島居民的百分之〇點二五左右，其餘留下的人未離開也不見得完全認同日本統治，而只是不願放棄家業，或是傳統風俗未被強行禁止下沒有感受到立刻遷出壓力。

在此之下，台灣人對清日兩國感受相當複雜。對於清國，自己先是因一場不相關戰爭而成棄民，在法律上被切離清國認同、商貿旅行卻又離不開清國，甚至不少人心裡卻仍期待祖國強大起來以解救自己於異族統治。對於日本，一方面排斥異族異文化統治及差別待遇，另一方面亦震懾於接收戰爭的強大兵力與推行近代化政策的強制權力。這些糾結情感在割讓十多年後的一九一一年清國辛亥革命、一九一二年中華民國正式成立，再一次達到高峰。當時台灣知識份子多透過半官方性質的《台灣日日新報》關心清國變局，部分人抱持故國破滅的遺民哀思、也有人以第三者旁觀角度正面看待新中國政權建立，商人則關切渡華旅券申請順利與否、茶糖出口貿易受到多少衝擊。種種不同心態，反映出台灣人已逐漸走出乙未割台時的驚慌失措、接收戰爭時之兵馬倥傯，過去藕斷絲連的故國已不復存在，接下來即是回歸到應對新國家權力的現實生活中。

右圖 日人推動初等教育培養台灣順民。圖為明治初期的初等學校

乙未戰役路線示意圖

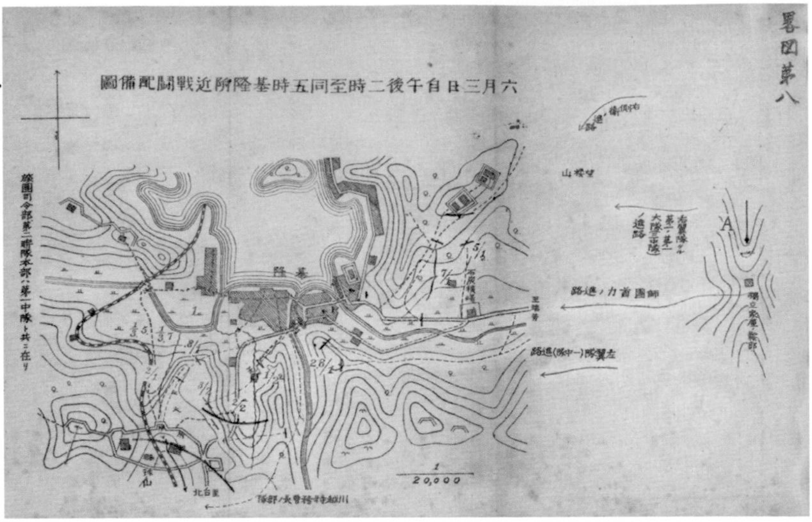

1

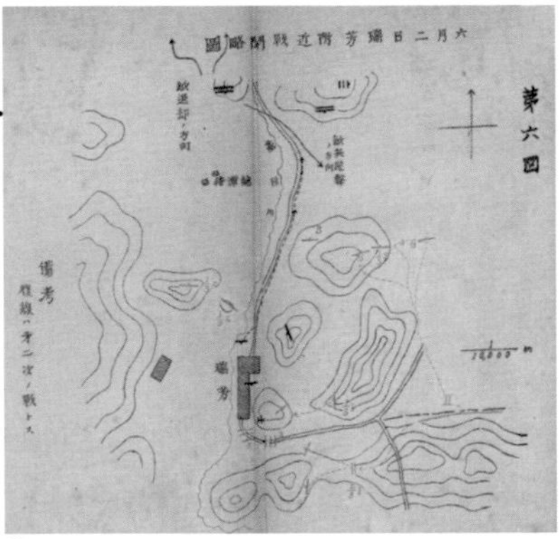

2

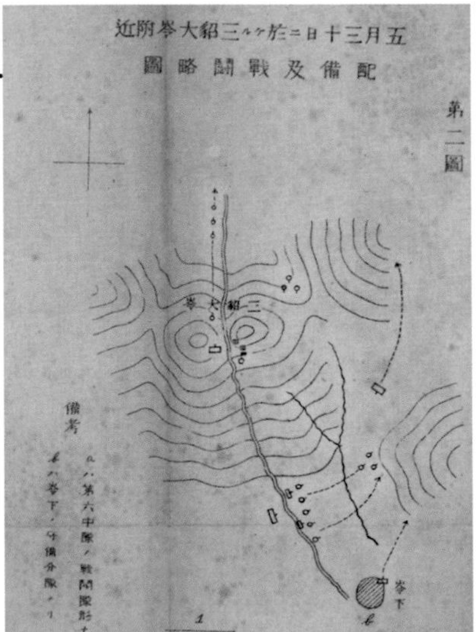

3

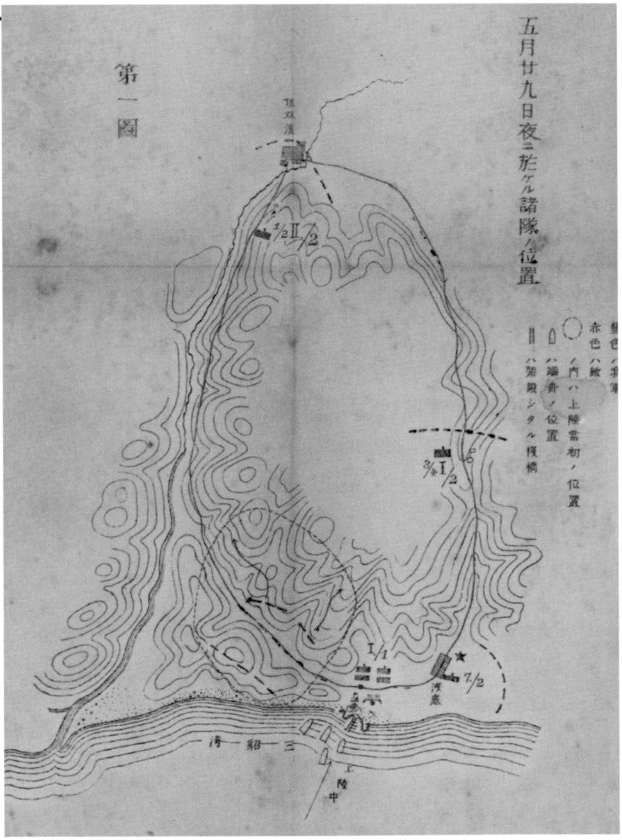

4

1 六月三日下午兩點至五點基隆附近戰鬥略圖

2 六月二日瑞芳附近戰鬥略圖

3 五月三十日三貂嶺附近配備及戰鬥略圖

4 五月二十九日夜晚近衛師團位置圖

混成枝隊長比志島大佐和司令部員

八卦山砲台占領圖繪

劉永福與日軍交戰失利求和被拒後，變裝由安平出港

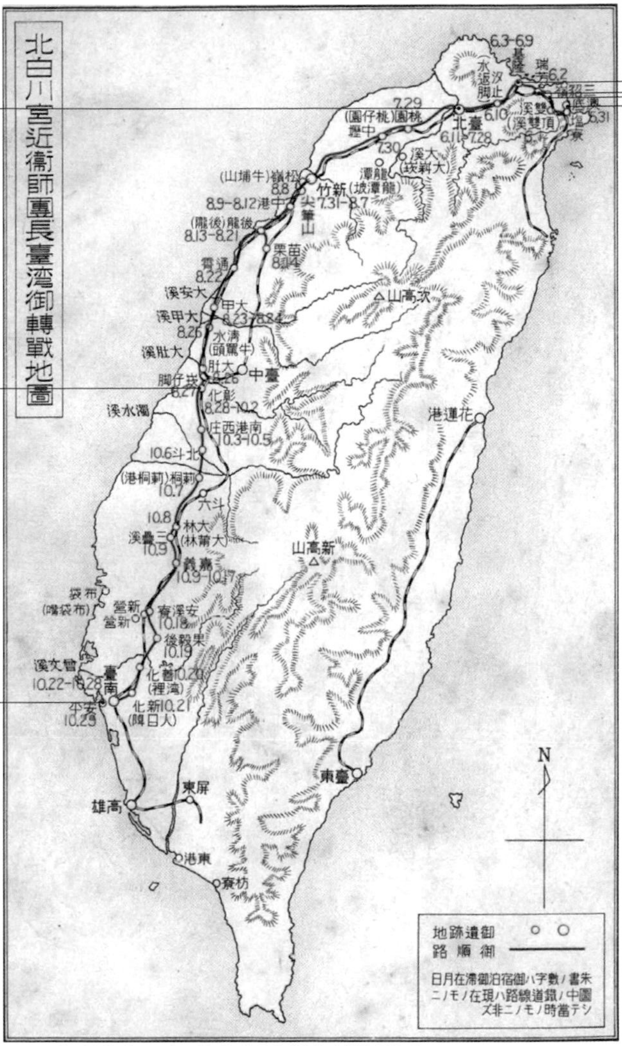

1937年「北白川宮近師團長台灣御轉戰地圖」

乙未戰役

一八九五年因適逢農曆乙未年，稱在此一年所發生的抵抗領台的戰役為乙未戰役，發生於乙未年的戰役可分為兩個部分。一八九五年五月中日雙方正式完成台灣割讓手續後，二十九日由北白川宮能久親王所率領的近衛師團的「混成旅」，首先遭遇到的第一波勢力，為台灣民主國的部隊，但隨著包含總統唐景崧、統領丘逢甲分別離台內渡，民主國陷入瓦解，六月十一日日軍進入台北城，並舉行始政式。六月十九日近衛師團向桃園、新竹推進時變遭遇到第二波勢力，這波勢力由吳湯興、徐驤與姜紹祖等地方仕紳所組成的義勇軍，以捍衛家園為由挺身抵抗日本，採取游擊戰策略，造成日軍不少傷亡，但日軍仍順利占領新竹、苗栗等地。八月吳湯興、徐驤與吳彭年義勇軍將領集重兵於八卦山，與日軍隔大肚溪對峙，二十九日日軍渡過大肚溪向八卦山發動總攻擊，爆發乙未戰役中最大的八卦山會戰，這場戰役不僅使義勇軍折損了吳湯興、吳彭年等將領，士氣大受打擊，更使日軍得以順利進入彰化，加速往南推進。十月日軍由嘉義布袋、屏東登陸，三路合擊仍駐守於台南的台灣民主國大將軍劉永福，但劉永福早一步棄守台南，日軍順利進入台南，乙未戰爭終告結束。日本雖挾有優勢兵力及武器，但對付捍衛家園的義勇軍，仍付出不小代價，甚至連指揮官北白川宮能久親王都折損於此戰役。

台灣民主國，真的民主嗎？

在今日的西門町，週末時會看到一群主張台灣獨立建國的群眾，帶著「台灣國」的旗子在人行道上向往來的行人主張他們的理想。這樣的一個想法，實際上並不新。早在一八九五年，台灣即曾擁有過一個短暫的政權，號為「台灣民主國」。

如遭割，毋寧死！台灣民主國的成立經過

「台灣民主國」的起因，為一八九五年清廷和日本簽訂的《馬關條約》中將台灣、澎湖與遼東半島割讓給日本。之後，遼東半島因俄、法、德三國的干涉，由清廷贖回，僅有台灣與澎湖正式割讓，台灣仕紳不滿此一決定，向巡撫唐景崧陳情遊說的結果。從唐景崧發表的〈台民布告〉中，可以看到台灣人對於被割讓這件事有多憤怒。除向清廷上書外，台灣人亦欲效法遼東半島的前例，先後找上了英、俄、法、德等國，希望他們施力阻止，然而在「均無成議。」的結果下，不得不自立自強，「願人人戰死而失台，決不願拱手而讓台」。

在日本方面，儘管日後因為覺得台灣太過棘手而有是否將台灣賣掉的「台灣賣卻論」相關討論，但是在當時可是立即任命曾來台調查的樺山資紀為首任總督。條約簽訂的時間是四月十七日，樺山被任命的時間是五月十日，間隔不到一月。台灣方面，唐景崧的〈台民佈告〉，則是在日方任命樺山為總

唐景崧被擁為台灣民主國大總統後，地方秀才送上的國璽「民主國之寶印」

督之後五天發布。

之後，唐景崧發布由陳季同起草的〈台灣民主國獨立宣言〉。文中寫道「當此無天可籲，無主可依，台民公議自立為民主之國。……即日議定，改台灣為民主之國，國中一切新政，應即先立議院，公舉議員，詳定律例章程，務歸簡易。」台灣民主國正式宣告成立。唐景崧為大總統，丘逢甲為副總統兼團練使，劉永福為大將軍。首都台北，國旗為藍地黃虎的「黃虎旗」，年號則在「遙奉清廷」的概念之下，定為「永清」——畢竟唐景崧與下面大大小小的官員在此前仍具有清朝官員身分，而唐景崧的此番作為，實質上已經違反皇帝決議的政策。

橫濱丸內台灣割讓會議始末圖繪

台灣民主國的時間表

一八九五年四月十七日，日清《馬關條約》商議割讓台灣、澎湖與遼東半島。

五月十日，日方任命樺山資紀為首任台灣總督。

五月十五日唐景崧發表〈台民布告〉：「願人人戰死而失台，決不願拱手而讓台。」

五月二十五日，唐景崧發布〈台灣民主國獨立宣言〉。台灣民主國正式宣告成立。

五月二十九號，日軍在澳底（今新北貢寮境內）登陸。

六月二日，清廷與日本完成交接。

六月三日，民主國兵敗退入台北。

接收與抵抗

成立台灣民主國，靠的並非只有匹夫之勇。他們也實際地考量到軍費的籌措問題，在宣言中訂出了籌錢的方法：「不日即在上海、廣州及南洋一帶埠頭，開設公司，訂立章程，廣籌集款。……如肯認台灣自立，公同衛助，所有台灣金礦、煤礦以及可墾田可建屋之地，一概租與開闢，均沾利益。」只可惜遠水救不了近火。五月二十九號，日軍在澳底（今新北貢寮境內）登陸，與民主國軍展開激戰。六月三日，民主國兵敗退入台北。得知兵敗的消息，大總統唐景崧在六日乘德輪鴨打（Arthur）號從淡水逃至廈門，而副總統丘逢甲聞訊後，則捲款逃往廣東。總帥一點都不英勇地腳底抹油後，民心惶惶，台北城陷入無政府狀態，各種燒殺擄掠趁勢而起。無奈之下，六月十一日，在艋舺仕紳的推舉下，辜顯榮開城迎接日軍。因此獲得「勳六等」、授「單光旭日章」，之後更任職日本貴族院議員的辜顯榮，因此事在民間聲名大壞。加以他日後親殖民政府，甚至領頭組織「公益會」，以反對林獻堂為台人爭取政治權利的「台灣議會設置請願運動」下，被時人目為叛徒。一首流傳於日治時期的台北的歌曲是這樣說的：「日本上山兵五萬，看見姓辜行頭前，歡頭喜面到台北，毋管阮娘舊親情。」

台灣始政式

在辜顯榮開城後，六月十七日，樺山總督在台北舉行「始政式」。二十六日，劉永福在台南被擁立為民主國第二任大總統，遷都台南，設總統府於大天后宮。

六月六日，唐景崧乘德輪鴨打（Arthur）號從淡水逃至廈門，丘逢甲聞訊後捲款逃往廣東。
六月十一日，辜顯榮代表艋舺士紳開城迎接日軍。
六月十七日，樺山在台北舉行「始政式」。
六月二十六日，劉永福在台南被擁立為第二任大總統，遷都台南，設總統府於大天后宮。稱為「第二共和」。
八月二十九日，日軍與民主國軍各自集結於八卦山後激戰，日軍獲勝，史稱「八卦山之役」。劉永福潛逃。民主國自此宣告滅亡。

左圖 北白川宮能久親王部隊登陸臺灣後進軍行程地圖。能久親王於此役逝於台灣，死因眾說紛紜。

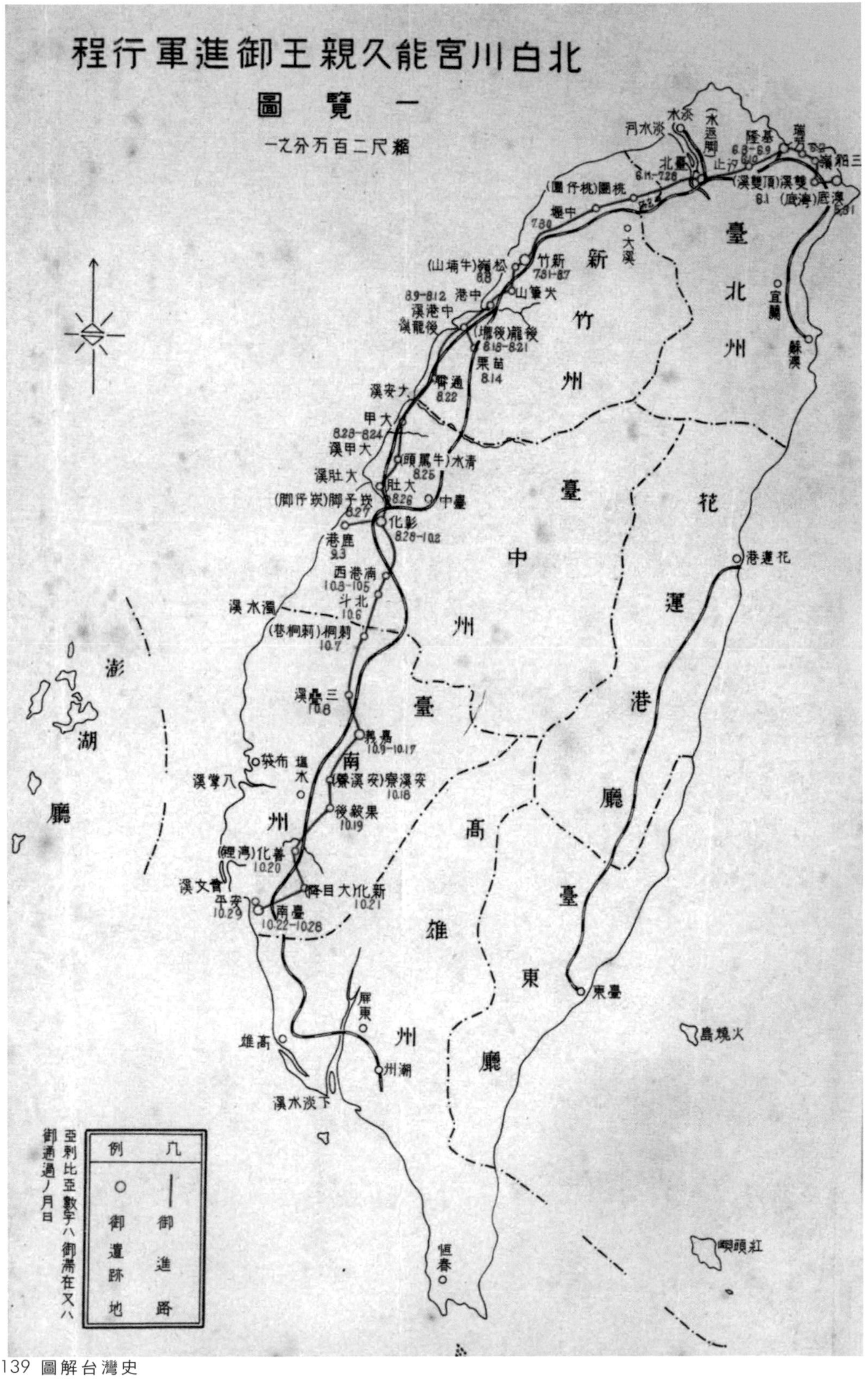
北白川宮能久親王御進軍行程
一覽圖
縮尺二百万分之一
臺北州
新竹州
臺中州
臺南州
高雄州
花蓮港廳
臺東廳
澎湖廳
淡水
臺北
基隆
宜蘭
蘇澳
桃園
中壢
新竹
苗栗
大甲
彰化
鹿港
北斗
嘉義
臺南
鳳山
屏東
高雄
恆春
花蓮港
臺東
火燒島
紅頭嶼
凡例
御進路
御遺跡地
亞剌比亞數字ハ御滿在又ハ御通過ノ月日

學者稱之為「第二共和」。第二共和一度與日軍各據南北，然而雙方皆無言和的意願。終於，南方的共和國勢力與北方的日軍在八月二十九日這天，各自集結於彰化八卦山，展開台灣誰屬的激戰。史稱「八卦山之役」的這場戰爭，死傷慘重，以日軍獲勝作收。劉永福潛逃。台南仕紳遂請巴克禮（Thomas Barclay，一八四九至一九三五）與宋忠堅（Duncan Ferguson，一八六〇至一九二三）牧師與乃木希典交涉，引導日軍和平入城。民主國自此宣告滅亡。八卦山之役為日軍領台初期雙方最重大的死傷，在當時台灣人的記憶裡難以磨滅。一九三六年，詩人吳望蘇遺稿出版，其中的〈彰化八卦山竹枝詞〉敘寫此事：「八卦營荒忽幾時，彭年戰死暗傷悲。軍亭只有餘青草，綠映川宮北白碑。」顯現出歷史雖看似由勝者書寫，但人們卻將以各種形式記得那些被忽略的。

台灣民主國的存續時間並不長，實際上，也不太能算是一個真正的民主國家。但它卻可說是「台灣島上的人」第一次作為「台灣人」爭取自己命運的嘗試。它的英文名稱，有說是「The Republic of Formosa」，也有說是「The Taiwan Republic」。在英文文獻中，譯名並未統一，除上述提及者之外，還有「The Formosan Republic」、「Republic of Taiwan」以及「The Formosan Democratic Republic」等，頗為隨性。台灣民主國發行的郵票，其英文郵戳則是使用「Formosan Republic」。如果現在「台灣國」真的成立了，你覺得哪個名字最適合使用呢？

1

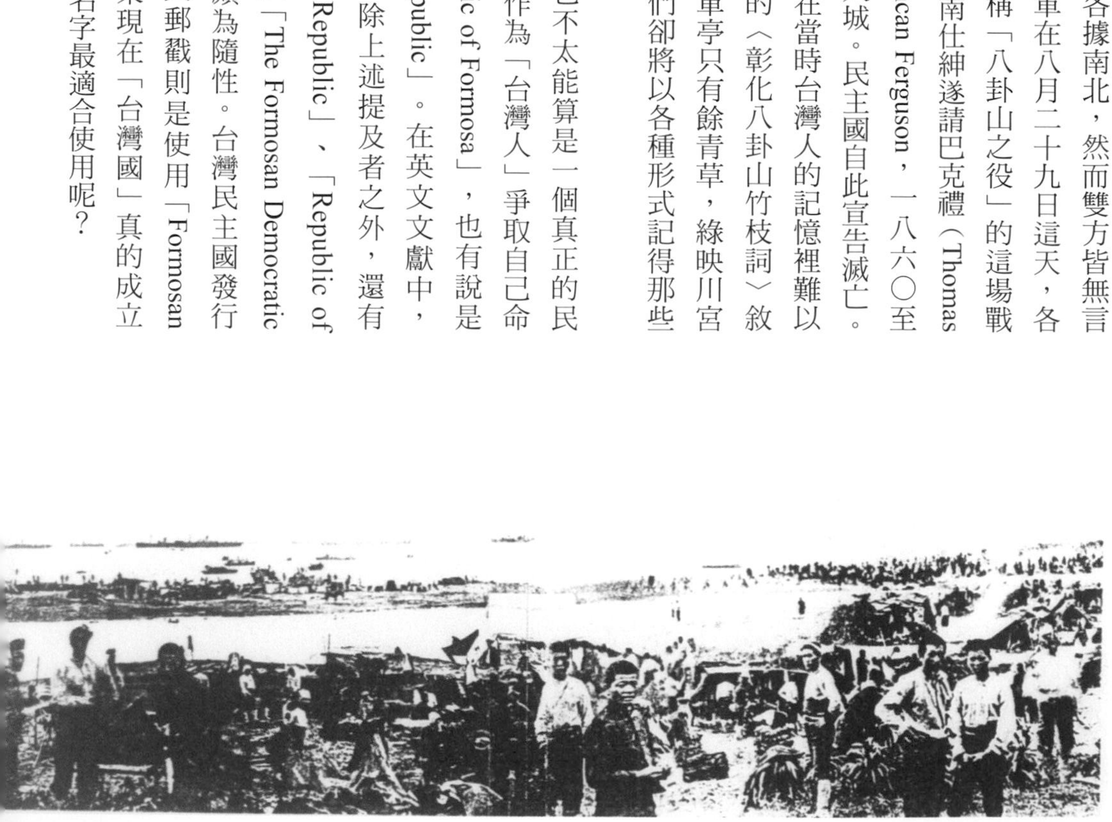

2

3

5

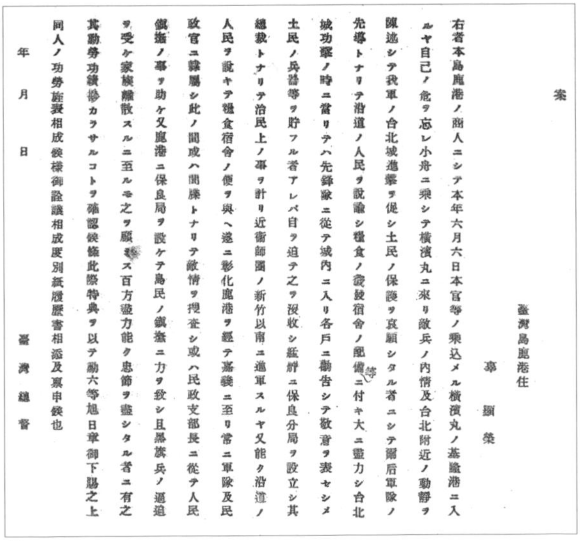

案

臺灣島鹿港住

辜顯榮

右者本島鹿港ノ商人ニシテ本年六月六日本官等ノ乘込メル横濱丸ノ基隆港ニ入ルヤ自己ノ危ヲ忘レ小舟ニ乘シテ横濱丸ニ來リ敵兵ノ內情及台北附近ノ動靜ヲ陳述シテ我軍ノ台北城進擊ヲ促シ土民ノ保護ヲ哀願シタル者ニシテ爾后軍隊ノ先導トナリテ沿道ノ人民ヲ說諭シ糧食ノ徵發宿舍ノ配備等ニ付キ大ニ盡力シ台北城功擊ノ時ニ當リテハ先鋒隊ニ從テ城內ニ入リ各戶ニ勸告シテ敬意ヲ表セシメ土民ノ兵器等ヲ貯フル者アレバ自ラ迫テ之ヲ沒收シ艋舺ニ保良分局ヲ設立シ其總裁トナリテ治民上ノ事ヲ計リ近衛師團ノ新竹以南ニ進軍スルヤ又能ク沿道ノ人民ヲ說キテ糧食宿舍ノ便ヲ與ヘ遂ニ彰化鹿港ヲ經テ嘉義ニ至リ常ニ軍隊及民政官ニ隸屬シ此ノ間或ハ間諜トナリテ敵情ヲ搜查シ或ハ民政支部長ニ從テ人民鎭撫ノ事ヲ助ケ又鹿港ニ保良局ヲ設ケテ島民ノ鎭撫ニ力ヲ致シ且黑旗兵ノ逼迫ヲ受ケ家族離散スルニ至ルモ之ヲ顧ミス百方盡力能ク忠節ヲ盡シタル者ニ有之其勤勞功績尠カラサルコトヲ確認候條此際特典ヲ以テ勳六等旭日章御下賜之上同人ノ功勞旌表相成候樣御詮議相成度別紙履歷書相添及稟申候也

年　月　日　臺灣總督

4

1 台灣民主國發行的郵票（可做為貨幣）

2 日近衛師部隊在澳底登陸

3 台灣始政式圖繪

4 1896年台灣史料稿本內敘述本島人辜顯榮敘勳原由文件

5 辜顯榮像

日本殖民統治體制如何確立於台灣？

不管是一八九六年「六三法」令總督握有行政、軍事及立法權，或是一九〇六年「三一法」削弱總督立法權、一九二一年「法三號」以天皇敕令將大部分日本法律適用於台灣，總督都還是在不抵觸日本國內法及天皇敕令下握有律令制定權，在整個日本殖民台灣時期掌控行政系統，缺乏立法、司法體系的有效監督。

帝國內的「異法域」

關於日本對台灣殖民統治的評價，過去「仇日史觀」派往往以一八九五年至一九一五年全台大小武裝抗日事件、一九二〇年代至三〇年代議會設置請願運動、一九三〇年霧社事件等反抗行動為例，指稱「台灣人忠於祖國而自始至終抵抗日本占據」。

時代進步下，今天我們已經瞭解日本時代台灣人反抗日本的行動中，只有部分的動機是心向清帝國或嚮往新中國，其他還有爭取自身權益、反抗差別待遇等多方面思考。但是，日本統治台灣五十一年，除了上述事件造成影響層面

將警察比喻為菩薩形象的「南無警察大菩薩」圖

霧社事件

日本統治時期，總督府欲開發山林資源，積極撫剿原住民，並徵用原住民為其工作。也因開發之故，原住民獵場的減少，加上勞役過重，日人管理不當，屢有爭執。一九三〇年十月二十七日賽德克族莫那魯道率領馬赫坡社等六社原住民，趁霧社公學校舉辦運動會之際，官員聚集時，襲殺日本人，造成日本人有一百三十四人被殺，其中有兩名台灣人因身著和服被誤殺，霧社多數區域警察分駐所遭襲擊。

不一的社會動盪外，大部分時間都能順利推行政策、實行近代化發展，可以說日本在台灣建立了堪稱穩定的殖民統治。在此之中，日本在台灣建立了什麼樣的殖民統治體系，以及台灣社會對此有哪些反應，即是至關重要的問題。

霧社事件中日人利用不同族群原住民之間的矛盾製造敵對

基本上，日本對台灣實行的是「殖民統治」，台灣在日本帝國中是「殖民地」，而非東京或沖繩一般的「帝國領土」。簡單而言，所謂的殖民地台灣不同於帝國領土，雖在名義上為日本國土一部分，實際統治卻不完全適用日本憲法及法律，而是依在地統治的總督視情況選擇應用、或特別設置殖民地專用法令，使得台灣人民政經文教權利有時受到損害。台灣之所以成為上述的帝國「異法域」，是因為日

事件發生後，台灣總督府自三十一日徵調大量軍警武力，並利誘與起義各社有嫌隙的道澤群加入，奪回霧社，並以大砲、飛機、毒氣彈武器，強力掃蕩躲藏在森林內的「反叛蕃」，經過月餘的掃蕩後，領導的莫那魯道飲彈自盡，參與行動各部族幾遭滅族，數百原住民於寧死不屈下集體自縊，日本將六個部落生還者收容至保護所。一九三一年四月二十五日，在日本官員的默許下，味方蕃的道澤群對起義的六個部落生還者進行攻擊，共有二百二十六名保護蕃被殺。事件後，總督府將起義各部族的生還者強制遷移至川中島，並舉行歸順儀式。總督府亦檢討原住民管理政策是否得當，霧社事件也是日本統治時期最後一件大規模武力抗爭的事件。

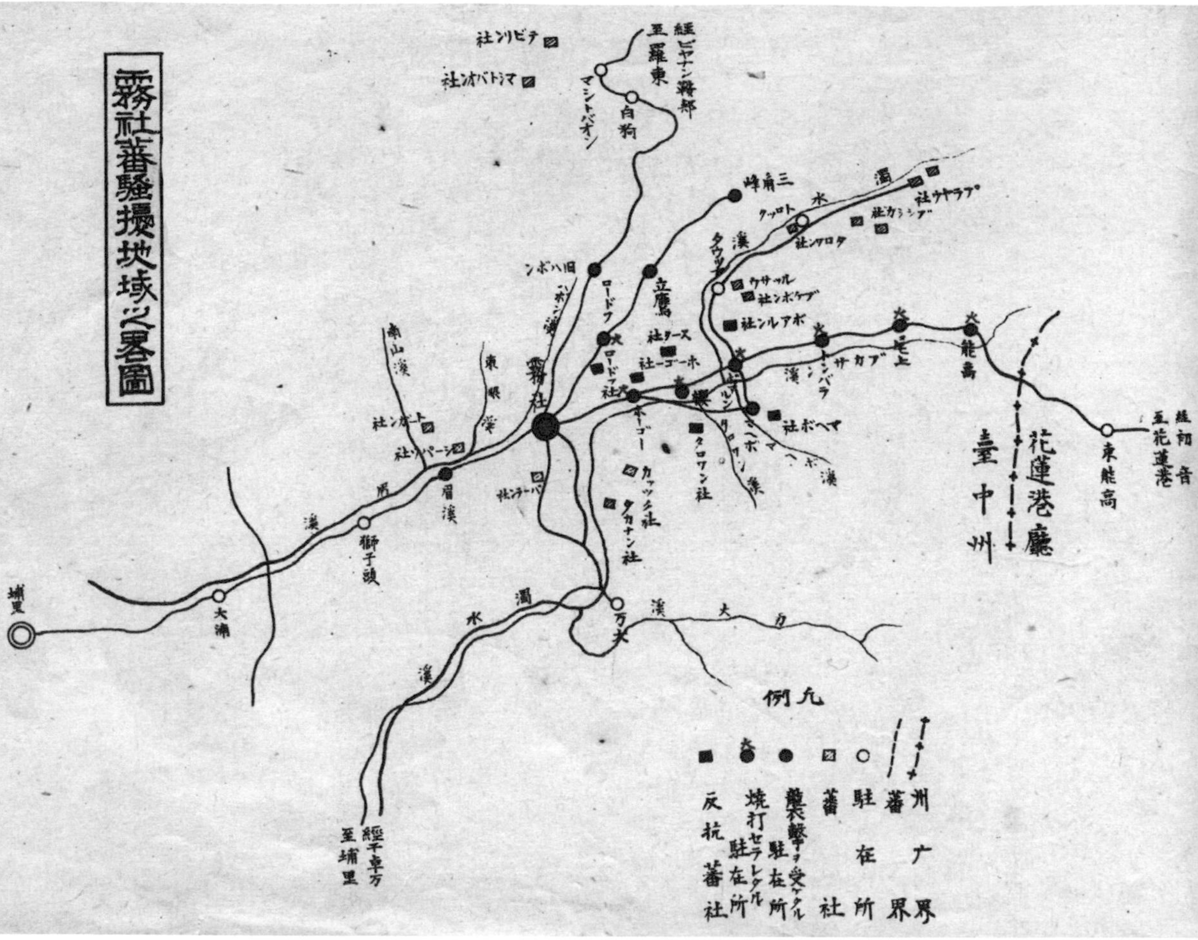

霧社蕃騷擾地域之略圖
霧社
臺中州
花蓮港廳
埔里
大湳
獅子頭
眉溪
立鷹
三角峰
能高
東能高
濁水溪
凡例
州廳界
蕃駐在所
蕃社
襲撃ヲ受ケタル駐在所
焼打セラレタル駐在所
反抗蕃社

1

3

2

本統有台灣的十九世紀末，也正是其與歐美列強重新修正不平等條約、整備近代國家憲法體制之時。明治政府內部在國家法律、殖民權利、限制總督權限上經過多方激辯，加上外籍顧問提供英法殖民體制事例為參考後，初步規劃將原本不在憲法規定領土範圍、統治初期抵抗嚴重而需以軍事體制治理的台灣訂為殖民地。統治體系方面，一八九六年頒佈「六三法」，同意台灣總督在管轄區內具有律令制定權、緊急時刻時甚至可不經中央主管機關呈報天皇而立即發令。六三法體制讓台灣總督除了在本職上握有行政權、又因平定武裝反抗而兼有軍事權外，又掌握了立法權，而台灣成為日本法制中「異法域」也有意迴避帝國議會監督，從而自制定起即不斷受到日本帝國議會、學者批評違憲。

對台殖民法制的確立

日本帝國確立對台殖民法制後，台灣形成以總督府為中心的統治體制，地方官廳及技術官僚負責執行政策，使國家權力深入地方社會。首先，不管是一八九六年「六三法」令總督握有行政、軍事及立法權，或是一九〇六年「三一法」削弱總督立法權、一九二一年「法三號」以天皇敕令將大部分日本法律適用於台灣，總督都還是在不牴觸日本國內法及天皇敕令下握有律令制定權，在整個日本殖民台灣時期掌控行政系統，缺乏立法、司法體系的有效監督。在總督之下，實際推動行政事務的是民政長官（一九一九年後更名為總務長官）。該職位為台灣總督左右手，特別在統治初期台灣內部動亂、

1 霧社事件地圖

2 霧社全景

3 霧社事件的領導者莫那魯道

總督常駐日本與中央協調或身兼他職，民政長官幾乎可說是當時台灣的實質統治者。例如一八九八年至一九〇六年第四任總督兒玉源太郎及其民政長官後藤新平，即因兒玉源太郎在中央身兼數職、一九〇四年至一九〇五年參與日俄戰爭，而由後藤民政長官推動醫療衛生改善、土地調查、鐵路建設、專賣制度等重要政策。總督府由總督、民政長官率領技術官僚制定政策或法律後，即由總督府所轄局課、地方官廳執行政策。地方行政官員承接上級命令而執行政策、管理行政事務，並以警察配合保甲制度、台籍地方人士協助，貫徹政策執行。

國家權力影響每一個人

在日本殖民體制下，國家權力不再像傳統帝國時期，最多只落實到縣層級、縣以下的地方社會秩序由豪強配合官府維持，而是透過警察制度、加上保甲組織配合，使國家權力控制及於每一個個人身上。

首先，日本殖民時期台灣號稱「警察統治」，係於統治初期反抗頻傳、社會秩序動盪下引進近代警察制，再根據統治需求將警察轉為兼顧警務、地方行政的角色而來。一八九七年台灣社會反抗勢力不斷出現，第三任台灣總督乃木希典實施「三段警備制」，根據各地治安狀況將全台劃分為三等區域，各由軍隊、憲兵（軍事警察）、警察鎮守，卻有職權交疊紛擾。兒玉源太郎繼任總督後，其副手後藤新平將警察制度結合地方行政制度，由高階警官出任地方支廳首長、兼掌警察事務與一般行政，而能同時達到維持治安和

1

1 總督府專賣局全景

2 1914年5月至8月間總督府發動討伐太魯閣原住民，佐久間左馬太總督也在此戰役中負傷。圖為招撫後的太魯閣原住民

推廣行政事務之效。再者，擴充警力以建立綿密的警察巡邏網，例如以日本國內和殖民地台灣一名巡查對應之人口數來比，日本一名警察管理一〇五二人、台灣一名警察只需負責六百五十二人，台灣的巡查負責人數少、相對地能花費較多精力執行警務，而達到比較好的控制效果。第三，警察制度被確立為社會控制主力，職權不斷擴大、業務也從警務擴展到推廣各項政策。近代警察原本是維護公共秩序，像是取締違法、緝捕犯罪等，日本統治之初陸續加入協助地方政府收稅、管理戶籍、宣傳政令、醫衛防疫、鴉片管理等行政事務，後期則因進行戰爭需加強社會管控，再多增加經濟管制（取締黑市）、思想控制（特別高等警察）等功能。另外，原住民部落因反抗比平地漢人久而另設山地警察制度，社會治安維持體系二分化。

保甲的作用

警察能成為日本殖民時期台灣社會控制主體，除了本身制度設計、不斷投入警力外，台灣人組成保甲組織、相互監視並協助推行政策，也是「功不可沒」。「保甲」原來是清帝國統治時代確保地方治安的民防制度，當時將十戶人家組成一「牌」、十牌組成一甲、十甲組成一保，保甲內部成

2

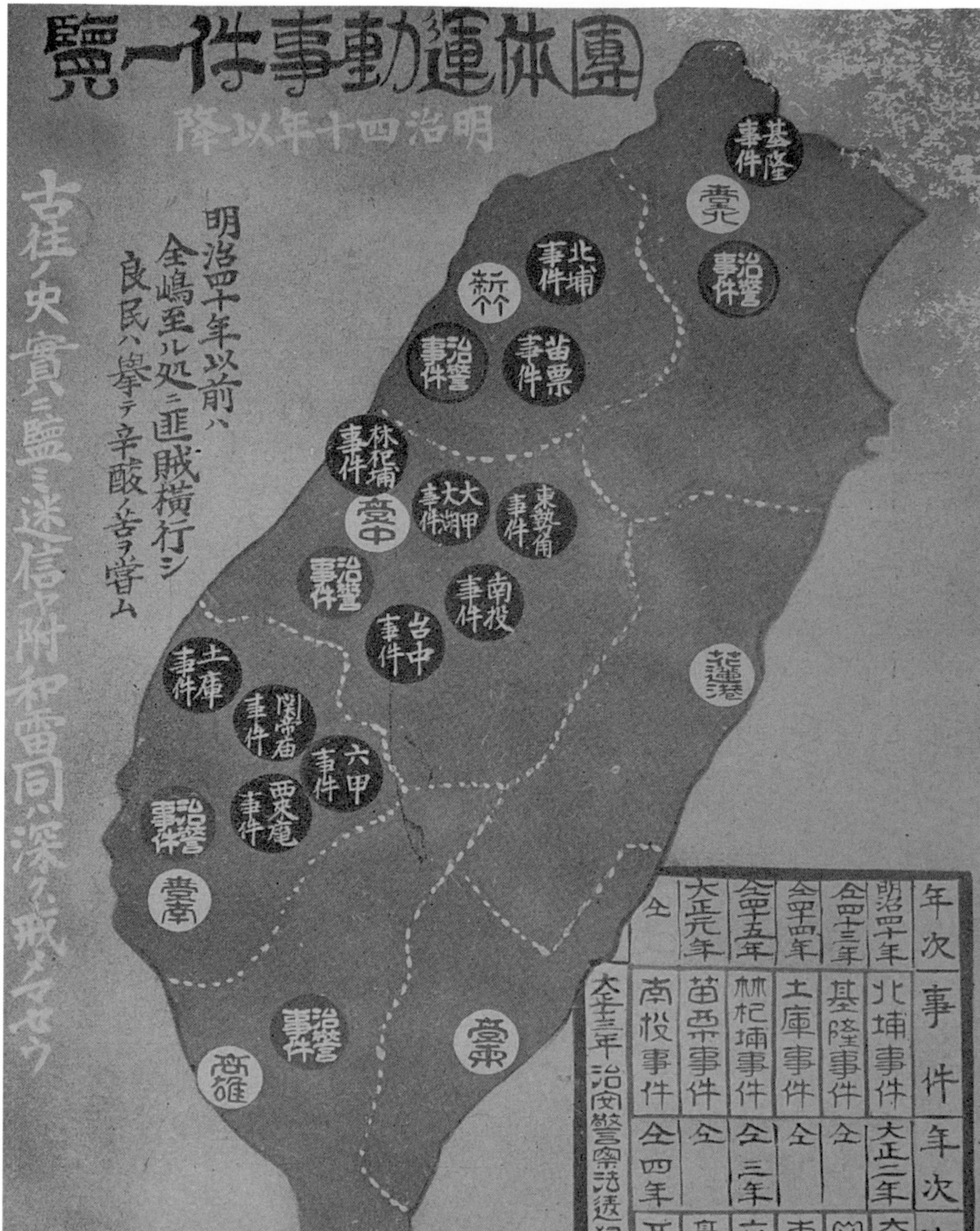

明治四十年以前團體運動圖表，標示出各地的反抗運動

員相互監視、協助官府捉拿偷渡或打擊反叛勢力。不過清領中後期後，保甲組織日益鬆散，逐漸失去維持治安作用。到了日本統治初期，因台人反抗勢力神出鬼沒、日本殖民者需要台灣本地社會協助，一八九八年兒玉源太郎總督遂在辜顯榮建議下，頒布《保甲條例》、創設「保甲總局」，沿用清代保甲編制而進行社會監控。同時在各地廣設壯丁團，募集十七歲到四十七歲、身體強健的男子入團，以義務方式從事維持治安及地方基礎建設等事務。日本時代保甲組織為十戶一甲、十甲一保，一保一百戶的規模較清代的一千戶小，控制能力也加強。領導保甲的甲長、保正由保甲內各戶推派，再經官方認可。當時擔任保正或甲長者多是地方社會中具一定聲望的士紳、或是新時代崛起的有力者，一方面是有力者較能有效地領導保甲，號召民眾協助警察進行維持治安、調查戶口、預防病蟲害、修橋鋪路、禁止纏足等多方面事務；另一方面，有力者也會藉由與統治者合作獲取職位，增加自己在地方上之影響力。

宣導民眾與警察合作預防與防衛的重要性

「大人」——日本時代台灣社會對警察政治的反應

日本統治時代，由於統治需要，警察在維持治安的本職之外，還要負責公衛、戶政、鴉片管制、推動度量衡統一、宣傳政令、統管保甲等各方面事務，以今天的眼光來看，幾乎可以等同今日「便利超商的萬能店員」了。

因為警察在地方上負責多樣事務，有許多機會出現在台灣人的日常生活中，說警察是當時一般台灣人最常接觸的「國家權力象徵」也不為過。由於警察素質良莠不齊，有些嚴格取締違法、有些仗勢欺人，出於對警察權力的畏懼與謹慎，許多台灣人表面上不得不尊稱警察

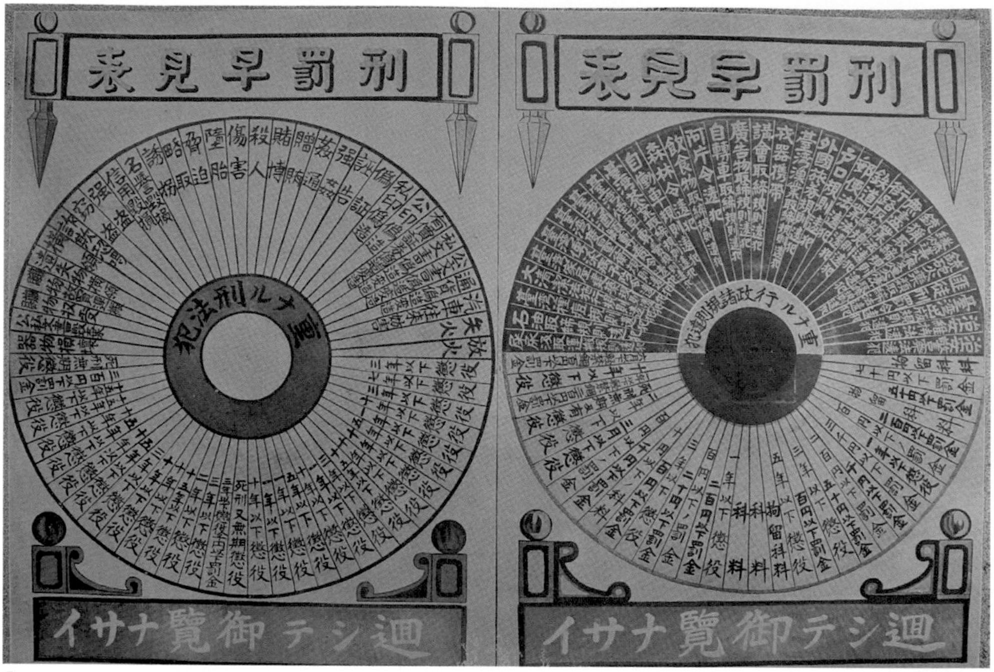

1

2

3

1 各式犯法的刑罰項目

2 美濃派出所與警察大人

3 殖民者對於被殖民者的展示。圖為台北州警察衛生展覽會理蕃館內訪視的原住民

殖民統治下的台灣社會

日本帝國領有台灣之際，不但是第一次領有海外殖民地，自己國內也初次面對近代國家化與帝國主義化的雙重轉換，因此，統治之前即對以何形式領有台灣展開法理辯論。即便在確認以殖民地形式統治台灣後，台灣統治依然深受帝國議會藉補助款介入、總督府試圖延長六三法體制以不受掣肘、日本國內政經及對外作戰影響等內外部力量影響。殖民初期台灣總督府因社會動亂取得行政、軍事、立法三位一體的權力，配合近代警察制度、台灣人為主體之保甲組織，逐漸穩定社會秩序。不過，二十世紀初期台灣統治逐漸上軌道後，以總督專權為中心的六三法體制依然運行到日本統治中期，警察搭配保甲形成的治安、行政網絡也依然存續。日本對台殖民統治即是透過上述體系逐漸落實到地方社會，台灣人的反應則有多種面向。例如知識份子中，有些人對清帝國抱持遺民心態而拒絕和日本統治者合作，有些人甚至以各種形式反抗統治，另外有部分人則在政經方面和統治者合作，藉由協助殖民政策推行以換取自身社會影響力。一般民眾方面，接收初期那般因恐懼異族統治、抗議日軍殘暴而軍事抵抗者，依然存在，不過隨著日本統治穩固而逐漸減少；許多人對統治政權更迭沒有想法，還是過著自己的日子；部分人在新政權落實殖民統治過程中看到機會，以協助統治者推動政策而獲得上昇機會。

要之，日本殖民統治是近代國家統治體制初次在台灣實行，無論是殖民者日本、或是被殖民者台灣，都是在成為殖民者／被殖民者後，才開始學著怎麼當一個殖民者／被殖民者的。

一聲「大人」——這個習慣到今天還留在許多老一輩台灣人嘴上；私底下，視警察為統治者爪牙者，則稱之為「狗」或「四腳仔」。警察統治影響日本時代台灣人的生活甚深，可由文學家賴和的小說創作〈一桿「稱仔」〉中窺知。

即使到今天，日本時代規劃的警察體制依然影響台灣甚深，例如為提高見警率、加強管控治安而設置的「分局——派出所」系統，如今世界上幾乎只剩日本及曾受日本殖民的台灣還有了。我們今日習慣於生活中依賴警察處理大小糾紛、介入人民生活，其實就是來自於上述歷史淵源。

行政機關表

（昭和四年五月末現在）

- 總督官房
  - 秘書課
  - 文書課
  - 審議室
  - 法務課
  - 會計課
  - 調查課
  - 營繕課
  - 臨時國勢調查部
    - 庶務課
    - 調查課
- 內務局
  - 庶務係
  - 地方課
  - 土木課
  - 測候所
- 文教局
  - 庶務係
  - 督學室
  - 學務課
    - 博物館
  - 編修課
  - 社會課
- 財務局
  - 庶務係
  - 主計課
  - 稅務課
  - 金融課
- 殖產局
  - 庶務係
    - 獸疫血清製造所
  - 特產課
    - 蠶業所
    - 植物檢查所—分所
    - 蔗苗養成所
    - 鳳梨種苗養成所
    - 鳳梨罐詰檢查所
    - 茶檢查所
  - 農務課
    - 米穀檢查所
      - 出張所
      - 派出所
    - 肥料檢查所—出張所
    - 商品陳列館
  - 商工課
    - 度量衡所
      - 庶務係
      - 檢定係—分室
      - 作業係
  - 山林課
    - 水產試驗船
  - 鑛務課
    - 淡水養殖試驗場
  - 水產課
    - 鹹水養殖試驗場
- 警務局
  - 庶務係
  - 警務課
  - 保安課
  - 理蕃課
  - 衛生課
- 營林所
  - 庶務課
  - 作業課
    - 出張所
  - 造林課
- 法院
  - 高等法院
    - 上告部
    - 覆審部
  - 地方法院
    - 單獨部
    - 合議部—出張所
    - 支部
      - 單獨部
      - 合議部
  - 高等法院檢察局—地方法院檢察局—地方支部檢察局
- 供託局—出張所

3

4

5

6

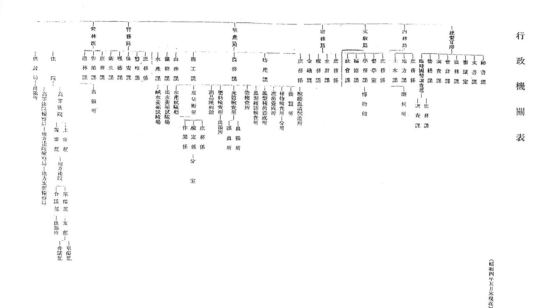

台灣總督府統治體制

因乙未戰役，台民激烈反抗，使得日本在制定統治台灣策略時，須考慮台灣特殊的民情狀況。一八九六年三月三十日，日本國會公佈法律 63 號（通稱六三法）〈關於應在台灣施行的法令之法律〉，賦予總督因地制宜的立法權限，得在轄區內發佈有法律效力的命令，使總督集立法、行政與軍事等權限於一身，且其施政不受國會監督，亦使台灣成為日本的外地法域，尊定台灣總督統治體制。因六三法有侵害國會立法權的疑慮，當時僅以三年為限。然而，自西元一八九六年（明治二十九年）起實施後直至西元一九〇六年十二月三十一日為止，六三法共延長三次，實行十一年八個月，之後才由「三一法」所取代。三一法承續了六三法，主要差異在於總督不得發佈與在台灣所施行法律有所違背的律令。一九二一年法三號取代三一法，實行至日本投降為止。雖然，法三號是將日本內地法律以「敕令」指定其全部或局部適用於台灣。總督制定的「律令」則退居補充的地位，只有在台灣有需要，而本土沒有這種法律或特殊情況下，及本土法律不適施行台灣的情形下，才採用制定律令的辦法，以限制總督立法的權限。但總督仍能頒佈律令的本質未變。因此，一九二〇年代起才有撤廢六三法及要求設立台灣議會等溫和改革運動路線的出現。

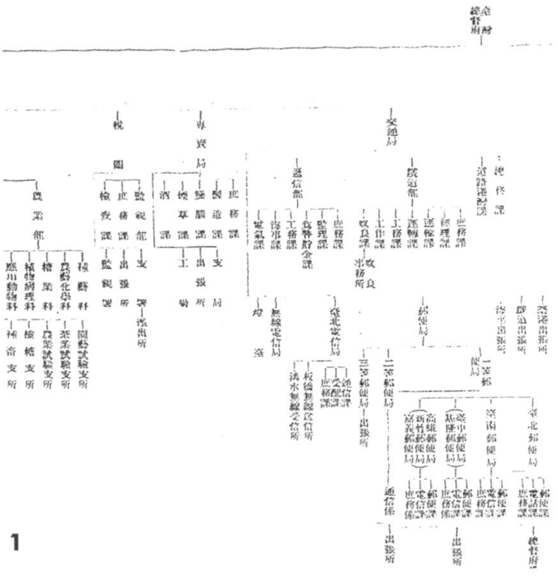

1

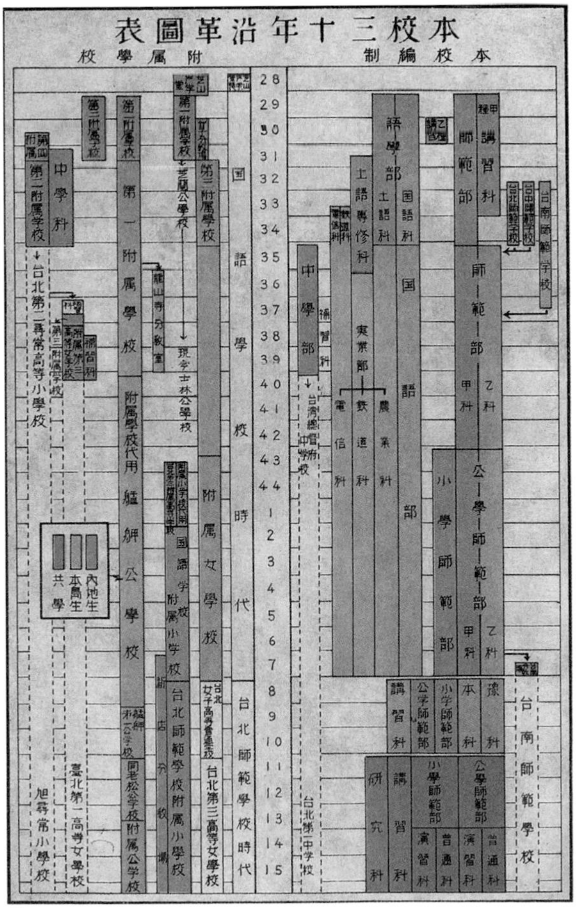

2

1 1929年5月當時台灣總督府行政機關表。代表了總督府治理機關的系譜
2 台北師範學校三十年的沿革發展圖表
3 1923年日本皇太子來台巡視，台北公學校學生在總督府前列隊歡迎，動員參加的兒童有八千六百人
4 台北天后宮，日治初期為台北辨務署臨時辨公處，後用地被徵收成為台灣總督府博物館用地
5 1913年為紀念第四任台灣總督兒玉源太郎與民政長官後藤新平，募款籌建故兒玉總督暨後藤民政長官紀念館，1915年竣工，簡稱台灣總督府博物館
6 內務局轄內之測候所。1898年落成的台南測候所，建築構造由圓形建物與寬煙囪塔樓兩大部分組成，目前為國定古蹟

台灣人在殖民經濟中只有被剝削的份？

日本統治之初，兒玉源太郎、後藤新平來台繼任後情勢漸趨穩定，後藤奠定了先調查台灣舊有風俗、再針對問題提出應對政策的「生物學原則」。於此原則下，總督府一方面對土地、法制沿用台灣舊有制度而維持統治穩定，另一方面延聘日本專家學者來台進行各項社會調查，以做為訂定政策之參考……

三大調查與殖民經濟發展基礎

以往部分學者批評日本殖民統治者壓迫台灣社會時，所舉事例除了政治打壓，還有殖民經濟剝削。所謂的殖民經濟，大致上包括「占領市場以獲取利潤」、「低價購買農業產品」、「以母國市場需求決定殖民地產業發展方向」等特點，由此定義日本在台統治的經濟具有殖民特質並不為過。再者，確實在日本時代，日本統治者掌握了台灣經濟政策制定和資金投注等主要權力，一定程度上壓抑了台人資本。然而，如此就可以說，日本殖民時代的台灣經濟只是一味地受到日本剝削嗎？如果這麼想，其實是低估了殖民建設台灣社會經濟發展的影響，以及台灣人在殖民經濟運作中的主動性。

持平而論，日本殖民統治確實承繼台灣在清代發展出來的商業傳統，進一步將台灣經濟帶往近代資本主義化。而這之所以成為可能，不光只靠各項硬體建設，背後還有一整套精密的調查、統計以及行政體制支撐。日本統治之初，兒玉源太郎、後藤新平來台繼任後情勢漸趨穩定，後藤奠定了先調查台灣舊有風俗、再針對問題提出應對政策的「生物學原則」。於此原則下，總督府一方面對土地、法制沿用台灣舊有制度而維持統治穩定，另一方面延聘日本專家學者來台進行各項社會調查，以做為訂定政策之參考。當時陸續實施了三項重大調查如下：

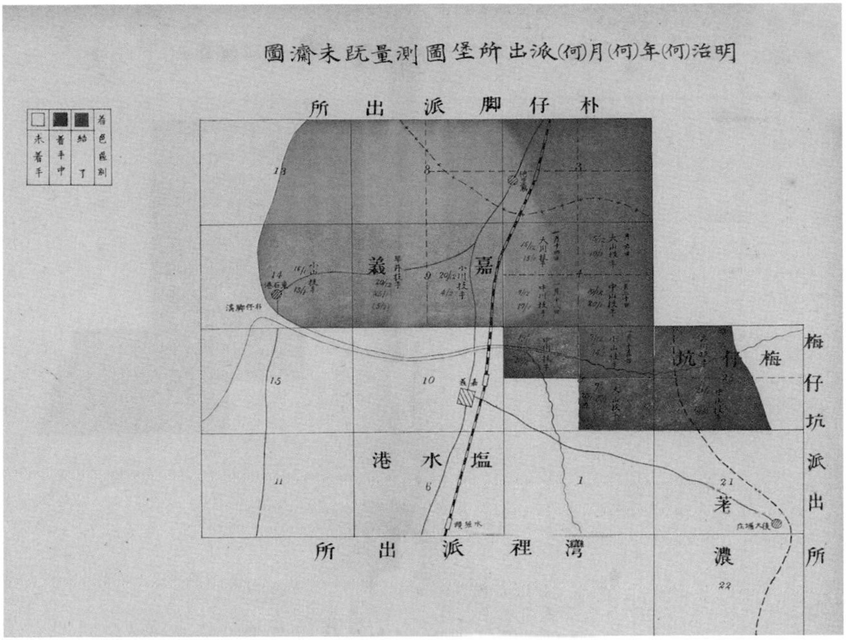

派出所支援堡圖測量調查。圖為朴子腳地區土地測量

（一）土地調查

一八九八年設立臨時台灣土地調查局，透過調查地籍、丈量登記確認全台土地所有權，使得田賦稅收大增，亦解決清代土地所有權複雜問題。有人或許疑惑，當時正值乙未接收戰後、社會疑懼仍深之時，台灣

人地主會願意配合土地調查嗎？事實上，土地調查清楚將有利地主保障權益，使得許多人積極申報土地。此次普查後全台登記耕地面積六十三萬甲土地，為劉銘傳清丈土地時三十六萬餘甲土地的一點七五倍，田賦收入亦從一九〇二年的九十二萬元提升至一九〇五年二百九十八萬元、大增三點二倍。另外，釐清土地所有形態、土地交易關係安全化，也有利招攬日本資本家來台投資、設立企業。

（二）舊慣調查

一九〇一年邀請京都大學法學者岡松參太郎等人參與「臨時台灣舊慣調查會」，調查台灣社會的法制、經濟習慣，以供後續立法參考。一九〇九年增加調查原住民舊慣部分。台灣的舊慣調查不只「回流」日本、觸發鄉土學與民俗學研究風潮，此次調查經驗也影響日本日後占領中國各地時，都先從調查該地舊慣開始、再行擬定統治政策。

1

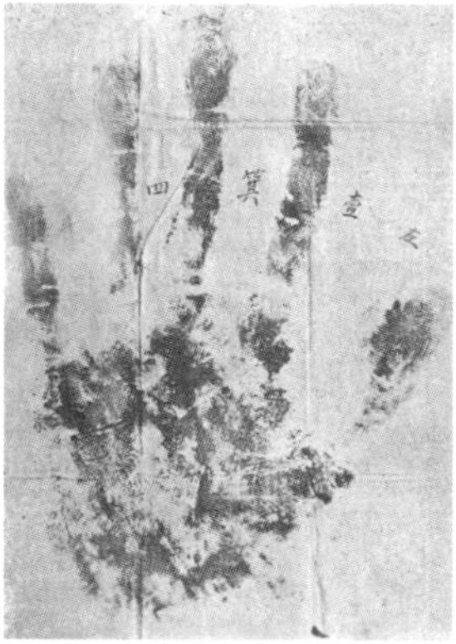

2

1 1900年成立的「台灣慣習研究會」，由台灣總督府暨法院官員組成，以入境問俗的方式調查台灣慣習，作為殖民統治之參考。圖為惜字亭

2 平埔族手印調查

3 人口普查中的世帶調查書局部「世帶單位票」

（三）人口普查

一九〇五年，為確實掌握台灣人口實況而成立「臨時台灣戶口調查部」，在不造成恐慌的前提下釐清戶籍現況。有趣的是，日本國內由於一九〇四年至一九〇五年日俄戰爭之影響，延期實施人口普查，使得台灣初次的戶口普查同時成為東亞首次科學性的人口普查，也影響了日本國內之後進行國勢調查之形式。另外，一九〇五年十月一日實施台灣首次人口調查時，雖然總督府事前已經透過保甲、地方官廳多次宣導，首度面臨國家行政調查的台灣人依然心存疑懼。不少人甚至擔心錯過十月一日人口調查將喪失國籍、戶籍，遂於前一天搭乘交通工具趕回戶籍地，造成鐵公路交通自九月三十日夜裡即開始堵塞。

日本以近代國家行政體系由上而下地貫徹調查，藉此掌握殖民地台灣的人力、地力，而能估算有多少人地資源可投注於發展產業；透過舊慣調查擬定適合台灣社會的統治政策，一步步推動改革，不僅避免激起社會動盪，也能營造順利推動統治之環境。經過上述調查瞭解台灣現況，日本統治者於二十世紀初期逐步引進近代化法制，像是建立一田一主制的所有權制度、保障土地交易與佃耕穩定、近代化貨幣制度、統一度量衡、保障財產權，由此為台灣

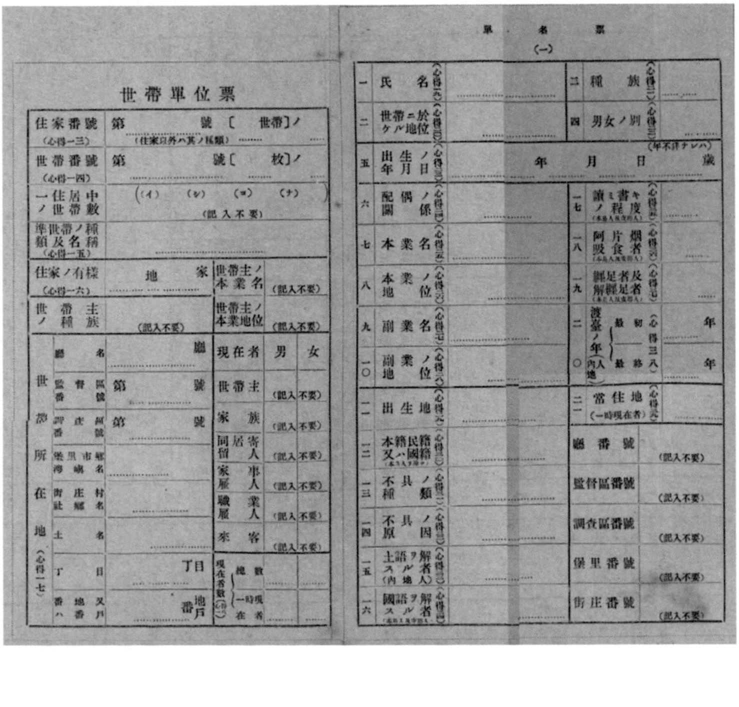

世帶單位票

單名票（一）

3

資本主義化生產形態打下「軟體」基礎。同時，「硬體」方面，總督府逐步建造火車、公路等近代化汽電交通運輸系統，以定期服務及密集網絡將全台串連成一整個市場圈，提升貨物交換速率及規模，再以輪船、飛機將台灣與日本連結為同一經濟圈，從而帶動生產、貿易量大為增加，經濟成長率於是提升。根據經濟學者統計，日本統治下的一九〇三年至一九四〇年代，台灣每人平均 GDP 成長率百分之一點九七，遠超出同時期全球平均。

透過上述討論，我們已經瞭解到日本統治初期，總督府透過精密調查與推動政策，打下良好的近代化經濟生產基礎。這裡必須問一個小問題——大批調查器材要花錢買、大量調查人力需要領薪水，錢從哪裡來？今日談到日本殖民統治展開時，有些人還是以為日本殖民政府靠著軍隊武力與強力行政壓下台灣社會反抗勢力，很輕鬆地就將傳統社會改造為近代化風貌。事實當然不是如此，為了打下近代化經濟基礎，總督府耗費大量財力從事上述調查、建設，特別是當時台灣每年需要帝國議會補助一千萬圓，還曾因亂事太多而有「以一億圓賣

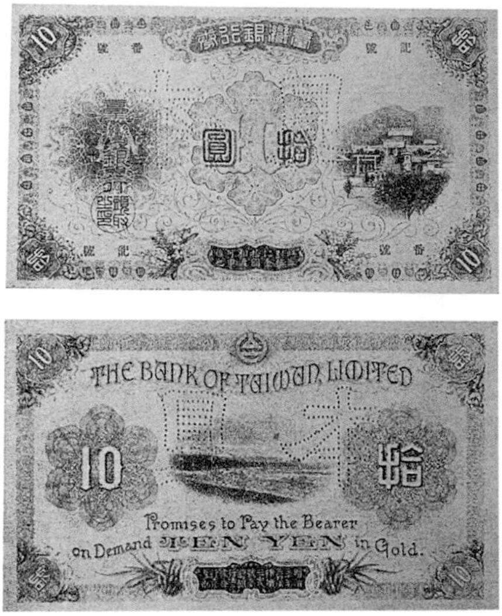

1

1 日本時代台灣銀行十圓兌換券

2 阿片吸食情形

給法國」的打算。兒玉、後藤來台赴任時，背負著沈重財務壓力，為了早日解除帝國補助台灣之財政負擔，也盡可能不讓帝國議會再藉提供補助插手台灣事務，首先進行地方官廳行政組織及冗員裁併之「節流」。不過，開展統治所需花費龐大，光靠節省並不足夠，總督府於是陸續將重要生活物資收歸政府專賣，以為「開源」。

專賣與地方「樁腳」

殖民時期台灣最早開始實施專賣制度的東西，其實不是「重要生活物資」，而是清領時期社會上已養成吸食習慣的鴉片。一開始總督府擔心突然嚴禁鴉片會引發社會動盪，採取鴉片漸禁手段，只允許已成癮且登記領有許可證的台灣人購買鴉片，並於一八九七年將之收歸專賣，同時提高售價，試圖以消極手法抑制吸食。不過，鴉片專賣收入依然豐厚而得以支持台灣財政，鴉片進口則由日資三井物產獨占，台灣人在其中只是消費者。更甚者，總督府消極禁絕的態

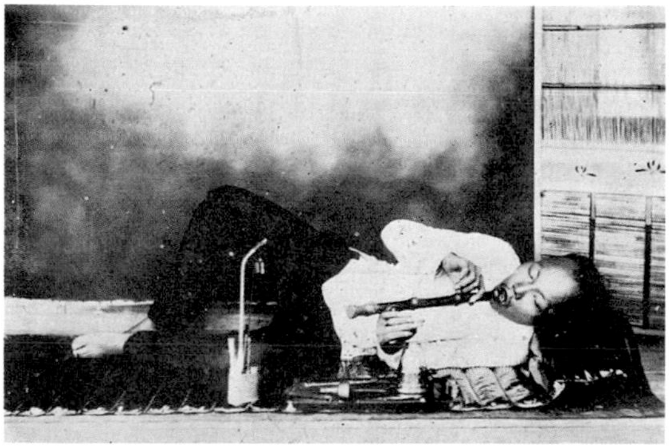

2

度引起台籍士紳批評「有意毒害台人」，這並非沒有道理——直到統治中期一九三〇年代前後，台灣財政收入多角化、不再只依賴鴉片專賣，總督府卻還是在一九二九年頒布〈改正鴉片令〉、特許未登記吸食者補領許可證，引發全台知識份子憤怒。這時台南文學家連橫卻在半官方報紙《台灣日日新報》上發表〈新鴉片政策謳歌論〉（又稱〈鴉片有益論〉），支持總督府鴉片政策，後來便被林獻堂等台籍士紳排擠。

其他重要的生活物資專賣，則有一八九九年食鹽、一九〇〇年樟腦（賽璐珞及火藥原料）、一九〇三年菸草、一九二二年酒（一九〇四年已開徵製酒稅），以及二戰期間的火柴、石油、度量衡等項。專賣事業的正式化，起於一九〇一年時總督府設立專賣局，形成了中央由專賣局統管一切專賣事務、地方上則開放部分台籍有意願有力者參與專賣經濟的合作體系。此一合作體制的運作方式，是專賣局各地分部指定某地有力者為地區經銷商，以一年為期，販賣特定品項的專賣品。合約到期後，有可能繼續維持原樣，也有可能更換他人，選擇標準之一是該經銷商是否和統治者「合作愉快」。透過每年更換經銷商的機會，總督府因而能考察當年度與某地方有力者之合作成效，並且優先選取有助殖民地方統治者。另一方面，由於專賣是總督府利用國家權力介入原有地方經濟結構的產物，比起其他商貿活動更具殖民政策意味、也更有銷量收益保障，所吸引加入之有力者多半願意協助殖民統治。專賣經濟不僅提供台灣殖民統治建設財政支持，亦達到提升殖民經濟利益、讓殖民統治更容易推展到地方社會上之雙重功效。

專賣制度

專賣自古即有，由官方掌握物品的生產、流通，形成獨占事業。清代台灣曾對鹽、樟腦等特產品實行專賣。日治初期總督府為籌措統治與各項建設經費亦實行專賣。最早配合鴉片漸禁政策，將鴉片納入專賣，後則陸續將鹽、樟腦、煙草、酒、酒精、火柴、度量衡器及石油等品項納入。一九〇一年總督府設置專賣局，統籌各項專賣事業。而專賣收入亦成為總督府重要的收入財源，一八九七年單一品項的鴉片專賣收入即占總督府歲入的百分之三十點八五，一九〇七年加入了菸草、樟腦等專賣品項後，其收入更達到百分之五十五點二六，足見專賣收入對於日本時代財政的重要性。專業事業中早期以鴉片為主要收入來源，後期則以煙草與酒為專賣主要品項。

2

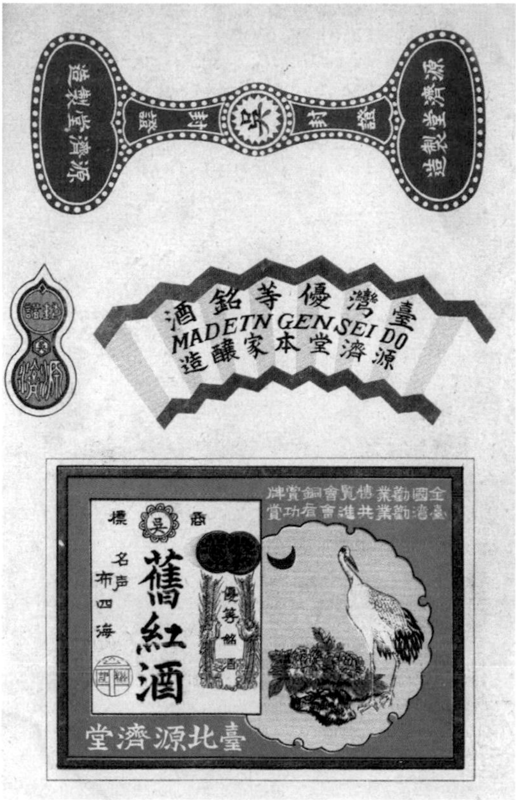

1

1 酒類未專賣前民間製酒
2 酒類專賣後的台灣專賣局虎骨酒酒標

資本家是投資還是掠奪台灣？

相對於部分有力者以協助殖民統治換取分享專賣經濟利益的做法，位於殖民社經結構基層的廣大農民階層則受到較多壓迫，但是也不是一直處於弱勢。日本統治時期，農業為台灣多數人從事之主要產業、農民為社會主要組成份子，唯不同業種在殖民經濟結構中的角色隨時間有異。若是相當大略地劃分，以一九二〇年代為界，前半期以製糖業較受日本重視、後半期則是稻米生產與製糖互有上下。日本統治台灣之初，即重視台灣生產的蔗糖，而大力招攬本國資本家前來台灣發展製糖工業，並投入資源研發產糖量更高的蔗種、榨糖更有效率的設備。例如一九〇一年總督府聘請農學博士新渡戶稻造來台擔任殖產局長，對糖業進行調查研究，成果集結為〈糖業改良意見書〉，後來成為總督府對台灣糖業改良辦法、保護獎勵、設施改良意見等的基礎。總督府為吸引資本家投資製糖業，一九〇五年發佈「原料採集區域」規定，由糖廠借貸予蔗農購買肥料等生產所需資金，蔗農則只能將甘蔗賣給自己農地附近的糖廠，價格由糖廠決定。此制度吸引了資本雄厚、設備新穎的日本資

1

二林事件

日本時代糖業實施採收區域制度，致使甘蔗無法任意轉賣，只能任由糖廠決定收購價格。一九二四年彰化林本源製糖會社溪州工廠的甘蔗收購價格較其他會社為低，蔗農頗為不滿，推派二林庄長林爐及醫生許學為蔗農代表，向會社要求支付臨時補貼，經北斗郡守調停，會社決定每甲支付五圓的補貼金。因為順利要求成功，刺激全島蔗農對製糖會社要求提高蔗價。文化協會便利用此事鼓勵蔗農及青年的覺醒，並到二林開辦「農村講座」。一九二五年六月，文協理事李應章在二林成立「二林蔗農組合」，共有四百餘名會員，推李應章為總理，成為台灣第一個農民組合運動。蔗農組合成立後，多次向北斗郡、台中州、總督府請願，改善蔗農生活、收購價格等，但未得到正面回應。十月六日李應章等人再次向糖廠請願，遭到廠方代表拒絕。十月二十二日糖廠代表與蔗農起衝突。隔日台中地方法院檢察官到二林庄逮捕九十三人，控以妨害公務、傷害、騷擾等罪名。一九二七年四月十三日三審定讞，二十五人被判有罪。

本家來台設立製糖公司，台灣傳統製糖業者（糖廍）逐漸沒落。受到總督府支持的台灣製糖株式會社又陸續兼併台資中小糖廠，到一九二七年時日資的新式糖廠占台灣新式糖廠百分之八十，幾乎壟斷台灣糖業生產。台灣的糖業可說是幾乎完全被日本人大資本家所壟斷。也因為台灣糖業在殖民經濟結構下由日資掌控，蔗農生產成果日漸提高、卻無法如實反應在收入上，將甘蔗送到糖業公司過磅時還會被動手腳，這也是台灣俗諺「第一憨，種甘蔗乎會社磅」之由來。因此到一九二〇年代社會運動興起時，台灣蔗農發起數次農民運動，如一九二四年二林事件。

2

1 舊式糖廍的規模與生產量根本無法與新式製糖工場競爭
2 林本源製糖廠社長林熊徵
3 明治製糖溪湖糖廠，為台灣三大新式製糖廠之一

3

蓬萊米與米糖相剋

相較於蔗農仰賴日資提供生產資金借貸、產品價格受限，同時期的台灣稻米生產，一因台灣本地地主掌握農地、碾米、資金借貸，二則因台灣早期生產之在來米不合日本市場喜好，而一時未受日資壟斷。日本統治前期總督府對台灣米業的投入，是致力於培育新品種、改善水利等項，並將台灣稻米主要輸出市場轉向日本，殖民地台灣的稻米生產逐漸納入日本糧食供應體制一環。一九二二年，日籍技師磯永吉、末永仁培育出新品種「蓬萊米」，因口

「米糖相剋」一直是日本時代台灣農業競爭問題。圖左為甘蔗田，圖右為稻田。

味廣受台日市場歡迎而在台普及種植。當時正值日本國內米價偏高之際，台灣稻米生產時節又能彌補日本產米青黃不接的時機，蓬萊米於是大量外銷到日本，連帶影響地價與工資節節上升、米農收入提升。此時，原本種植甘蔗的農民紛紛有意轉種價格高的稻米，造成競爭耕地的「**米糖相剋**」問題。這裡需要注意的是，「**米糖相剋**」是從日資糖廠甘蔗來源受到稻米威脅的角度出發，台灣農民反而因為米蔗價格雙雙上昇而受益。

米糖相剋問題開始在一九二〇年代中期顯著化，總督府為扶植糖業資本，遂提出「後補償法」（甘蔗收益若因會社拖延或放棄而減少時，由會社補償蔗農收入減少的部分）及「米價比準法」（甘蔗收購價格隨米作中價格較低的在來米米價漲跌，藉此抑制種米、種蔗收入差距）。另一方面，也從一九二〇年代起在灌溉不便的嘉南平原地區興建嘉南大圳，一九三〇年完工後，灌溉面積包括今日的雲嘉南地區十五萬甲土地。總督府建造嘉南大圳的原意，部分是希望透過控制水來抑制稻米生產、消弭米糖相剋問題。然而，大圳實際上提高種稻水田化的比例、稻米產量大增，相對地糖廠卻須提出更優沃的收買條件才能誘使農民種植甘蔗，好處還是歸於農民比較多。蓬萊米價格因出口擴張節節高昇，影響在來米價格高漲，帶動蔗價升高，使得日資產糖成本大幅增加。不過，米糖相剋問題並不單純只是稻米、甘蔗兩種作物的爭地與

嘉南大圳烏山頭水庫自空中
鳥瞰，水庫的形狀如珊瑚，
故有珊瑚潭雅稱

相對價格問題，背後更隱含台灣資本家、農民與日本資本各自在種米、種蔗陣營的對立。也就是米糖兩個並存生產部門間形成不平等分工關係下，每一生產部門中都有農民與資本家之階級對抗問題。

由上述討論可以了解到，台灣的殖民經濟發展並不只有一味剝削，而是兼有建設，日本殖民官商也不見得總是居於優勢。誠然，日本時代的台灣經濟發展走向，多以殖民母國日本的需求為依歸，如蓬萊米出口有特定時間、不能與日本米競爭，台灣蔗糖生產成本高、但能讓日本不用再進口糖；經濟政策的制定，也常是以殖民統治需求為考量，而非單純考慮經濟環境和條件，像是專賣經濟用以調整地方合作者、總督府以政策調節米糖相剋問題。不過，還是不能忽略日本殖民者為了「掠奪」台灣經濟利益而砸下重金做的軟硬體建設，如交通、金融法制、地權整理等，確實提升台灣經濟的近代化發展。再者，我們也可以從嘉南大圳原來為控制供水以解決米糖相剋問題、實際上卻未如願的事例瞭解到，總督府雖然策劃了殖民經濟政策，卻無法完全讓台灣經濟走向如其所願。台灣民眾在經濟發展中有其貢獻、有得利之處，從來不是任人魚肉的弱勢。

左圖 1919年
台灣糖業圖

米糖相剋

日治初期台灣總督府發展台灣經濟，早先是以糖業為首要，但到同時間的日本，卻因為人口成長、農村人口外流而一直無法解決糧食不足的問題，甚至引起多次的米騷動事件。日本為了解決糧食問題，一九二〇年代開始在台灣積極推廣蓬萊米，企圖讓台灣成為日本的糧食供應地。因此殖民地台灣的位置，於是從原先單一的粗糖供給地，變成糖、米兩大出口商品的供給地，且當蓬萊米的種植技術逐漸成熟，米價看好之時，農民往往棄蔗種稻，因而形成糖、米「相剋」的關係。

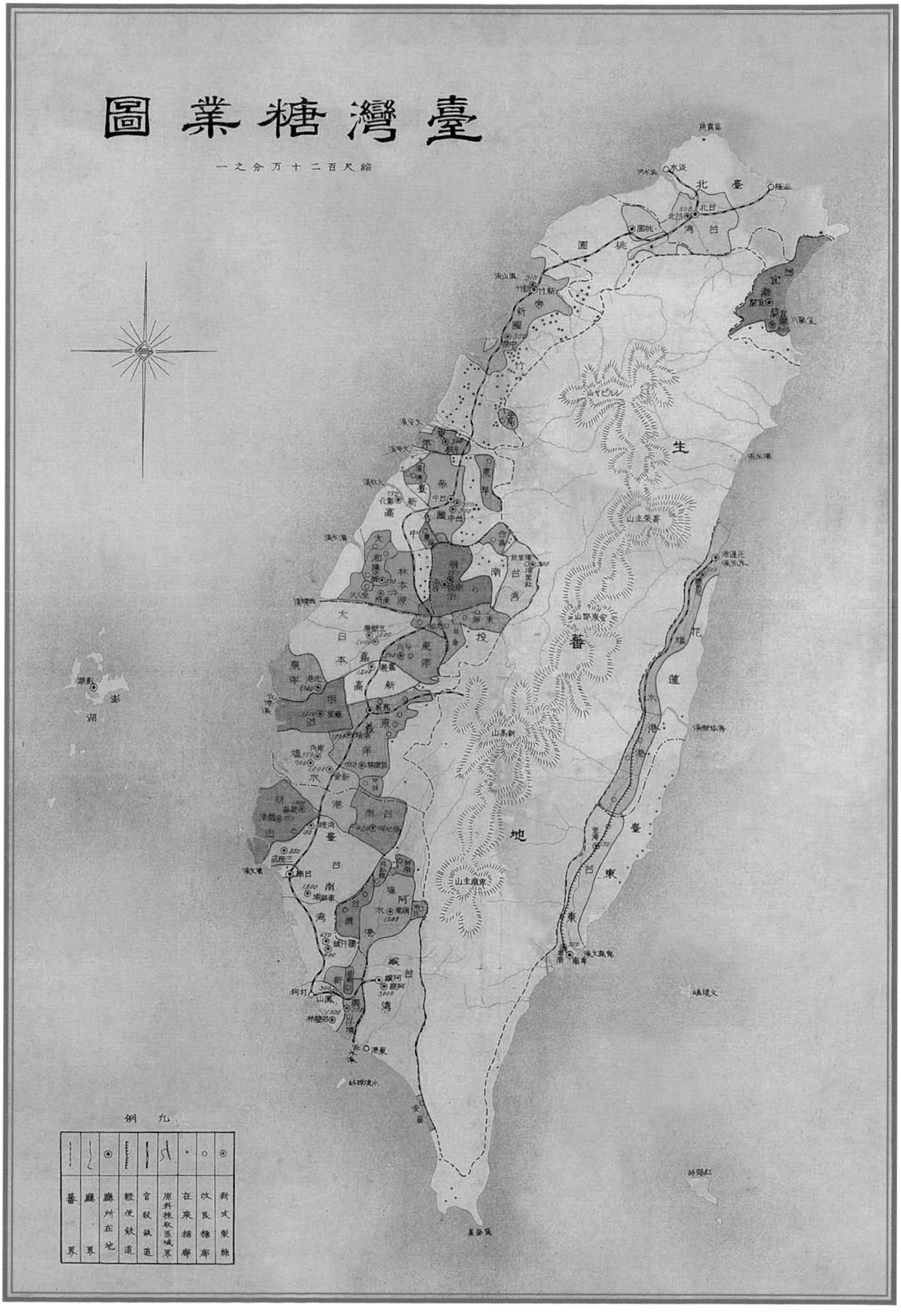
臺灣糖業圖
縮尺二百十万分之一
凡例
新式製糖
改良糖廍
在來糖廍
原料採取區域界
官設鉄道
輕便鉄道
廳所在地
廳界
蕃界
生
蕃
地
澎湖

啟蒙或是愚民？日本時代的教育

《馬關條約》後台澎被割讓給日本，台灣各地的激烈抵抗，出乎日軍的意料之外。直到一九一五年的西來庵事件為止，台灣人的武裝反抗可說從未停止。儘管戰事方興未艾，總督府仍著手規劃引入近代學校制度，認為教育是令台人願為帝國效力的最佳方法。在殖民利益的考慮下，台灣教育完成了從傳統私塾到現代學校的蛻變……

教育敕語與同化爭議

近代教育的一項特點，即是在於由國家力量制定所有人一致遵守的「教育方針」。某個程度上來說，教育方針大抵決定了受教育者應該以什麼樣的眼光評價觀看這個世界：「我們國家」的領土疆界在哪裡？發生過什麼歷史事件？什麼樣的知識是所有人都必須知道的？知識的傳授應該用什麼語言？透過教育，國家得以將選定的知識與價值觀灌輸進人民的腦海裡，成為不受質疑的「常識」。

當時日本的教育方針，是一八九一年由明治天皇發布的〈教育敕語〉。在〈教育敕語〉中，明治天皇表示全日本就像一個大家族，從古到今都持續地效忠天皇，未來亦然。當台灣成為日本殖民地時，問題來了：並非「自古效忠天皇」的台灣人，該不該被算進這個「大家庭」的一分子呢？台灣首任學務部長伊澤修二認為應該要算，而一九一一年就任的學務部長隈本繁吉則認為沒有必要。殖民地台灣的現代教育，就在這兩種殊異的想法之下，逐步

芝山岩六位學務官僚遭難之碑

開展。

「國語」與「義務」：伊澤修二的教育理念

作為教育學者，伊澤修二主張以國家力量推廣教育，以教育灌輸國家理念的「國家教育」。循此理念，伊澤修二積極主張「全民入學」的義務教育。對於殖民地台灣，也傾向認為是本國的一部分，主張台灣人也可以是日本人。而如何「改造」台灣人呢？伊澤認為其中的關鍵在於語言。依此，他設計了「國語傳習所」、「國語學校」等，培養通曉日語的台灣漢人與原住民，以及教導台人日語的師資。另一方面，出於對統治的實際需求，他也提倡日本人學習台語，以便溝通。他先從日本本土招募師資，接著設置了教授國語（日語）的「芝山岩學堂」，享有「全台教育發祥地」的美名。一八九六年，在恆春設置的恆春國語傳習所豬勝束分教場，則為日本時代原住民族近代教育之始。

從「國語傳習所」到「國民學校」：上學的漫漫長路

芝山岩事件並未打消總督府推動現代教育的決心。同年除了成立總計十四間的「國語傳習所」外，另成立了位於台北的「國語學校」與其下所屬的三所附屬學校。顧名思義，「國語學校」即是學習語言的地方。剛設立的時候，為了因應日本統治的需求，課程偏重台語的教授。至今我們還能看到當時的台語課本。一九〇二年後，課程設計開始偏向師資的養成。換言之，

芝山岩事件與芝山岩精神

一八九六年元旦，芝山岩學堂的六位職員，楫取道明、關口長太郎、井原順之助、平井數馬、桂金太郎與中島長吉，在前往總督府參加元旦典禮的途中，遭到游擊抗日隊襲擊，全數遇害。這件事對殖民政府來說，不啻為學堂設備亦遭破壞。這件事對殖民政府來說，不啻為重大挫敗。因此，總督府除捉拿游擊隊、撫卹受難者家屬外，也展開了系列紀念活動，將遇難者合葬於芝山岩頂，建造「六氏先生墓」、立「學務官僚遭難之碑」，並由當時的日本首相伊藤博文擬定碑文。之後，六氏更被視為「為教育鞠躬盡瘁、死而後已」的典範。這個典範在稍後成為所謂「芝山岩精神」的核心概念，也成了日本時期台灣教育中重要的一環。

培養有利統治的雙語人才，就是國語學校的目的之所在。

儘管伊澤對台灣教育有其藍圖，但由於一八九七年台灣總督府的預算緊縮，伊澤也遭解職，他的構想實際上並未完全落實。一八九八年，總督府陸續頒布「台灣公學校令」與〈台灣總督府小學校官制〉兩部教育法令。針對在日台人，〈台灣總督府小學校官制〉將四年制教育延到六年，另外設置了兩年的尋常高等小學校，為殖民地的日本兒童打造了良好的教育環境。針對

1

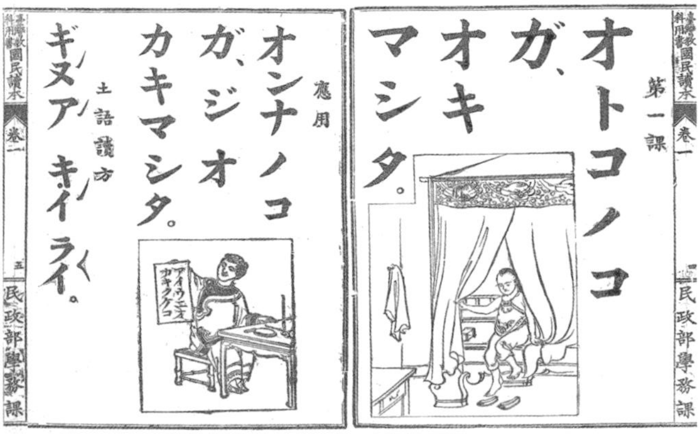

2

1 芝山岩事件後，總督府改在台北城內成立國語（日語）學校。圖為校舍與教室內學生上課情形

2 台灣總督府出版台灣教科用書《國民讀本》內的「土語讀方」，以日語對應台語的教授

台灣漢人教育的「台灣公學校令」，主要是將頗有成效的國語傳習所改制為公學校。其制度看似與日本小學校相似，但在種族隔離（限台灣人就讀）、經費（由地方負擔）與缺乏後續教育接軌（沒有設置中學科）等限制下，兩者的不同卻是昭然若揭。在原住民族教育的部分，此時尚未有專屬學校，其基礎教育，仍是原先設置的國語傳習所，直到一九一四年〈蕃人公學校規則〉發布，專門提供給原住民就讀的公學校才正式出現。伊澤的「同化教育」理念，至此只剩下以「國語」和「修身」兩科為教育內容一事，仍獲保留。

儘管殖民政府為了統治方便，不願讓台人受更多的教育，但隨著情勢的改變，即使是抱持著「不教育方針」的隈本，都不得不正視台人對新式教育的需求。終於，在一九一九年，頒布了〈台灣教育令〉，針對台人學制做了系統性的變革。此一變革，雖未能讓台灣教育制度與日本本土一致，但至少讓台灣與同為殖民地的朝鮮站在同樣的起跑點上。

在〈台灣教育令〉公布後不久，朝鮮發生了要求獨立的「三一運動」，加以民族自決的風潮開始吹遍全世界，日本政府不得不重新思考對於殖民地的差別政策是否適切。很快地，「內地延長主義」成為新的殖民地治理方針。於是在一九二二年，〈新台灣教育令〉頒布了。總督府不再以種族作為小學校與公學校的差別，而改以「常用國語與否」為入學標準。一九四一年，因二次世界大戰開打，為了「培育國民忠誠心」，遂廢除小學校與公學校的差別，

蕃童公學校學生

舊式私塾教育與新式學校教育

若說曾經有一度上學對於台灣人而言是超級有趣的事情，你相信嗎？

為什麼會這樣？這要從私塾與學校之間的差異說起。

雖然說舊式教育以私塾為主，但這不代表私塾就等同於今日的學校。兩者最大的差異，除了學生的性別比例外，就是在進度與教學方法上。私塾沒有統一的進度，而是看個人的能力與需求而定。授課方式則以背誦為主。實作部分，則以習字、吟詩作對、寫信記帳等文藝與實業技巧為大宗。

相對來說，納入美術、音樂與體育等科目，相較之下不重視背誦的新式學校就有趣多了。

2

1

1 圖為小學校、公學校體操示範。學校體操科教授是為達到身心支配的肢體運動
2 1919年女學校學生
3 彰化小學校

3

國語學校與台灣藝術

國語學校於一九〇七與一九二四年，兩度邀請日本水彩畫家石川欽一郎任職。來台授課的石川，將西洋水彩技法與描繪台灣鄉村景象的概念引入台灣，培養出如李石樵、藍蔭鼎、倪蔣懷、李澤藩等台籍藝術家，對台灣藝術界影響甚鉅。

石川欽一郎畫新公園台北府天后宮

一律改為國民學校。一九四三年，更進一步實施在此前僅有日本人擁有的六年初等義務教育，將全民都納入義務教育的範疇。至此，全民都能上學的義務教育之路，終告達成。

由於公學校與小學校的招收對象不同，因而其課程設計，也就反映了殖民政府對所屬種族的態度。小學校除了因應殖民地情況，而有漢文、台灣話等科目外，其餘與日本本土無異，課本也選用文部省編纂的教科書。相對的，公學校的課本則是由台灣總督府編纂。因為教材不同，小學校的日人畢業生考上尋常高等小學校的比率，要較公學校台人畢業生高上許多。那麼，公學校畢業的台灣人，若要繼續升學，有哪些選擇呢？答案是總督府鼓勵的實業教育，以及難以擠進的中學教育。

殖民所需的實業教育

所謂「實業教育」，近似今日的技職教育。由於實業教育生產專業人才，因而配合總督府對台灣產業與人才需求，在不同時期也有不同的重點偏向。整體來說，早期的職業教育偏重農業，中後期的重心往工商業移動。

在一九一九年頒布〈台灣教育令〉之前，實業教育可概分為國語學校實業部、公學校附屬實業科與講習制度三種。國語學校實業部設有農業、鐵道、電信等科，專門招收台灣人，然而因為國語學校培養語言與教師的印象太過強烈，實業部的招生不如預期，在一九〇七年廢部。類似的狀況也發生在公學校附屬實業科，最後唯有講習制度較為成功。講習制度從醫院到殖產局、糖務局等局處都有，以「農事講習生」、「糖業講習生」的方式，培養相關專業人員。

在教育令頒布之後，實業教育由講習制度轉變為實業學校制度，分為工業、商業、農林與簡易四種。簡易實業學校即以前的公學校附屬實業科，大抵以農業與商業科為主力。一九二二年，在規定「內台一致」的〈新台灣教育令〉頒布後，實業學校再度改制為工業學校、農業學校與商業學校。至於簡易實業學校，則改為實業補習學校。在二次大戰爆發後，台灣實業教育因應戰爭時期的需求，學校與學生的人數均有快速的增長。而這也成為戰後台灣發展的資本之一。

嘉義農林學校與實習園

醫師蔡阿信與「文明女」

現代教育的一大特徵，就是女性也可以和男性一樣讀書受教育，進而成為專業人才。

一八九九年出生的蔡阿信醫師與一九〇七年出生的畫家陳進，就是其中傑出的例子。蔡阿信於八歲時進入大稻埕公學校就讀，畢業後十二歲進入基督教長老教會興辦之淡水女學堂就讀，成為該校第一屆學生。由於成績優異，畢業後加拿大籍的老師建議她到日本就讀醫學院。接受建議的蔡阿信，在一九一七年進入「東京女子醫學專門學校」（現「東京女子醫科大學」）就讀，一九二一年畢業後返台執業。

台灣首位科班出身的女醫師返台執業的消息，轟動全台。蔡阿信稍後於台中

超級窄門的中學教育

在一九一九年的「台灣教育令」頒布之前，殖民政府並未特別針對台灣人規劃中學教育，而僅是在日人教育需求下，於國語學校第四附屬學校下設「尋常中學科」（今建國中學）。女子教育方面，則僅有「國語學校第一附屬學校女子分教場」（今中山女中）。

為什麼總督府沒有特別針對台灣人規劃中學教育呢？主因在於殖民者害怕台人接受高等教育後會萌生反抗意識。然而，對台灣人來說，在讀完公學校後，無法繼續升學一事本身即象徵著不平等，反抗意識其實早已萌芽。一九一二年，清國遭中華民國推翻，目睹前母國革命的台灣，人心浮動。加以當時的總督佐久間左馬太正進行「五年理蕃計畫」，急需台籍仕紳金錢與人力上的資源，遂在安撫民心與交換條件等考量下，於一九一五年，創立了第一所招收台灣學生的中等教育機關「台灣公立台中中學校」（今台中一中）。此一事件，令總督府認識到台灣人對新式教育的渴求，遂促成了前面提過的改革台人教育之〈台灣教育令〉的制定。在〈台灣教育令〉與〈新台灣教育令〉的接連改革下，台灣人的受教權益看似受到保障，但實際上，台灣人的就學之路——特別是高等教育——仍是困難重重。

開設附設產婆學校的「清信醫院」，半年招收三十名學生，一期一年。很快地，經由蔡阿信訓練的專業產婆就分布全台，堪稱台灣產婆之母。

其他傑出的女性，還有與林玉山、郭雪湖同時入選第一屆台灣美展的畫家陳進、作家與記者楊千鶴、醫師許世賢、藥劑師莊季春等人。到了三〇年代，隨著受教育人數的增加，女性開始進入職場，店員、教師、服務生……都是相當受到歡迎的職業。雖然日本時期的女性教育仍多以賢妻良母為核心概念，但隨著觀念改變與經濟獨立的情況越來越普遍，一個新女性的時代即將來臨。

1

2

1 第一所招收台灣學生的中學「台灣公立台中中學校」
2 立台南第二中學校，1945年改稱「台灣省立台南第一中學」
3 1920年大稻埕公學校

3

可望而不可及的在地高教：台北高校與台北帝國大學

日本領台後，囿於經費與能力，初期致力於普及初等教育，以培養配合殖民政策的殖民地人民為最高宗旨。隨著統治逐漸穩固，一九一〇年代開始，出現在台日人要求設置高等教育機構的聲音。一九二〇年後，具有大學預備教育性質的七年制「台灣總督府台北高等學校」成立了。其畢業生可以自由就讀日本帝國內各大學，在一九四一年台北帝國大學預科設置之前，是唯一晉升大學的管道。

隨著統治的日趨穩固，以及往南中國與南洋發展之「南支南洋」政策的形成，總督府亦致力於培養相關調查研究與政策規劃實踐的人才。一九二八年，台北帝國大學（今台灣大學）在此概念下正式成立。台北帝國大學由於位在帝國最南端，又有政策的加持，因而在研究上對南洋偏重甚深。除有熱帶醫學研究所外，另有南方資源研究所、南方人文研究所、南洋史研究講座等單位的設置。另一方面，台北帝國大學亦致力於本土研究，如土俗人種學講座，即為台灣人類學研究之肇始，其他如經濟學研究所助教授東嘉生著有《台灣經濟史研究》、理農學部教授磯永吉和末永仁利

台北高等學校即今國立台灣師範大學，圖為1929年完工的校舍

用在來米改良出蓬萊米等，均可為證。然而，對台籍知識分子而言，殖民政府可是在台灣人的中等教育學制都還未完備的狀況下，就花費經費籌辦給大多為在台日人才有機會就讀的高等教育機構。在為台灣成立高等教育機關欣喜的同時，更深深體認到殖民地之遭受歧視的差別待遇。

可及而不可望的異地留學：日本、歐美或中國

儘管台北高校與台北帝國大學的陸續成立，填補了台灣高等教育的空缺，然而因殖民政府的不平等待遇，而使台灣人升學困難的處境並未改變。有感於此，許多有志升學的學生，選擇離開台灣，到日本、中國或歐美等地留學。

一九一八年以前，由於台灣初等與中等教育制度並不完備，海外留學生以接受此二階段教育者為大宗。之後，為接受高等教育而離開台灣的留學生越來越多，到了一九三四年，已有一半以上，可見台灣人對高等教育的需求雖逐漸增加，但機會卻未相應增多的情形。

台灣人往海外留學，由於語言與國界相通，仍以赴日留學為最大宗。在日台灣留學生，大抵主修法律、經濟、政治、理工等學科。吸收了現代思潮的他們，在一九二〇年代席捲全球的民族自決浪潮下，發現了台灣殖民政策的不公，因而

台北帝國大學，今台灣大學

在日本本土相對自由的政治環境下，開始參與台灣反抗運動。如「六三法撤廢期成同盟」、「台灣議會設置請願運動」等，其提倡與鼓吹，都與在日台籍留學生有著密切的關聯。

另一方面，也有許多台灣人選擇前往中國留學。總督府擔心台灣人到中國就學容易鼓起其反抗意識，因而最初限制不少，但儘管多所限制，仍無法阻擾台灣人以繞道或偷渡的方式前往中國留學。其他留學的選擇，還有現今依然是熱門留學地的歐美，以及一九三〇年以後成立的滿洲國。

整體而言，日本時期台灣的高等教育，仍以服務在台日人為主。其目的並不在培養殖民地出身的本地精英。同時，總督府透過操作高等教育資源，使得這些少數能獲得高等教育機會的台灣精英，進入需要大量技術知識的醫學部門，而非能獲取資源分配話語權的農、工與人文思想領域。另一方面，在帝國的南進政策下，台北帝大累積了豐沛的南洋研究知識與資源，也成為日後日本帝國進軍南洋的重要資產。然而隨著殖民政府的離開、國民政府的進入，台灣也從「南望」轉為「西望」，而相關的研究與成果就此束諸高閣，無人聞問。台灣的高等教育，至此邁向了一個全新的局面。

整體而言，即便有各種不平等，日本時代的現代教育，仍為台灣社會帶來許多重大的影響，除引入現代化的科學、藝術與體育教育，養成新式台籍精英之外，更重要的是透過義務教育，令女性就學不再是罕有事例，從而開展了近代女性踏入職場的可能。

一九二〇年代「內地延長」、社運頻起的台灣社會是什麼樣子？

台灣議會設置請願運動從一九二一年到一九三四年進行過十五次請願，期間歷經一九二三年總督府以〈治安警察法〉動員警力鎮壓議會設置請願的政治結社，十多年運動主要領導者為霧峰林家士紳林獻堂及蔣渭水、蔡培火、賴和等台灣文化協會成員。中期以降文協因海外留學生帶回共產主義、三民主義、列寧主義等思想影響，逐漸產生左右派分裂……

同化與差別待遇

若是提到一九二〇年代殖民地台灣的社會概況為何，一九九七年以降接受過《認識台灣（歷史篇）》中學教育訓練的學生們，大多能答出「林獻堂等人發起台灣議會設置請願運動」、「內地延長主義」等關鍵事件。知道這些關鍵事件是很好的起點，接下來可以思考的是，這些事件發生的背景為何？對台灣社會造成什麼影響？以及，最後有什麼樣的結果？

要談一九二〇年代台灣社會風起雲湧的社會運動潮流，和官方力力行的內地延長主義如何並存，可以先從日本對台特殊統治的根本「國體論」切入。對於日本的國家近代化，過去我們往往只想到「一八六八年明治維新後日本舉國西化」，而忽略了此前日本並非一統國家、各地藩屬等同小國，是在明治維新後才逐步建立中央集權統一國家。也就是說，日本的國家一統化與近代化是同時並進，一開始並沒有一個「如何建立好國家」的SOP可循，許多問題是碰到才去想怎麼解決的。而日本建立近代國家的要因，即是根基於所謂的「國體」，亦即「日本是以萬世一系的天皇為中心之神道國家」的秩序觀念。

大正天皇即位典禮圖

天皇的至高無上以及以天皇為中心的國家神道觀念，成為日本接受近代西方統一民族國家過程的中心，從而影響其對應過去不在此脈絡中的新進領地。之前在殖民統治確立時談過，日本接收台灣後，因為首次擁有海外領地而成為近代意義的「帝國」。然而，日本同時也苦惱於要將台灣視為同一法律範圍的「領土」，還是特殊法域的「殖民地」。最後

1

決定視台灣為殖民地，原因除了考慮條約談判等對外交涉因素，還有帝國內部以天皇為尊、國家神道為信條的擬血緣文化，不適用於語言宗教思想完全相異的台灣。將台灣定為殖民地之後，日本帝國在台灣建立以總督（權力高於日本國內縣知事）為中心的特別統治，將台灣統治特殊化、不適用日本憲政法律。面對特殊統治引來台灣人要求享有日本國民權利的抗議，總督府以台灣的特殊處境為口實，主張台灣現時因「民度」（某地人民知識水準、教育文化等成熟程度）不足，不能貿然應用日本法律、暫時處於特殊統治，待台人整體足夠進步後再行調整。

對此，日本政界與學界、台灣知識分子內部各自不斷爭論著，日本帝國該對台灣去除特殊待遇、使之享有日本國民權利，還是維持台灣特殊地位、不被日本同化。例如一九一四年至一九一五年日本維新元勳板垣退助伯爵來台和台灣士紳林獻堂、蔡培火等人創立「台灣同化會」，主張「消除對台差別待遇」、「台灣人同化於日本」。到了一九一八年，林獻堂等人與在日台灣留學生組成「六三法撤廢期成同盟會」，推動廢除特別立法制度、將台灣納入帝國憲法體制。後來此運動因林呈祿等人反對此舉等同否定台灣特殊地位而中止，台籍知識分子抗議能量轉向突顯台灣特殊性的「台灣議會設置請願運動」。

風起雲湧的台灣社運

從六三法撤廢運動轉向台灣議會設置請願，背後有台籍知識分子試圖主張己身獨立性，也有外在環境的轉變。一九一八年十一月一次世界大戰結束後，一九一九年一月戰勝國召開巴黎和會。當時在日本留學的朝鮮學生受此鼓舞，加以致力於朝鮮獨立的高宗驟逝，群情激憤的朝鮮人於是在一九一九年三月一日高宗國葬時集結於各地，發起反日、獨立的「三一獨立運動」。三一運動爆發和世界民族自決潮流衝擊了日本帝國體制，加以日本國內正值政黨政治、施政重視民意之「大正民主」開明政治

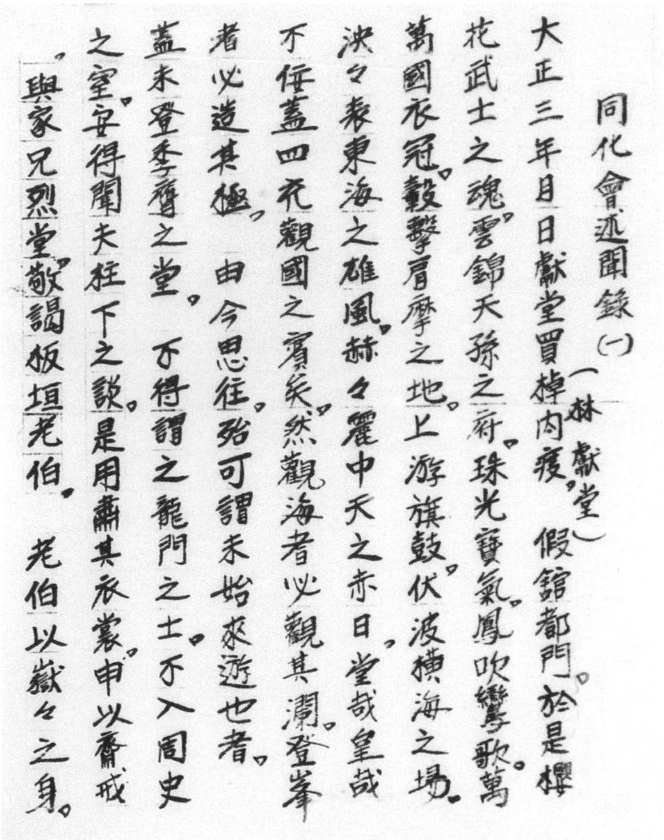

同化會述聞錄(一)（林獻堂）

大正三年月日獻堂買棹內渡，假館都門。於是櫻花武士之魂，雲錦天孫之府，珠光寶氣，鳳吹鸞歌，萬萬國衣冠，轂擊肩摩之地，上游旗鼓，伏波橫海之場。泱泱表東海之雄風，赫赫麗中天之赤日，堂哉皇哉。不侫蓋四充觀國之賓矣。然觀海者必觀其瀾，登峯者必造其極。由今思往，殆可謂未始來遊也者。蓋未登季齋之堂，不得謂之龍門之士；不入周史之室，安得聞夫柱下之說。是用肅其衣裳，申以齋戒，與家兄烈堂敬謁板垣老伯。老伯以嶽嶽之身，

2

3

1 大正天皇圖像
2 林獻堂手跡，出自〈同化會述聞錄〉
3 林獻堂像

時期，日本首相原敬於是向台灣派任首位文官出身的總督田健治郎，推行「內地延長主義」統治。簡單而言，內地延長即是將台灣納入與日本內地相同的法域，具體措施包括一九二〇年地方制度改正（州、市、街庄設立地方官選議會）；一九二二年一月實施「法三號」以天皇敕令決定日本本土法律在台灣施行哪些部分（即削弱總督立法權）；同年四月施行第二次台灣教育令，原則上中等學校以上為日台共學，初等教育則以日語熟悉程度區分小、公學校。另外還同時公布認可日台共婚、撤廢笞刑等。

既然總督府如此「示好」，為什麼二〇年代還會興起各種社會運動？原來總督府在內地延長方針下將台人納入日本法制範圍，表面上是撤除差別待遇，實際上卻是帶有漸進同化台人、加深日本殖民體制控制、逐步消弭台灣特殊性等意圖。再者，台灣總督的立法權雖然被天皇敕令限縮，但其在台灣的統治權依然缺乏立法部門制衡。林獻堂、林呈祿、蔡培火等知識分子在抗議總督專制政治的同時也希望保持台灣獨特性，因而主張設置由台灣居民參與的台灣議會、進行特別立法。

1

1 台中一中前身台中第一中學校，為台灣第一所專為培育台籍學子的中學校

2 蔣渭水紀念公園／胡文青提供

3 蔣渭水銅像／胡文青提供

台灣議會設置請願運動

台灣議會設置請願運動從一九二一年到一九三四年進行過十五次請願，期間歷經一九二三年總督府以〈治安警察法〉動員警力鎮壓議會設置請願的政治結社，十多年運動有著多次複雜變動。運動主要領導者為霧峰林家士紳林獻堂及蔣渭水、蔡培火、賴和等台灣文化協會成員，前期因林獻堂等成員多為溫和派地主，採行體制內的請願抗爭路線，除了少數日籍宗教人士及議員支持外，請願案幾乎沒有被帝國議會納入議程。中期以降文協因海外留學生帶回共產主義、三民主義、列寧主義等思想影響，逐漸產生左右派分裂，一九二七年林獻堂、蔡培火、李應章、蔣渭水等人退出左傾激進化的文協，另組台灣民眾黨繼續推動議會設置請願，惟請願仍遭日方拖延未列入帝國議會議程。一九三〇年林獻堂、蔡培火等人又和相較支持工農運動的蔣渭水等人分道揚鑣，另組台灣地方自治聯盟，主張以合法手段地方自治，同時支持議會請願。最後，運動結束於一九三四年日本國內法西斯主義壓倒自由主義、民族自決理念的情勢下。

3

2

台灣議會設置請願運動的影響

從結果來看，台灣議會設置請願運動的運動調性受到主要成員林獻堂等人「地主」、「資產階級」、「保守」的立場影響，加以台灣受殖民統治之政治現狀，而偏向溫和的體制內請願。這樣的運動方向首先被團體內較支持勞工、農民反抗資本家剝削的左派思想者即其他左派團體批為軟弱，其次也因運動主旨容易變得向內地延長主義妥協，而遭致握有法制主導權的日本殖民者「見招拆招」，終究無法達成有效抗爭。例如議會請願中的台灣議會定位，隨著時間拉長、向殖民情勢妥協而逐漸縮減，從最早的獨立於日本帝國議會之外、掌握台灣立法權和預算權的殖民地特別議會，縮減至僅就特別事項立法，最後「縮水」為等同日本內地地方議會。同在台灣內部，也有支持日本殖民統治的辜顯榮、林熊徵等人批此為叛逆、破壞日台和諧，總督

1

文化協會「美台團」

一九二五年（大正十四年）由台灣文化協會成員蔡培火所創立的團體，蔡培火認為要推行理念，應當善用電影這樣的新媒體來教育大眾，便從東京購置電影放映設備，並組織辯士，到台灣西部的各處農村放映、說明影片內容。美台團每次放映影片之前，都會帶領民眾唱著蔡培火所做的團歌，歌詞大意是希望台灣的民眾，生活在美麗的環境中，也要努力追求智性、知性的進步。

府也時常透過當面「懇談」、發動鎮壓（如上述一九二三年治警事件）、透過銀行對參與成員「討債」等予以掣肘。

不過，台灣議會設置請願運動確實在台灣社會、日本政學宗教領域引起許多迴響。首先，在台灣知識圈內，議會設置請願原來就是受到大正民主下立憲主義、人道主義學說影響而產生的自治運動，雖然是引用殖民母國日本憲政體制抗議殖民暴政的「以子之矛攻子之盾」，但也無法跳脫殖民框架論述、侷限台灣做為單獨一個民族的想像。部分運動成員試圖找出自己的詮釋來對抗前述困頓，卻又受限於自身知識菁英指導心態、與傳統士人文化信仰的相左，最後陷入內訌而遭殖民母國趁機分化。即便如此，議會設置請願運動的連署、演講行動配合文化協會舉辦文化劇、電影宣傳、發行會報，不僅向知識分子宣傳理念，亦透過非文字形式將近代民主人權觀念傳播給不識字的多數民眾，而將法治觀念、憲政精神、政治自治等思想普及於台灣社會。其影響範圍可從運動動員

2

1 1924年起文化協會夏季學校即在霧峰林家舉辦。圖為霧峰林家萊園櫟社二十年題名碑／胡文青提供

2 台灣文化協會會員紀念碑／胡文青提供

人數來看，參與連署者包括在日留學生與台灣士紳、民眾，從二〇年代前期的數百人，到三〇年代已有二、三千人之多；參與文化協會舉辦演講、演劇活動而能接觸新式思想者，就一九二三年至一九二六年的統計，即從二萬人左右成長至十一萬多人。以日本時代中期台灣人口約三、四百萬來看，已經是初具規模。議會設置請願中不斷主張的自治主義，也初次較大規模地凝聚起「台灣人」共同體意識，不過此時「台灣人」意識仍未釐清定義，而包括「漢人」、「台灣本島人」、「原住民」、「中國人」等不同範圍。其次，日本國內包括基督教徒、部分學者，各自從宗教博愛、憲政法制的面向認同台灣抗議殖民暴政，惟對設置台灣議會與否各有看法。政治界中，國會議員大多擔憂在帝國議會外另設台灣議會將涉及修憲，推動內地延長主義的田健治郎台灣總督等政治人物則考慮是否廢除殖民地特別統治制度、要不要選出台灣代表參加帝國議會等相關問題，但大致上都不贊成設立象徵台灣獨立於日本帝國外的殖民地議會。

製作順民的殖民教育

知識分子對於殖民體制的反抗，除了透過議會設置請願爭取參政權外，也開始反思殖民教育與「國語」（日語）教育的問題，並嘗試透過白話文運動、台灣話羅馬字等方式解決。問題的根源來自殖民統治開始後不久，主張「以國家力量推動教育」、「教育應增強國家影響力」的國家主義教育者伊澤修二，在擔任台灣總督府

1 女子分教場的創立，是日本時代女子教育的濫觴。圖為1897年士林女子分教場教師學生合影

2 國立台北教育大學前身台北市立師範學校，學生在朝會上的體操運動

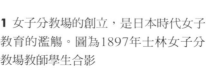

首任學務部長任內，主導確立「教授台灣人日語以同化其為日本一部分」的國語（日語）教育方針。教育制度設立方面，除了初期因台人受漢文化教育影響仍深、社會動盪不安，總督府暫且容許傳統書房與公學校並存，一九一〇年代以後則透過課程設計，逐漸將台人教育重心移往初等教育（公學校），也透過編纂公學校教科書讓台人教育配合殖民政策施行思想轉化。又，台灣初等教育中國語課時數較多，且特別重視實科教育，反映出總督府希望教育出「配合推動殖民政策、不會反叛的順服台灣人民」之意圖。也為了不讓台人學習太高深知識而萌生反抗心理，以及統治成本考量，總督府對台人的中學以上教育機關相較消極，致使希望升學的台人不是與人數較少、名額卻較多的日人競爭教育窄門，就是有財力支援者才能出國留學。

1

2

語言的抵抗與接受

進入一九二〇年代後，成長於殖民統治展開以降的新式知識分子成為社會中堅，開始反思日語教育的殖民性格，而思考另找一個吸收現代知識的替代語言工具。一九二二年左右，彰化仕紳黃呈聰開始在文協刊物《台灣民報》上引入中國當時流行之白話文運動，藉此提倡「我手寫我口」。然而，黃氏此舉雖在想像認同上連結中國，以北京官話漢語為基礎的白話文在台實用性卻不高，以致無法普及於社會大眾。另一方面，文協成員蔡培火則充分了解推行替代語言工具，需要容易上手、與當時較多數人使用之閩南話口語配合，於是推動以羅馬拼音書寫閩南語的「台灣話羅馬字」運動。然而，台灣話羅馬字運動一方面被總督府認為具有「妨礙同化於日本民族的國語教育」的民族運動意味而橫加阻攔，另一方面羅馬拼音不如漢字能系統性書寫、接近台灣人習慣之文化傳統，而也無法流行於普羅大眾。

不過，大多數希望接受日語教育的台灣一般大眾，不見得如統治者希望的「接受日語教育等於接受同化於日本民族」，而是將日語視為一種接觸近代化文明新知的工具。這種情況反映在台人使用日語多是與日籍官員接觸，平常生活、在家、甚至是街庄公所開會仍少用日語，直到三〇年代後期進入備戰狀態，統治者強迫在公共場合使用日語、以生活補給獎勵「國語常用家庭」，日語使用率才稍見提升。在這裡可以看出對於日語教育及其背後代表的深層思想意涵，台籍知識分子堅持拒絕、試圖為民族找出自身道路，在選擇替代工具上則有祖國想像或初步台灣民族建構的意味存在。相對於此，一

《台灣民報》

日本時代完全由台灣人資本營運的報紙事業，前身為《台灣青年》，一九二〇年（大正九年）在東京由留日台灣學生所創刊，早期由於總督府禁止，該報長期在東京編輯、發行，至一九二七年才能將報社從東京遷回台灣。《台灣民報》發刊之初，是以月刊的形式發行，之後漸次改為半月刊、週刊，至一九三二年改名為《台灣新民報》，並同時改為以日刊形式發行。

《台灣民報》成立之後，由於一九二一年該報諸多成員加入台灣文化協會，《台灣民報》也就成為宣揚台灣文化協會理念的重要載體，向當時的台灣大眾宣揚文化啟蒙運動、勞工運動、農民運動、新文學運動等新穎的知識、概念，被時人認為是「台灣人唯一言論機關」。

般民眾在實用層面上使用日語以爭取接觸新知、提升自我，不妨礙其維持漢民族、中國或台灣認同，而也沒有全盤接受日語教育背後代表的日本民族傳統精神。

相對於上述由溫和保守地主階級發起體制內爭取政治權利的議會設置請願運動，以及知識分子從民族精神找尋新語言工具的嘗試，一般農民、勞工則在左派思想薰陶下集結組織對抗日台資本家、地主的剝削，部分知識分子及共產黨勢力亦加入其中。

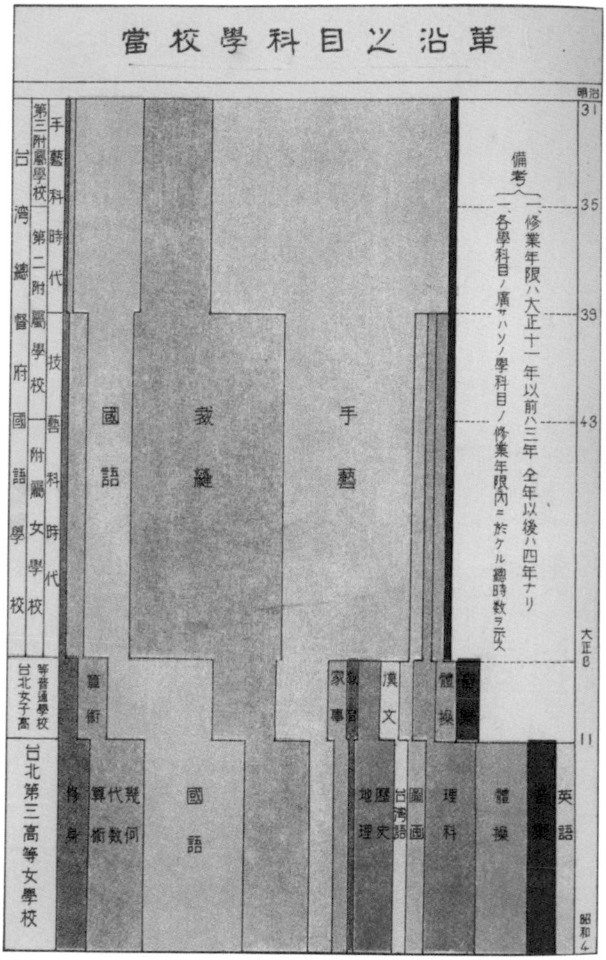

中學校學生研習科目沿革

農民運動

農民運動方面，日本時代台灣首個農民運動是一九一二年發生在林杞埔（今南投竹山）的林杞埔事件（又稱竹林事件），當地竹農抗議總督府將把嘉義、林杞埔、斗六一帶一萬五千甲竹林強行收歸國有地，再劃給日本三菱造紙株式會社經營。接著在一九一〇年代到二〇年代台灣製糖、米穀生產輸出規模大增後，米蔗農民與資本家、地主的糾紛也逐漸升溫，農民在知識分子協助下開始組織化、向資本家發起抗爭。例如一九二五年彰化二林地方的蔗農為抗議板橋林家旗下林本源製糖株式會社甘蔗收購價格過低，遂在文協理事李應章醫師領導下成立「二林蔗農組合」，向會社、地方官廳及總督府不斷

1

2

台灣農民組合

日本時代時，殖民政府為貫徹「農業台灣工業日本」的政策，因而積極介入台灣蔗糖業的經營，嚴格控制甘蔗的產銷，在這過程中，糖廠常常因收購價格太低、偷斤減兩與蔗農發生糾紛，在一九二五年便發生了二林事件，當地的蔗農在李應章等人的帶領下，向林本源製糖會社提出抗議。此一事件之後，各地農民陸續發起類似的運動，並組織農民組合。到了一九二六年十月，在簡吉等人的領導下，各地農民在鳳山集會，發起「台灣農民組合」，台灣農民組合成立之後，銳意從事各種農民抗爭運動，如反抗地主壓迫、官有竹林抗爭、反對退職官員領有民地…等。但到了一九二九年以後，因台灣總督府在台灣積極取締左翼組織、運動，到了一九三一年時台灣農民組合也被迫解散。

請願，而在一九二六年遭到官方取締、解散，是為「二林事件」。此事影響鳳山、麻豆等地成立地方性農民組合，一九二六年簡吉、黃石順即帶領鳳山農民組合反抗高雄資產家陳中和突然要求佃農交還土地，以擴展旗下新興製糖會社用地之舉。而後簡吉等人更在社會主義思想影響下，於一九二六年九月串連全台成立「台灣農民組合」。一九二七年在日本工農運動領袖的影響下，台灣農民組合逐漸左傾、偏向階級鬥爭，一九二八年底簡吉更與日本共產黨台灣分部成員（台共）謝雪紅聯合，台共勢力於是深入台灣農民運動。不過，即便台灣農民組合左傾而加入階級鬥爭元素，依然關切農民處境，而提出反對強奪土地、禁止童工勞動、制定最低工資法等主張，從而吸引全台農民共襄盛舉。組織規模於是從一九二六年的幾千人一直增加到一九二七年底二萬四千多人，各地分部也從成立時的六處增加為二十三處。不過，激進化的農民運動終在一九二九年二月十二日總督府發動大規模搜索、逮捕台灣農民組合相關機構之「二一二大檢舉事件」後，被迫轉入地下化，一九三〇年代後更因主要成員接連被捕入獄而告式微。

3

4

1 採蔗女工

2 竹山竹筷名產女工包裝作業情形

3 陳中和物產株式會社精米工廠

4 高雄資產家陳中和本邸

勞工運動

勞工運動方面，由於日本時代初期除了製糖業以外各產業工業化程度不高，工廠規模小、勞資爭議不如農業問題激烈。迨一九二〇年代後期水泥、製鹽等產業工業化具規模，加以指導團體如左傾後的台灣文化協會、台灣民眾黨等出現，舉辦巡迴演講、演劇等宣導勞工意識，並提供組織化指導，勞工運動才逐步加溫。例如一九二七年左傾後的台灣文化協會由連溫卿等左翼青年主導，積極投入工農運動，催生了台灣各地的機械公會，一九二七年至一九二八年間促成了高雄台灣鐵工所、日華紡織台北工廠等罷工事件。退出文協的舊幹部則在蔣渭水帶領下，於一九二七年成立了「台灣民眾黨」。民眾黨的主張隨著蔣渭水支持工農運動而日漸左傾，積極在各地組織工友會、店員會等勞工團體，進一

1

2

步還在一九二八年二月支持成立台灣首個全島工人運動組織「台灣工友總聯盟」。台灣工友總聯盟宗旨為統一全島工人運動、為勞工謀福利，成立短短一年即吸引六十五個工友會加盟、人數近八千多人。該聯盟發起過多次大規模的罷工，著名的有一九二八年高雄淺野水泥工廠罷工、一九二九年台灣製鹽會社的罷工。蔣渭水與台灣工友總聯盟積極協助罷工活動組織化，對外發佈新聞引起輿論、對內則防止資方分化。雖然兩次大規模罷工都因資方串通殖民當局施壓，最後在幹部被捕下告終，但是罷工的社會實踐提高了台灣社會的勞工權益意識，在三〇年代總督府加緊收縮社會控制前，全台各地接連發生多次大小罷工，有的結果還是局部獲勝或完全獲勝。

1 1928年曾發生罷工事件的高雄淺野水泥工廠

2 延平北路義美食品原址為蔣渭水開設的大安醫院／胡文青提供

「內地延長」同化政策之反思

綜觀二〇年代的台灣社會，是在官方推動「內地延長」以加深台灣同化於日本文化、語言，以及台灣社會從法制權利面抵抗政經壓迫等兩方拉扯下，形成同化、啟蒙、左傾、保守等各種意識混雜的局面。從後見之明來看，殖民者推動內地延長不見得是有心與台灣人分享帝國憲政法制權利，較多地是透過學習語言、文化對殖民地訂下「成為日本人才能免除差別待遇」的標準，再藉由操縱該標準不斷變動而持續控制台灣人。相對地，從台灣人發動政治請願、語文運動、工農抗爭，可以看出不斷試圖打破殖民者設定之政經框架。並且台人打破殖民者框架的方式不是鐵板一塊、而是多元並進，有知識分子肯定文明化但抵抗日本化，也有一般民眾透過同化教育爭取自己需要的近代文明知識。

皇民化時期改良掌中戲演出「水戶黃門」

3

4

5

日本時代的教育寫真

1 1920年師範科女學生到日本修學旅行
2 1923年台北第三高等女學校（今中山女中）第一屆畢業生合影
3 1926年台北第三高等女學校學生第一回音樂會
4 1927年台北第三高等女學校學生第一回登玉山
5 1923年裕仁皇太子巡視台灣，台北第三高等女學校師生列隊迎接

1

2

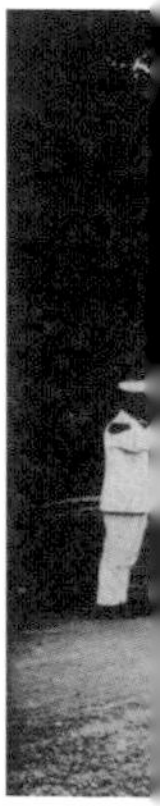

日本時代的文學——是你的還是我的「國語」？

一九三四年楊逵〈送報伕〉入選東京《文學評論》徵文第二獎（首獎從缺）、一九三五年呂赫若〈牛車〉與翁鬧〈憨爺〉登上日本雜誌、一九三七年龍瑛宗〈植有木瓜樹的小鎮〉獲得《改造》第九屆懸賞小說佳作獎，標誌著台灣的日語文學的實力已與殖民母國作家不相上下，也是台灣日語文學的黃金時代……

從古典文學開始：漢文文學

一八九五年乙未割台一事，在台灣的文學界，也造成了地動天搖的大轉變。在此之前，文學既是學子晉升官員的必經道路，是仕宦者憂國憂民的工具，也是失意者抒發情感的桃花源，因此，使用的文體，自然是科舉也一併適用的文言文。然而，當科舉制度不再，文學與仕途從此沒有絕對關係之後，台灣的文學又呈現出什麼面貌呢？

這說來詭異，或許要從日本開始說起。眾所周知，一八六八年開始的明治維新，是讓日本步入現代化的重要運動。隨著明治維新，主張「我手寫我口」的「言文一致」運動，也大張旗鼓地躍上了檯面。在此之前，日本文學的寫作，大多使用日本的文語文體書寫，大量使用漢字、漢文，受到中國古典文學影響甚深。在此之後，則以口語為基礎，受到西洋現代文學影響的

吳瑣雲〈女子漢學研究會徵求會友書稿〉

「今日何日乎？非世界盛倡女子解放，社交公開之日乎？台灣何地乎？非吾先民餐風逐浪移居最早，進化最速之區乎？噫！解放！解放辭新而義廣，不有正確合群機關而研究之，恐終無良好之結果也。」

這是刊登在《台灣民報》第二卷第五號、一九二四年三月二十一日上的一則廣告，由吳瑣雲女士發起，內容是徵求

作品日漸增加，終成主流。而在這轉變的過程中，日本仍存有一群受傳統日本漢文教育餵養的知識份子。他們中國古典文學的素養甚深，而即便朗誦的方式不同，但他們卻也可以自由地運用漢文撰寫詩歌。在此狀況下，接收了清國台灣的日本殖民政府，決定使出「人不同字同」的策略，藉由台日雙方所共有的中國古典文學知識，讓雙方的知識份子得以相互理解。對於「言文一致運動」在日本本土正方興未艾，傳統文言空間日漸擠壓的日本古典知識份子來說，保留了古典文學傳統的台灣引人好奇；而對於甫被殖民，對未來毫無把握，惶惶不可終日的台灣古典知識份子而言，殖民者不啻遞出了和平的橄欖枝，看起來也不再那麼嚇人了。

1932年全島詩人大會合照於台北孔廟

喜歡研究漢學的女性共組「女子漢學研究會」。然而，這則廣告刊出後，不乏有保守派人士發出「女子無才便是德」的過時說法。

對此，撰寫《台灣通史》的男性知識份子連橫，則挺身而出，為女子社團發言，「夫今日之女子，非復舊時之女子也。社會盛衰，男女同責。況研究漢文，尤為正當，復何疑？唯主其事者必須熱誠其心，高尚其志，黽勉其業，復得明師益友而切磋之，以副其所期，則疑者自釋而憂者且喜。」認為今天的女性和過去的女性不一樣，再說，社會興衰，男性和女性都負有同樣的責任。更何況，研究漢文這麼正當的聚會，有什麼好批評的呢？雖然之後仍不免以高姿態要組會者「好好努力」，但已足可看出當時古典知識份子並非一味守舊，而是懂得與時俱進。

在這樣的狀況之下，總督兒玉源太郎於一八九八年舉辦首次的「饗老典」，邀集八十歲以上的男女耆宿，以及本地的知名文人共聚一堂，旨在安撫民心。日後更多次於台南、台中、鳳山等地舉辦此類活動。到了一九〇〇年，第四任總督兒玉源太郎更進一步，邀集全台各地文人到台北淡水館舉行「揚文會」，與會者為曾中科舉的地方知名文人，會議內容除吟詩作文外，還帶領文人參觀官衙與學校等設施。對於日本政府而言，透過漢文詩歌，與台籍文人吟詩作對，是籠絡地方上頗有勢力與威望的舊士紳的絕佳機會，對於應邀與會的台灣士紳來說，詩歌的吟唱寫作，是台灣淪為殖民地後，中華文明存續的唯一希望。就在這樣的各取所需下，台灣的**漢文文學**（舊文學），持續地在各詩社、文社、吟社中成長茁壯。以詩社來說，全台總計有三百七十多個詩社。其中，中部的櫟社、北部的瀛社與南部的南社最具有代表性。文社部份，則以神明會起家，轉為儒教的社團「崇文社」最具有代表性。

而即便他們仍使用典故吟詩作對，卻千萬不要將他們看成食古不化的頑固老頭。相反地，在親眼見證到殖民地台灣在日本帝國的治理下逐步「文明開化」後，「新文明」於是成了許多舊文人關心而注意的焦點之所在。「追求文明」，也成了他們念茲在茲的話題。當我們靜下心去閱讀那些時至

1901年第一回揚文會合照

今日已經不太好讀的淺近文言，會發現，在「舊文學」中，其實有很多在今日看來仍相當「進步」的話語和觀念。

來吵架吧！新舊文學論戰

由於不甘心被異族統治的氣憤尚未消除，加上殖民統治者對待母國人民與殖民地人民的差別待遇太過明顯，新仇加舊恨下，許多台灣人為此憤憤不平。因此，日本領台的前二十年，武裝抗日事件可說前仆後繼，未曾斷絕。面對此一情況，認識到僅憑台灣人力量，難以抵抗新興日本帝國的台灣士紳，意圖透過相對溫和的政治手段，促使殖民政府取消殖民地的不平等待遇。在這之中，一九一四年以林獻堂與日本人板垣退助伯爵為首，成立的「同化會」，是其中最具有代表性組織之一。然而，即便以林獻堂為首的台灣士紳在此前已透過漢文學與殖民官員有著不錯的情誼，但這樣的個人私交，要延伸到公務往來上，卻是極為困難的事情。同化會成立的第二年，即遭總督府下令解散。

與此同時，接受新式教育、前往海外留學的台灣新生代知識份子也已然長成。一九一二年，清國遭中華民國推翻，大體結束了其準列強殖民地的地位；一九一五年，甘地回到印度，開始了他以不合作運動反抗英國殖民者統治的行動；一九一七年，俄國成功推翻帝俄沙皇，革命首領列寧提出「殖民地革命」；一九一八年，美國總統威爾遜提出「民族自決」的概念。對於留

學海外的台灣人而言，這些國際事件使得他們無法再忍受總督府對台灣人的政治歧視。於是，在處於「大正民主」氣氛下、政治活動相對自由的東京，台灣留學生以「新民會」為首，創辦了刊物《台灣青年》，宣揚理念的同時，展開了一系列的政治運動。

在從事政治運動的同時，台灣留學生也以國際為鑑，體認到文化運動的重要性。他們注意到，政治運動若無全民的配合，則斷然不可能成功。而全民的配合，則若無對新時代的深刻認識，則亦不可能達成。據此，知識份子們決意要「啟迪民智」，而一九二一年由蔣渭水於台北創立的「台灣文化協會」，便是以此作為該會的目標。蔣渭水認為「台灣人所患的病，是知識的營養不良症，除非服下知識的營養品，是萬萬不能治癒的。文化運動是對這病唯一的治療法，文化協會就是專門講究並施行治療的機關。」該會創辦《台灣民報》、

1

1 2016年台灣文化協會創立九十五週年紀念會活動在靜修女中舉行

2 《台灣民報》大稻埕總批發處，位在原蔣渭水大安醫院隔壁，今為延平北路上一間行冊書店餐廳

3 《台灣新文學》新年創刊號，1936年

4 《台灣文藝》創刊號與目次，1902年

在台北、新竹、台南等地設立讀報社、舉辦演講、講習會、成立劇團，甚至組織了名為「美台團」的電影放映團體，四處巡迴放映教育電影。由於當時教育仍不普及，因此宣講、演劇等活動的效果遠大於書面文字，成為台灣文化協會最受重視的活動。

也是在這個年代，「改革舊文學」的想法被提了出來。一九二〇年，台灣首位哥倫比亞大學經濟學博士陳炘，在《台灣青年》上發表了〈文學與職務〉一文，認為文學乃是「文化之先驅」，同時批判舊文學「矯揉造作」，是「死文學」。言下之意，要追求新的文化，則必要先追求新的文學形式。

陳炘的這番話，其實不無道理。放諸四海，在歐洲，馬丁路德透過將拉丁文聖經翻譯為德文，讓民眾得以用貼近自己的語言追求知識；在日本，追求西方化的明治維新時期，出現了言文一致運動；在中國，推翻清國之後，白話文運動也如火如荼地展開。當時台灣所使用的漢文，屬淺近文言文，雖然相較於古典文言文更容易理解，但對一般民眾來說，使用的門檻仍舊不低。更別提需要對格式與典故瞭若指掌的詩歌文學形式了。因此，新文學的開展，似乎頗有箭在弦上之勢。

一九二四年張我軍在《台灣民報》上發表的〈糟糕的台灣文學界〉一文，今日普遍被視為新舊文學論戰打響的第一砲，文中歷數舊文學喪失文學的本真，淪為向當權者示好工具的缺陷，憤怒之情溢於言表。另一方面，被指責的舊詩人則更是不高興。對於他們

2

3

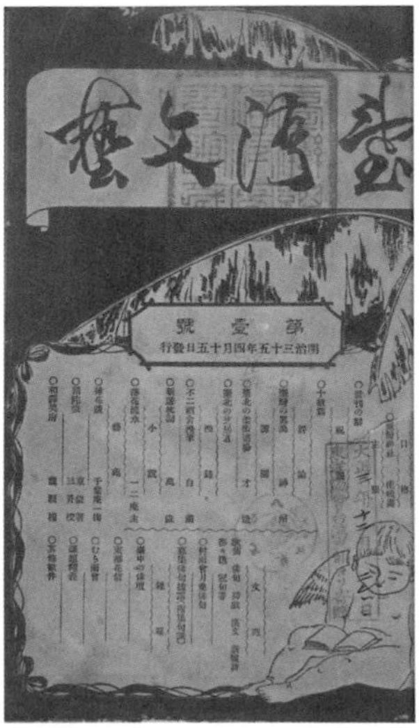

4

來說，理念的變遷是可以接受的，但文學的形式則沒有必要改變。以新體詩、劇作與小說作為主要表現方式的新文學，不過是對西方文明拙劣的模仿，而無視於本身所有的、淵源流長的文化傳統，最終將失去自己的文化資產。於是，以連雅堂為首的舊文人，也紛紛發表自己對於新文學的意見。其中雖然不乏站在中道，意圖平衡兩方觀點者，但其觀點並未被兩方所採納，雙方互相攻擊的基調並未改變。

一九三三年，台灣文藝協會成立，先後發行《第一線》、《先發部隊》等刊物，刊載中文白話文的作品。一九三四年，以中文刊物為主的「台灣文藝協會」成員，與以日文刊物為主的「台灣藝術研究會」成員，組成了「台灣文藝聯盟」，創辦《台灣文藝》雜誌。一九三五年，因理念不同，楊逵另行創辦《台灣新文學》。一九三六年，在總督府的漢文欄廢止令與經費等重重問題下，《台灣文藝》和《台灣新文學》雙雙停刊。台灣新文學運動，到此算是告了一個段落。

以後世的眼光來看，儘管新舊文人攻擊對方不知世事，但兩方其實都是以自己覺得最好的想法，要為台灣文學找到一個合適的出路。而因為茲事體大，以此為主題的論爭，分別在一九二四、一九二六與一九四一年發生了三次。遺憾的是，由於現實上仍以官方使用、能透過教育系統教導學童的日文為主，因而這場漫長的論爭，最後並無真正的贏家——新文學最終成為當前台灣的主流，但此一成果與其說是因為論爭，倒不如說是外在政治環境影響之下的時勢所趨；另一方面，舊文學也並不因為這場論爭就黯然退場。事實

台灣話文論爭

除了文學的形式是新還是舊可以吵之外，到底要用哪種語言來書寫新文學，也是相當重要的問題。要用殖民者的日文？用傳統的漢文？用中國白話文，還是乾脆將台語文字化？或者把台語「羅馬字化」，變成拼音文字？這個論爭的起因，是一九三〇年黃石輝在〈怎樣不提倡鄉土文學〉與〈再談鄉土文學〉兩篇文章中，主張台灣人應使用漢字表記的台灣話來描寫台灣事物。對此，立刻得到郭秋生〈建設台灣白話文一提案〉的呼應，主張將台灣話以漢字書寫，使之文字化。同時指出，若是遇到無法文字化的台語，則應另造新字使用。這個主張

上，到了二戰末期，在殖民政府禁用漢文的政策下，唯一可以發行的中文報刊，就是舊文人的《風月》雜誌，證明了他們「維繫漢文命脈於一線」的策略並非全然無用。儘管如此，這場論爭，以及相關的台灣話文論爭、鄉土文學論爭等，都讓我們看到了前人是多麼認真地思考殖民地台灣應該往何處前進，又該怎麼邁步的過程，因而顯得份外珍貴。

台灣的日語文學

日本殖民台灣後，日語也隨之大量進入。一八九八年，《台灣新報》創立，上面即刊登了以日語寫成的小說。除了小說以外，日本傳統文學的短歌與俳句，也隨殖民者同來。早期，因為語言和文化的隔閡，這些文學作品的創作與欣賞大多限於在台日本人。隨著時間的消逝與日語教育的普及，台灣人也逐漸開始閱讀與創作短歌、俳句與小說。其中，由於台灣的季節並不明顯，與四季分明的日本迥異，因此在注重季節感的短歌與俳句上，出現了創作上到底是要遵循「古法」或是要另鑄「新意」的問題。在小說方面，則題材相當多變，既有重述中國／日本的歷史與傳說的通俗小說，也有書寫當代苦悶生活的文學作品。

一九三三年，留學東京的張文環、王白淵等人，組成「台灣藝術研究會」，發行雜誌《福爾摩沙》。該刊以日文

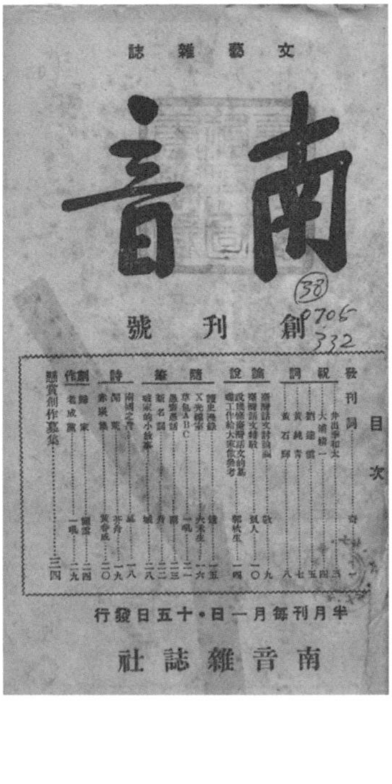

《南音》創刊號，1932年

隨即引來正反兩面的意見。有人叫好，也有人認為台語「粗俗」，而不能成為文學語言。一九三二年，郭秋生在《南音》上開闢「台灣話文嘗試欄」，試圖實踐自己的理念。但刊登五次後因各種因素而停止連載。此一論爭在一九三四年，因各方沒有交集而落幕。

為主，在整理民間歌謠的同時，也鼓勵同仁創作新文學。後來因與「台灣文藝協會」成員共同成立「台灣文藝聯盟」而解散。「台灣文藝聯盟」的機關誌為《台灣文藝》，除了中國白話文的作品之外，上面也刊載了許多優秀的日語小說作品。稍後，由於楊逵強烈地希望刊物和台灣的現實更加靠近，因而離開《台灣文藝》，創辦了《台灣新文學》。這兩本刊物中，匯集了許多知名的作家，如楊逵、翁鬧、張文環、呂赫若、朱點人、蔡秋桐等，可說是台灣文學的重鎮。一九三四年楊逵〈送報伕〉入選東京《文學評論》徵文第二獎（首獎從缺）、一九三五年呂赫若〈牛車〉與翁鬧〈憨爺〉登上日本雜誌、一九三七年龍瑛宗〈植有木瓜樹的小鎮〉獲得《改造》第九屆懸賞小說佳作獎，標誌著台灣的日語文學的實力已與殖民母國作家不相上下。

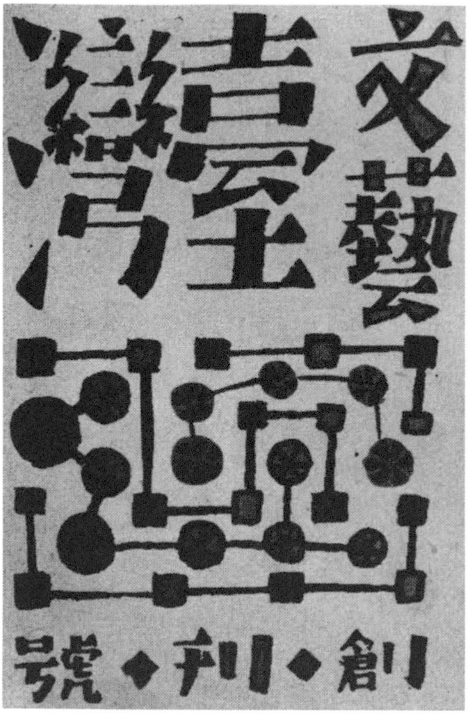

1

1 《文藝台灣》創刊號，1940年

2 中正紀念堂外圍文學步道上的楊逵介紹

一九三七年，以盧溝橋事變爆發為分界點，中日戰爭開始了。言論緊縮的狀況之下，台灣日語文學也陷入了停滯的泥沼之中。一九三九年，以日本人作家為多數、由日人作家西川滿為首的「台灣文藝家協會」組成了，機關誌為《文藝台灣》，主要的創作者有西川滿、濱田隼雄、龍瑛宗、新垣宏一等。西川滿的寫作風格，雖喜愛描繪台灣歷史風土，但在呈現上，卻喜以浪漫化的異國情調方式表現，強調「藝術至上」。對於此一風格無法接受的作家如黃得時、張文環等人，一年後創辦了強調寫實性、以台人作家為主的《台灣文學》，創作者有張文環、中山侑、呂赫若、坂口澪子、中山千枝、楊千鶴等。這段《文藝台灣》與《台灣文學》並存的時間，則可說是台灣日語文學的黃金時代。

隨著戰爭的持續進行，殖民政府逐漸緊縮文化政策，日語作家也面臨是否配合「國策」寫作的問題。之後，戰爭結束了，然而他們的難題卻並未就此終結，而是迎來更大的困難。隨著國民政府接收台灣，中文成為官方語言的同時，日語遭到禁用。台人日語作家面臨此一巨大的挑戰，在時代的闇影下，遂成為「失語的一代」。

2

安撫同化或是徹底高壓？日本時代的原住民政策

一九〇六年，佐久間左馬太繼任總督任內兩次「五年理蕃計畫」，意圖以「掃蕩生蕃」的方式，促進開發。除隘勇線之外，還以高壓電鐵絲網、地雷等圍堵蕃界，同時親身前往與原住民作戰的戰場督軍……

日人眼中的「高砂族」

統領台灣後的殖民政府，面對的族群除了漢人外，尚有早於此前便居住此地的原住民。由於當時認為他們沒有文明，因而無論是漢人或日人，均習以「蕃」來指稱原住民。清國時期，以漢化程度將之分為「生蕃」與「熟蕃」。這個稱呼，一直持續到日本明治時代。由於這個稱呼不乏歧視之意，因而日本皇太子於一九二三年巡幸台灣時，提出廢止的意見，台灣總督府遂改稱為「高砂族」。然而，這個計畫因一九三〇年發生的霧社事件而延宕，直到一九三六年才完成。

隨著「蕃人」改稱「高砂族」，總督府對原住民的政策，也從先前的「理蕃」轉為「皇民化」。理蕃政策到底是什麼？它成功嗎？霧社事件又是怎麼發生的？

日本殖民初期，因為對原住民還不了解，加上為了防備原住民與漢人結盟一同反日，對於原住民大抵採取放任態度。一九〇二年，因開墾山林、採集樟腦的糾紛，日人商社與賽夏族在今日苗栗南庄爆發糾紛，最終以日人以武力壓制賽夏族，而致數十人死亡。之後，總督府參事官持地六三郎提出「關於蕃政問題意見書」。這份意見書認為，總督府應將經濟利益置於原住民利益之上。而這也成為當時兒玉源太郎總督與其後佐久間左馬太總督所奉行的基本方針。南庄事件以後，主管原住民政策的機關，由殖產系統轉變到警察系統，也可看到日趨高壓的痕跡。一九〇六年，佐久間左馬太繼任總督，他積極鎮壓漢人與原住民的抗日行動，制定了兩次的「五年理蕃計畫」，意圖以「掃蕩生蕃」的方式，促進開發。具體的作為如擴張標示開發範圍的隘勇線之外，還以高壓電鐵絲網、地雷等圍堵蕃界，同時親身前往與原住民作戰的戰場督軍等，在任內留下了許多巡視與征討的紀錄。佐久間後來死於他在太魯閣與原住民作戰時的舊傷。

因理蕃而爆發的反抗事件

一九一五年，原住民的主管機關，由警察本署縮小到警察本署理蕃課，但原則上仍是以武力壓制原住民。一九一九年，首任文官總督田健治郎就職，改以將台灣人從精神上改造成日本人的「內地延長主義」概念，實施「同化政策」。此一精神亦進入了理蕃政策之中，其重點在於以農林牧業取代原住民原有的狩獵採集生活，破壞其傳統文化（不鼓勵狩獵之外，也禁止原住民

總督佐久間左馬太在官邸引見安排觀光的原住民

出草、刺青、拔牙等風俗），而欲以現代文明（開闢馬路、架設鐵線橋、設置公廁、鋪設電話線）和日本文化取而代之。同時也透過「蕃童教育所」與「蕃人公學校」等教育機構，以及鼓勵日人與原住民通婚等手段，展開對原住民的同化。然而因文化衝突劇烈，以及民族之間金錢與感情的糾紛不斷，在一九三〇年發生了知名的霧社事件。

霧社事件

一九三〇年十月二十七日，賽德克族馬赫坡頭目莫那・魯道因不滿日本殖民政府長期以來的暴虐，率領族人起事，在霧社公學校運

1

2

1 角板山蕃童教育所的學生

2 霧社事件中賽德克族馬赫坡頭目莫那・魯道（中）

3 成為皇民化傳說的莎韻之鐘

4 南澳略圖標示出莎韻遭難地點，大約在大南澳南溪附近

莎韻之鐘

《莎韻之鐘》（サヨンの鐘）是一九四三年的電影。又譯為莎鴦之鐘、莎勇之鐘。故事根據1938年泰雅族少女莎韻・哈勇，在替接到徵召的日籍教師田北正記搬運行李時，因天候惡劣，不幸失足溺水。當此事為日本官員知悉後，莎韻的意外之死，很快地被渲染成「為了保護受徵召的老師，寧死不惜的愛國行為」。當時的台灣總督長谷川清為了褒揚莎韻，頒贈一座刻有「愛國少女莎韻」的桃形銅鐘予其親屬，即為「莎韻之鐘」。隨著戰事越發激烈，莎韻的事蹟也越發受到渲染，終於在一九四二年，總督府委託松竹株式會社拍攝本片，並請來知名演員李香蘭飾演莎韻，大受歡迎。

動會當天，殺死包括女性和小孩在內的日本人共一百三十四名。此事曝光後，招致總督府展開進兩個月的強力報復，動用了飛機、山炮甚至毒氣攻擊原住民。莫那・魯道飲彈自盡，參與行動的原住民與其家人若非戰死，則選擇自縊，致使各部幾近滅族，倖存者則被迫遷移至川中島（今清流部落）。此事發生在日本統治台灣約三十多年後，令原本認為已完全掌握台灣的總督府深感震驚，重新檢討其理蕃政策。

霧社事件結束後，總督府稍稍減輕了對原住民的各項壓迫，回到早期操縱族群與部落間的矛盾，以合縱連衡的方式治理。一九三七年盧溝橋事件爆發，日本進入戰爭體制，對資源的需求大增。在此狀況下，治理台灣的政策，由「變成日本人」的「同化政策」，更進一步到「變成天皇陛下的忠心子民」的「皇民化政策」。在原住民政策上，首先將「蕃人」改為「高砂族」，其次為灌輸原住民皇民思想。一九四二年到一九四三年間，共計有四千名原住民成為「高砂義勇隊」，在志願兵的名義下，為了皇國遠赴海外作戰。

殖民政府的「理蕃政策」，雖因殖民統治的結束而不再，但其影響卻存續至今。首先表現在日語對原住民語言的滲透上，其次，在於國民政府實際上沿用了日本殖民政府撫綏與壓制並行，以及日本藉由優勢文化進行洗腦統治的治理方式。一直要到一九八〇、九〇年代，在逐漸開放的社會風氣下，鼓吹原住民族自覺／自決的原住民族運動興起，以原住民為主體的觀點才逐漸興起。

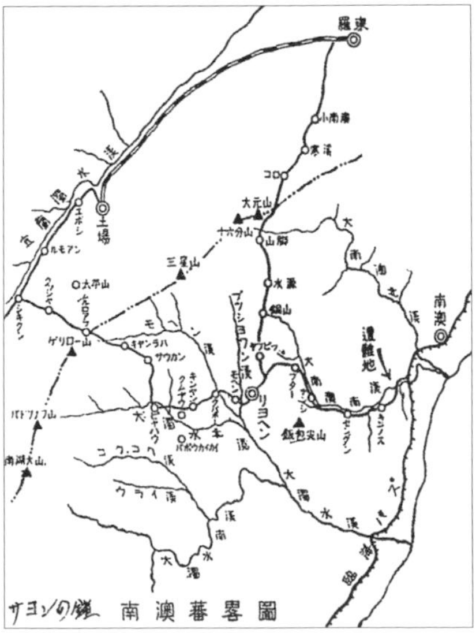

4

3

台灣人在皇民化運動中真的有變成日本人嗎？

台灣知識分子在二〇年代「大正民主」風潮下進行了議會設置請願、地方自治運動、文化啟蒙、農民運動，到了三〇年代初期遭逢皇民化運動一系列社會教化潮流興起後，又將如何面對這種時局……

台灣，日本帝國進軍亞洲的跳板

許多接受過中等教育的台灣人，若是提到日本殖民統治後期的歷史，大多能對「皇民化運動」朗朗上口。在爭吵政治認同議題時，一九三〇年代後期接受過皇民化運動薰陶、甚至到戰後的今天仍然懷念日本統治時代的老一輩，不免被站在中國國族主義立場者批為「奴化」。然而，一九三〇年代起逐漸興起的皇民化運動，實際內容為何？台灣人如何應對運動影響？真的有被「皇民化」嗎？要釐清這些問題，可以從三〇年代國際與日本帝國內政經情勢變化、二次世界大戰前哨與同化的推行等方面談起。

二十世紀初期，轉化成近代國家的日本，透過八國聯軍、日俄戰爭等對外作戰，逐漸將勢力深入中國華北、東北地區。這樣的行動被中國視為侵略，對日本而言卻是取得生存所需土地、礦物資源，並與虎視眈眈的俄羅斯（蘇聯）爭奪朝鮮、滿洲地區控制權，所「不得不為」的行動。隨著二〇年代後期日本國內經濟恐慌、農村貧困而自殺率高等社會問題層出不窮，同時蘇聯不斷試圖介入滿洲地區事務，駐紮於此的日本軍隊關東軍為了確保對日本帝國有國防、資源意義的滿蒙地區，而在一九三一年主導「滿洲事變」（九一八事變），以武力占領中國東北地區。一九三二年，關東軍又扶植清廢帝溥儀建立滿洲國政權，並透過簽約使日本得以介入滿洲國政經運作。關東軍的種種激烈行動並不完全得到日本政府批准，但此時日本國內社經問題嚴峻，加以軍方主導暗殺行動（如一九三二年五一五事件、一九三六年二二六事件）讓文官體制不敢反抗，軍隊勢力逐漸壓過政府行政體系，也令日本舉國越來越偏向軍國主義。

日本軍隊在中國東北、華北地區加速占領的行為，受到國際聯盟的調查與譴責。一九三三年日本在外交折衝未果後，宣布退出國聯，以美國為首的國際社會也開始對日本展開物資禁運政策。一向仰賴能源進口的日本，在對外陷入國際孤立、對內供給軍事及社會物資的壓力下，轉而整合帝國內部各殖民地與占領地資源。其中，過去扮演日本工商業產品傾銷市場與農業原料供給地的台灣，由於地理位置正當日本前往南洋地區發掘橡膠、石油等資源的中間地帶，遂成為供給母國物資、日本軍隊前進東南亞地區的南進基地。例如當時從日本出發到東南亞地區的飛機，中途都會先停在台灣補給、加油，再繼續往南飛。四〇年代進行太平洋戰爭時，台灣也是供應日本軍在東南亞地區作戰時調配兵器、彈藥和食糧的戰爭輔助要角。

1943年投入戰役的拓南青年鍊成情形

皇民化政策的開展

台灣在軍國主義化的日本帝國內扮演越來越重要的補給角色，也就代表必須支出比以往多許多的人力、物力。不過，台灣人雖然是殖民地人民，也不是日本一聲令下就願意被予取予求的。退一步而言，就算台灣人願意，視台灣人為異民族的日本軍方、政府也不敢貿然接納。更不用說，此次作戰最大的敵人之一，是台灣人「過去的祖國」中國。為了讓台灣人成為衷心為日本帝國奉獻的臣民，台灣總督府從三〇年代中期起開始推行一連串讓台灣人「日本化」的政策，這些政策後來被統稱為「皇民化運動」。

很多人常常誤以為，日本殖民政府從統治之初就一心一意地想把台灣人變成「日本人」。事實上，日本帝國在「國體」（日本是以萬世一系的天皇為中心之神道國家）思想影響下，一直不認為不說國語（日文）、不信仰神道教及天皇的台灣人是日本人。也因為台灣人被定位為非日本人，殖民統治者理所當然地不將只

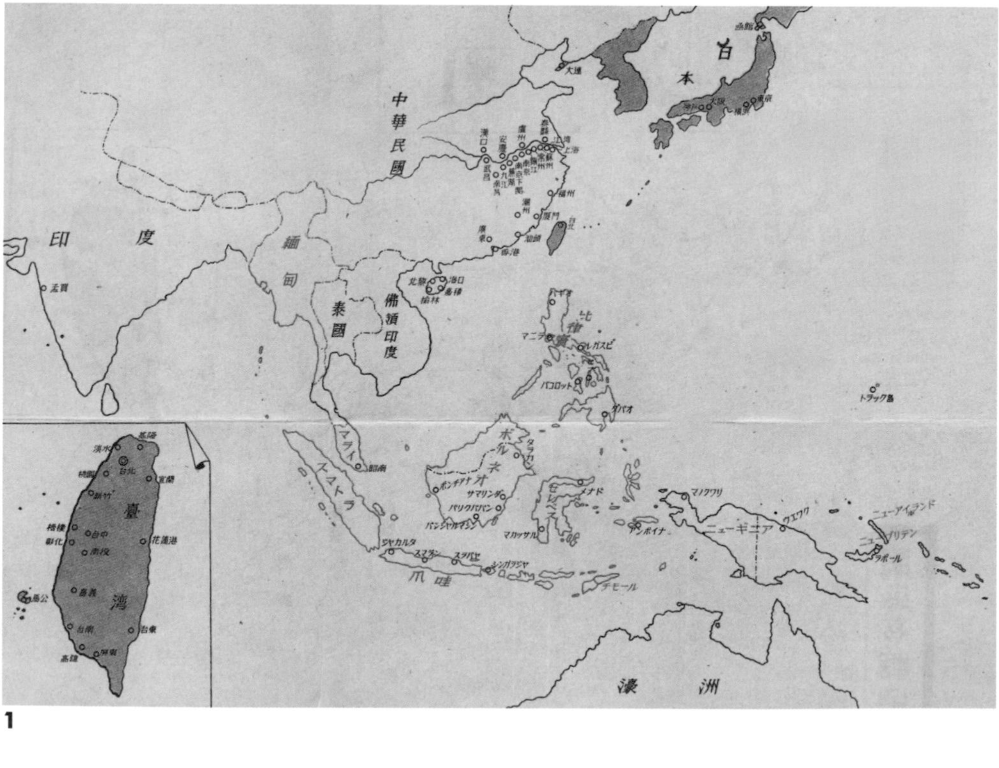

1

適用於日本人的帝國憲法實行於台灣，而在台灣另訂比日本本國嚴苛的法制體系、對台灣人差別待遇。影響所及，台灣總督府雖然積極推動日語教育（以教導台人協助推行政策），卻也為了避免激化衝突而未要求台灣人生活、信仰全面日本化，對台人的同化也是推廣性質而未強迫，台灣社會因而大幅保留原有宗教、文化習慣。

然而，到了準備大規模戰爭的三〇年代，為了將台灣人「轉化」為皇國臣民，「必須」消除台灣原有民族意識及生活文化。為此，總督府開始加強推行同化政策，政策內容與重點也隨時期有所不同。三〇年代前期，由於處於備戰狀態，主要實施普及國語、改進衛生、加強尊敬天皇等社會教化政策；一九三七年日中戰爭爆發後，日本國內實施「國民精神總動員」，對國民進行支持作戰的思想宣傳與精神動員，在台灣則強化為「台人日本臣民化」，反映在加強日語常用、要求參拜神社、改姓名、禁止使用漢文、台灣人家庭正廳改善等政策。

2

1 台灣位居通往南洋中途的重要戰略位置

2 戰爭期開始，參拜神社也被賦予精神動員的一環。圖為建功神社，今南海學園內國立台灣藝術教育館

太平洋戰爭與全面軍事動員

一九四〇年代，日本的對中戰爭在一九四一年美國參戰後，轉為多國參與的太平洋戰爭，戰爭範圍擴大到太平洋、印度洋、東亞及東南亞地區，需要動員更多人力物力支援作戰，因而對殖民地之動員力道也越顯強烈。首先是一九四〇年，日本本國解散既有政黨，成立「大政翼贊會」，從中央到地方建立了以大政翼贊會為中心、支持軍部方針的新政治體制「翼贊體制」。殖民地台灣也以總督府為中心，仿效大政翼贊會而於一九四一年成立「皇民奉公會」，從中央總督府到地方街庄建立以天皇為中心的由上而下動員體制，具體工作有指導和統轄島內各民間團體（保甲、青年團等）、執行節約消費宣導與檢查、志願兵徵召事宜，以及統制經濟體制管理等。其次，由於長期化戰爭需要補充兵員、台灣皇民化運動漸有成果，日本軍方對台人從軍的疑慮漸消，一九四一年六月台灣總督府正式宣布將於一九四二年開始在台實施志願徵兵制度。

一九四二年第一次徵求陸軍志願兵，在接受申請的一個多月間，即有四十二萬多名台灣人申請競爭一千多名的志願兵額度，甚至不乏以鮮血寫成

1

2

1 1943年第一拓南海洋訓練隊閱兵

2 1940年皇民道場拓南社成立在台灣神社前宣誓

3 參加大東亞戰爭的高砂義勇隊原住民

「血書」明志者，使總督府大為吃驚。學者估計，此次申請者相當於當時全台灣成年男性總數的百分之十四。一九四三年台灣及朝鮮同時實施「海軍特別志願兵制度」，台灣方面有三十一萬多人申請一千個訓練生名額。對比台灣、朝鮮申請志願從軍的情形，朝鮮雖然較早實施志願兵制度、獲選人數也多於台灣，但若從申請者與獲選者的比例來看，台灣平均三、四百名人中獲選一名，同時期朝鮮志願兵約五、六十人中選出一人，台灣明顯踴躍許多。台灣人之所以如此踴躍申請，與當時時代狂熱氛圍影響、年輕人受皇民化教育影響而志願從軍報國，或是為獲得較高薪水、生活津貼以改善家庭經濟等原因有關。最後，日本因為戰局越加惡化而在一九四五年起開始對台灣實施全面徵兵制度，到八月日本投降為止約有二十萬人曾接受徵召。

另外，因應南洋戰場語言翻譯與叢林作戰需求，總督府也徵召原住民組成「高砂義勇隊」。當時總督府對原住民與漢人採取分區統治，原住民屬於山地行政系統，受到比平地更嚴格的警察監視與勞役要求，這也是一九三〇年霧社事件起因之一。不過，即便霧社事件發生不過十年，仍有不少原住民為了證明自己不輸日本人，或在教師及警察勸說下報名參與。據估計，一九四二年到一九四三年之間約派出七次高砂義勇隊，總數約四千人，其中超過三千人戰死在防堵美軍的最前線新幾內亞島。有關高砂義勇隊對於日軍在南洋群島作戰的意義，根據日本士兵回憶，高砂義勇隊隊員利用狩獵、山林生活技能從事偵察、伏擊，甚至是尋找補給，英勇、犧牲奉獻精神也常常超越日人。

3

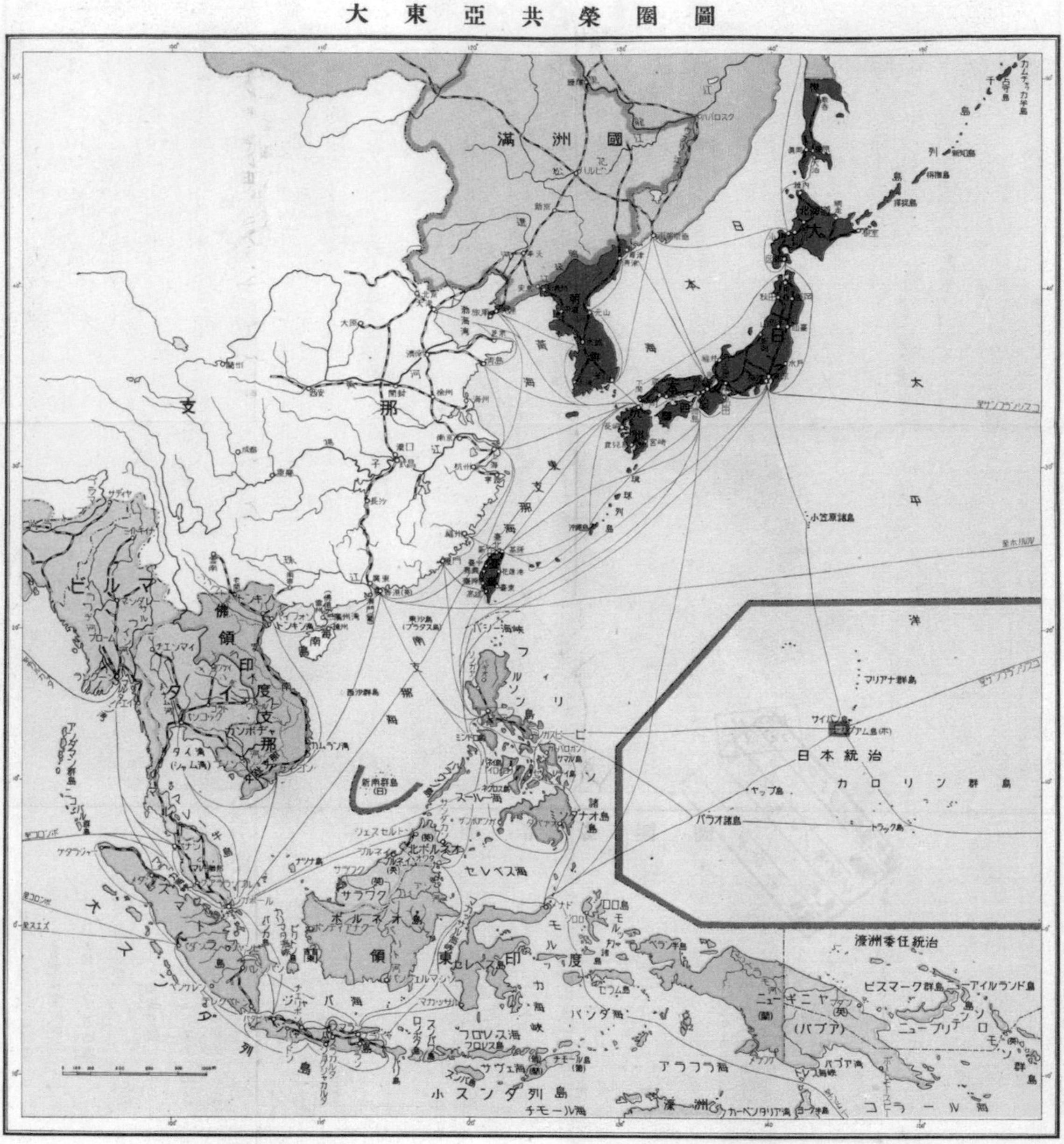

1

1 日本的帝國大夢——大東亞共榮圈地圖

2 莎韻之墓地。1938年一名泰雅族少女莎韻幫受徵召入伍的日本教師搬運行李卻不幸失足溺水，台灣總督為嘉揚紀念此少女，遂立一口鐘於今宜蘭南澳金岳村。此事經刻意報導與宣揚，成為皇民化政策的宣傳樣本之一，也曾由明星李香蘭主演拍成電影

皇民化下的不同人群

談到這裡，不難理解到，所謂的「皇民化運動」並不是在某一天總督府一紙公文開啟的單一運動，而是經過一九三〇年代一系列社會教化運動、在台日系報紙鼓吹，加上日本帝國官方推動「國民精神總動員運動」，到台灣實行時偏重強調台灣人必須成為皇國臣民的面向，在一九三九年被小林躋造總督吸收為施政方針等一系列過程，所創造出來的歷史名詞。皇民化運動可以視為日本統治者對台灣同化政策的加強版，而且因為在戰時體制下透過行政系統執行更有強制性，更深入台灣社會生活各個層面，也使社會中各個群體受到不同程度的影響，對於「皇民化」出現多樣化反應。

知識分子方面，二〇年代在「大正民主」風潮下進行了議會設置請願、地方自治運動、文化啟蒙、農民運動，到了三〇年代初期皇民化運動一系列社會教化潮流興起時，部分人利用統治者需要協力的機會，趁機爭取更多權益。說到戰時體制，我們常常以為台灣人民一味地被統治者強力的行政體系壓制，傾盡身家犧牲奉獻。事實上，身為相對少數的日本殖民者（日本統治末期日本人比台灣人約為二十萬比五百八十萬），雖然手握強力有效率的行政體系與現代化軍隊武力，但若是一直使用強制手段押著台灣人聽命，將耗費太多統治成本。比較好的方式是，先跟具有地方號召力的台籍知識分子及有力人士（以下簡稱有力者）合作，再由他們協助地方行政機關推動皇民化相關政策。

2

台籍有力者抓住在能發揮協助統治功效的「籌碼」，盡可能地向統治者爭取權益。例如二〇年代風行一時的議會設置請願運動，經過成員內部理念分裂、總督府不斷取締，到三〇年代時限縮為爭取地方自治選舉權力。一九三四年林獻堂、蔡式穀等人組成之台灣地方自治聯盟，即放棄申請設立台灣議會、承認日本同化政策，轉而向總督府要求地方自治權力。總督府在衡量日本實施普選對殖民地台灣的影響、放出部分利益將可化解台灣社會運動能量，而與日本國內中央政界不斷協調，終於在一九三五年施行第一屆市會及街庄協議會員選舉。此次選舉雖只有半數市街庄議會席次開放民選，卻已是當時有志從政的台灣人所能爭取到的少數活動空間，因而許多台籍有力者均投入參選、組成助選團賣力演講，各地選舉投票率更是高達九成以上。

「被」成為日本人

不過，當時的選舉投票有投票、競選資格限制，並非全民皆可參加，對台灣社會的意義是象徵獲得自治權大於實質政治參與影響。相對於此，殖民政府在社會、文化、經濟、軍事上的各項動員，對台灣社會各階層人民影響更為廣泛，也讓人們更加切身地感受到不得不成為「皇民」的緊迫感。

首先，隨著三〇年代後期日中開戰、四〇年代戰爭擴大為太平洋戰爭，日本對外作戰長期化、又遭國際禁運使得資源缺乏，為確保供給軍用物資，便逐步統籌民生物資、集中分配，是為「統制經濟」。在台灣，一九三八年以降陸續管制鋼鐵、米糧、豬肉、砂糖等物資流通，一九四二年更開始回收

1

金屬品以重鑄武器。配給物資不足以提供民眾溫飽，遂衍生出許多黑市交易。對此，殖民政府動員經濟警察加強查緝，並配合保甲深入家戶防止民眾私囤物資，卻是防不勝防。例如一位四〇年代因擔任國小教師的黃老先生即指出，當時他常利用參與青年團、壯丁團維持地方治安工作的機會，將魚、肉等食物藏在雨衣下，「偷渡」給鄰近親友。

其次，總督府為了加強台灣人對日本帝國的忠誠心，一九四〇年公布更改姓名法，推動廢漢姓改日本姓名的運動。台灣的改姓名運動跟朝鮮約略同時出現，不過與後者強制使用日本式姓氏不同，係以家戶為單位、由戶長向官方申請，在符合「國語常用家庭」條件後，經官方許可始能更改為日本姓氏。改為日本姓氏、在家中也使用日語對話之「國語家庭」，可以享有公家機關優先任用、食物配給較多、子女具升學優勢等優惠，因而能吸引一些台灣人申請改姓氏。當時部分社會菁英或與從事公職者，為了升遷機會或被要求成為「皇民化」表率，也會配合改名，像是前總統李登輝之父是警察，他

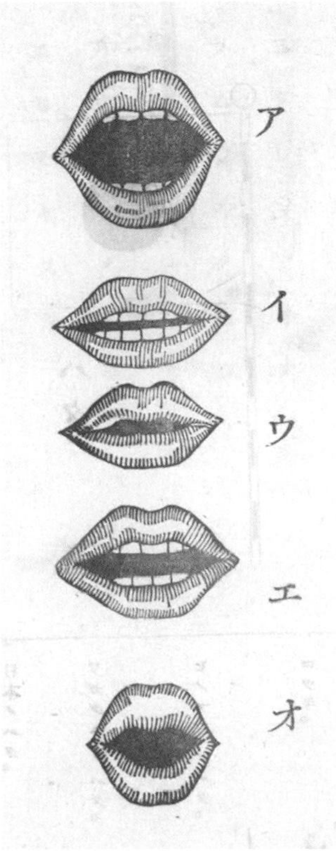

2

1 戰時總動員。圖為台北州立第二商業學校報國校友會合影

2 皇民化時期實施強化日本「國語」成為家庭用語。《皇民讀本》內有學習日語發音的圖例

即改名為「岩里政男」；現任台北市長柯文哲祖父是教師，當時改姓「青山」。不過，台灣人對於改姓氏有著「愧對祖先」的疑慮，有時候即便官方一再要求，不願配合者亦所在多有。根據統計，到一九四一年底改姓名約占全台人口的百分之一，即使到一九四三年底戰爭白熱化、皇民化運動更為強力，改姓名人數仍僅占當時人口百分之二。而即便願意更改姓氏者，亦常透過同音（「謝」改為「四谷」Shiya）、拆字（「呂」改為「宮下」）、明示（「高」改為「高川」）、暗示（「陳」改為「東城」）等技巧，保留原本漢姓痕跡。

空襲與「疏開」

到了戰爭後期，日本帝國戰局越加不利，於是有前述的對殖民地徵兵，台灣年輕人也在家計、國家認同等考量下被動員參戰。由於殖民地台灣在供應戰爭所需人力、物力上的角色越來越吃重，加以身為供應南洋戰線補給、連接日本本土與南洋戰域補給基地的「南進基地」，重要軍事價值被中國、美國等敵軍視為軍事打擊目標，而自三〇年代後期對台灣進行多次空襲。台灣初次遭受空襲，是日中戰爭開始後一九三八年二月蘇聯航空志願軍以中華民國空軍名義執行的松山空襲，使得日軍開始

1

加強台灣地區的防空戒備。一九四二年六月美軍開始反攻南洋後，為削弱台灣補給、作戰能力更是頻繁實施空襲，例如一九四三年十一月轟炸新竹飛行場、一九四四年一月與十月兩次空襲高雄，一九四五年五月三十一日「台北大空襲」更造成三千人以上死亡、數萬人以上受傷傷者，總督府等許多官方、民間建築設施遭受破壞，損失慘重。

也是在一九四四年以降美軍對台灣展開密集轟炸後，台灣人民開始體驗到躲防空洞、到鄉下「疏開」之戰爭記憶。當時由於空襲日漸頻繁、無差別轟炸漸多，官方為減少傷亡情形，遂將都市人往鄉村疏散。這樣大規模的人口移動，加上戰爭生活的緊張窘迫，令許多老一輩台灣人仍然牢記空襲警報、躲防空洞等戰爭記憶。例如時任總督府圖書館（今台灣圖書館）館員高碧烈即曾分享，在一九四五年台北大空襲前花費數個月打包十六萬冊書籍，再以牛車載往各地收藏放的「疏開」經驗。另外，空襲記憶也透過神話傳說、樂曲創作化為台灣社會文化之一，例如今日屏東縣萬丹鄉重要廟宇萬惠宮前豎立一座「媽祖徒手接炸彈」的塑像，即是來自一九四四年該地區受轟炸時未遭受太大損害，遂被當地居民視為「媽祖顯靈」神蹟。台灣人遭受空襲的記憶，也激發歌手伍佰創作歌曲《空襲警報》的靈感。

皇民化的各自表述

在瞭解一九三〇年代到四〇年代中期台灣社會戰爭動員中，統治者基於什麼理念制訂各項同化（皇民化）政策、台灣社會各群體又各有什麼對策

2

1 要地防空機關配置要領示意圖

2 屏東萬丹萬惠宮前「媽祖徒手接炸彈」塑像及紀念碑／2014年7月6日作者攝

後，可以進一步思考文章一開始提出的問題——台灣人有在皇民化運動中被變成日本人嗎？答案可以說有，也可以說沒有。這是因為，歷史的真實往往因人而異，從而複雜難解，無法以二分方式簡單回答。

以前文提及皇民化政策在台灣的施行來看，日本統治者對於皇民化台灣人，主要目的是確保台灣人忠誠支持對外作戰，不一定真心接納台灣人進入擬似血緣的天皇制國家。也因此日本政府不斷以政經文教各方面差別待遇區分出帝國內不同人群的不同位階，直到需要台人奉獻人力物力，才逐漸做出一些讓步，但也同時藉戰爭動員體系緊縮控制，加強掌控台灣社會。

台灣社會對日本統治者推行皇民化政策的反應，則是「上有政策，下有對策」。以從事議會設置請願的知識分子來看，有一部分人願意用自己的社會影響力協助推動皇民化政策，以換取統治者對台人參政權的退讓。但一時合作不代表完全臣服，

歡送軍人出征的小朋友

也可以在某些方面有所堅持，如林獻堂即未曾改換日本姓氏，並因其社會影響力強大，日本官方也無可奈何。

一般台灣民眾，對於統治者的控制政策亦是接收程度不一，例如響應徵兵者有些是真心效忠日本帝國、有些則是為了家計。又如改換日本姓名，既有忠於日本而徹頭徹尾日本化者，也存在著希望升遷、多些配給、提升子女升學機會等各種打算。可以說，許多台灣人在長久的差別待遇中體認到自己不是日本人，一部分人因而更嚮往成為日本人、積極響應皇民化政策；更多人則是將「成為日本人」視為一種生存手段，在各種政策中試圖找到對自己有利的部分，是否真心成為天皇子民則在其次。

皇民化運動的遺緒

戰後由於與日本敵對的中國政權統治台灣，台灣社會做為日本一部分的歷史被刻意弱化，皇民化運動記憶於是被代之以多數台灣人未經驗過的「抗日」戰爭經歷。例如到今天還有人以為戰時是日軍空襲台灣，或是習慣描述「盟軍空襲台灣」，而未留意此語的敘述立場，是誰的盟軍、誰受轟炸。更甚者，台灣人在戰時做為日本國民而主動、被動協助戰爭的行動，被一概打為「奴化」。整體而言，台灣人有些確實在皇民化運動薰陶下自認成為日本人，另外也有不以為然者。無論如何，皇民化運動逼使台灣人思考「是否成為日本人」的同時，也讓「自己是什麼人」的問題開始浮上檯面，成為今日台灣社會複雜國家認同問題的起源之一。

2014年太陽花運動立法院周邊懸掛的不知名手繪地圖

N

戰後

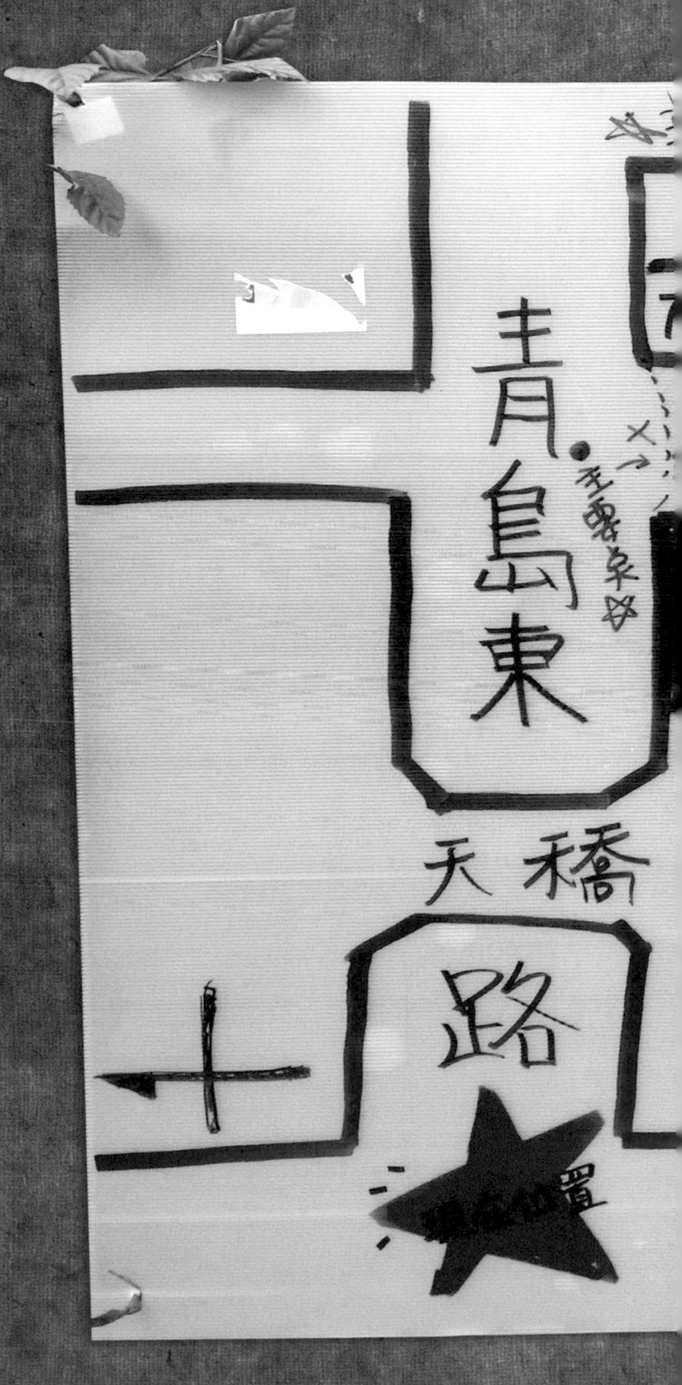

是終戰，還是光復？二二八事件為什麼會爆發？

查緝私菸釀成傷亡後，抗議群眾聚集在公園內召開群眾大會，並占領廣播電台，向全台灣廣播事件經過。次日各地也開始有抗議遊行。警備總司令部眼見情況失控，發布台北市臨時戒嚴令，派遣武裝軍警巡邏市區，看到本省人裝扮者便開槍掃射，使得情勢越發混亂……

二戰結束

一九四五年，是另一個台灣史不得不銘記的年份。在這一年五月，台北遭受到最大規模的盟軍空襲，造成三千餘居民死亡；八月，美國在廣島與長崎空投了兩顆原子彈。六天後，日本天皇宣佈投降。隨著日本投降，台灣、韓國、香港、越南、馬來西亞、新加坡、緬甸、印尼……這些前殖民地、半殖民地與戰爭占領地紛紛宣告脫離日本帝國，迎接歷史的下一階段。台灣也不例外。

台北二二八紀念館內展示日本透過放送局播放投降「玉音」報導

1945年10月25日，在台北公會堂舉行日軍受降典禮。圖為公會堂大禮堂

一九四五年十月二十五日，依照盟軍太平洋總司令麥克阿瑟元帥令，台灣與越南北部的日軍，向盟邦蔣介石將軍投降。台灣的受降典禮在台北公會堂（今中山堂）舉行，台灣總督安藤利吉在台北向陳儀投降。中華民國聲稱自此恢復對台灣與澎湖列島的主權，而台灣的士紳在此時仍有對「祖國」的懷念與嚮往，也並沒有積極反對。就在這樣的情況下，「國民政府」即將到來。

接收或劫收？從歡迎到失望的心路歷程

對於「回歸祖國」這件事，從上述的「歡迎國民政府籌備會」，可以看出台灣人一開始是抱持著喜悅的心情。然而，由於國民政府對台灣的認識不足，倒行逆施之下，台灣人原本「期盼回歸」的喜悅，很快地就被「狗走豬來」的憤怒所取代。這一切，要從行政長官陳儀開始說起。

歡迎國民政府籌備會

國府接收人員葛敬恩中將在十月五日來台，但日本早已於八月十五日投降。在這五十天中，日本統治者的行政體制已逐漸傾頹，但新的行政體制尚未出現，台灣遂出現了一段政治真空期。為了避免情況惡化，台灣地方精英與知識份子紛紛組織團體，自發性地維護治安。之後，由陳炘在台中發起歡迎國民政府籌備會的提議，在林獻堂、葉榮鐘等人的支持下，籌備會成立了。其工作主要分為歡迎國民政府（製作國旗、教唱國歌、興建牌樓、組織歡迎人員），與維持地方秩序（組織青年服務隊等）。此一籌備會由於均有地方名望人士積極響應，因而相當成功地發揮了令政權和平轉移的功用。

浙江出身的陳儀，為日本陸軍大學第一期畢業生。一九三四年擔任福建省主席後，曾於一九三五年率團來台參加日本「始政四十年博覽會」。在當時，陳儀欣羨於日治台灣的經濟發展，並且希望氣候條件相似的福建，能借鑒成功的台灣經驗。正是這一段經歷，讓蔣介石將這個中國人都不太了解的島嶼，託付給值得信賴的老鄉。一九四四年，陳儀就任「台灣調查委員會」的主任委員，稍後成為台灣行政最高首長的行政長官。

陳儀雖來過台灣，也從日人處得到許多台灣的統治資料，但他對台灣的理解，整體而言只停留在日本人在殖民地建設的經濟成果，而從未深入思考此一經濟成果的背後，台灣人想要的到底是什麼樣的一個社會。由於國民政府對台灣實在太過陌生，因而除向世界各國討要資料外，也找了許多離台赴中的台灣人協助。然而這些台籍人士畢竟離台日久，與實際的民情已然頗有隔閡。因國府的復員計畫過於複雜，在法令上多有彼此扞格或模糊的地帶，加上長官公署常以台灣情形特殊為藉口制定特別法律，使得在日本時期早已不滿「特殊化」待遇的台灣人，更加覺得自己正在經歷第二

1

1 1935年陳儀來台參訪考察始政四十年台灣博覽會，在第一會場日本製鐵館前留影

2 福建省主席時期之陳儀

3 各公司刊登廣告慶祝「光復台灣」，並歡迎陳長官蒞任／引自《民報》1945年11月2日

2

次的殖民。另一方面，雖然二戰結束，但中國國民黨與中國共產黨的內戰卻是方興未艾。在此情形下，大抵未受國共內戰波及的台灣，成了必須負擔補給任務的大後方。陳儀政府為了接收台灣物資，設立台灣省貿易公司。此後，大量由國民政府接收的米穀被運往中國，造成物價暴漲，民不聊生。同時，接收官員收賄醜聞不斷外，任用私人、劫收物資中飽私囊的情事不斷，甚至連台灣高等法院首席檢查官蔣慰祖都因貪污而被捕。一連串離譜至極的行徑，更是重挫台灣人信心。

除了在經濟方面引爆民怨外，「皇民」與「奴化」問題，也牽扯著台灣人敏感的心——這個指控，甚至到二十一世紀的今日依然存在。二〇一四年的九合一選舉中，前副總統連戰與前行政院長郝柏村便曾不約而同地指稱時為市長候選人的柯文哲是「皇民後裔」、「青山文哲」、「皇民化下的官三代」。此一指稱，於當時引發撕裂族群的軒然大波，證實了即使殖民地的過去已成過往，但其影響仍長久地存在於我們的社會當中。

事實上，戰後初期的台灣人對這個指控並不陌生。甫歸中國的台灣人，時常被外省人士、半山（離台赴中發展，戰後返台者）與政府官員貼上「皇

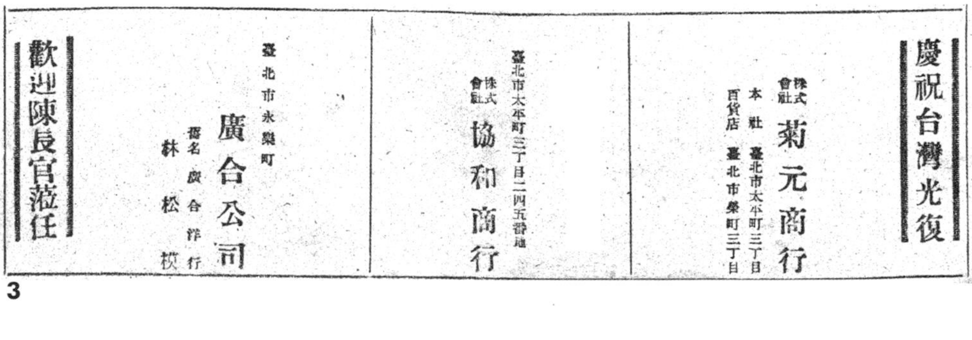

3

民」的標籤，指控台灣人受了「奴化教育」，必須要重新接受「再教育」。儘管省外人士中也不乏反對此一指控者，但人微言輕，反對者並未受到重視。掌權的長官公署，在台人皆受奴化教育而成為「愚民」的前提下，決意要「根絕奴化的舊心理，建設革命的心理」，要求台灣人改正「日化」的用語與習慣。在這樣的心理預設下，長官公署對於台灣人的要求，以及對其施政之批評，一律歸諸於「奴化教育」的後果，要求台灣人在「奴化教育」帶來的影響尚未改正前，必須忍耐於被統治者的地位。對於甫結束殖民地經歷的台灣人來說，欣欣期盼帶來解放與自由的祖國，不僅行政效率低落、貪污腐敗橫行，在態度上還比日本殖民政府更加歧視台灣人。於是，戰爭結束時的歡欣鼓舞，不到兩年的時間，民間便開始流傳「狗去豬來」的俗諺：狗是日本，豬是中國。這句話的意思，暗指兩個統治政權都是畜生，但狗雖然兇，還能幫忙看門，豬卻只是好吃而懶作。在此情形下，雙方的隔閡與歧見日漸加深。在一九四七年二月二十八日，終於爆發了二二八事件。

1 學生以遊行歡迎並慶祝「光復」／引自《民報》1945年11月2日

2 各公司刊登廣告慶祝「光復台灣」／引自《民報》1945年11月2日

澀谷事件

二次大戰結束後，原殖民地籍的台灣人，現在到底是哪國人呢？由於中華民國宣稱他們接收了前殖民地的台灣與澎湖，換言之，原本屬於戰敗國的台灣人，在戰爭之後，應該搖身一變成為戰勝國人了吧？實際上，國民政府也在一九四六年頒布了《台灣同胞國籍回復令》和《在外台僑國籍處理辦法》以處理必須滯留海外的台灣人，但日本政府卻認為在和約尚未簽訂前，舊殖民地人民仍處於日本的管轄之下。兩邊的主張有所扞格時，由於日本當時處在駐日盟軍總司令（GHQ）的實質領導下，因而GHQ的立場變得相當重要。GHQ對此問題並沒有積極的解決想法，三方因而處於一個微妙的

民報

（日刊）

民報總社發行
台北市御成町三丁目一七
每份售價貳角（郵費在外）

慶祝光復・歡迎長官

學生萬餘遊行全市

燦爛旗浪布滿街巷

為慶祝光復、並歡迎陳長官、一般市民團體及學生聯盟於廿六日舉行遊行、此日晨、萬餘之中等學校以上學生、輝揚青天白日旗、陸續集合於台北公會堂、上午十時以大學爲先、高專、開南商工、商工專修、台北二中、台北中台、北三中、淡水中、國民中、商工土木測量工商、北商、北四中、大同實業之男子學生、家政、淡女、北一、二三、四女、靜修女、修德、宮前女、成蹊女等依次排列、樂隊高唱義勇進行曲、步武堂堂出發、由北門口歡迎門轉入太平街、經北署前、御成町街路、而達省公署前大廣場、十一時五十分、陳長官、衣淡黃色軍常服、出現於公署二樓陽台、滿面笑容、由毀錫祺參議通譯、對學生說、其辭如左：

今天得面接你們青年、真是歡喜、我要說三民主義是什麼、民族主義是要中國民族與世界各民族的自由平等、我們中國、對日抗戰而勝利、過去因爲中國無力、致使五十年間放離台灣、且在民國二十六年、蔣委員長就希求紺還台灣、今日得光復、這不是容易取得、須記着數千數萬之犧牲、才可獲得的、我民族能夠得着自由平等、列在世界四大强國、經已不是如昔日了。民權主義是什麼？過去的中國、有皇帝存在、人民都是皇帝之奴隸、現在是民主主義國家、官員是國民的公僕、過去的台灣總督、是要統治你們使用你們、我來台灣是爲服務而來、今後列位之中、若有意見希望者、不要客氣都說來參考我必定努力以附你們的希望。台灣是我們台灣、不是別人的台灣、省民要以主人的立場、爲國家努力才是、這就是民權、犧牲自己而爲民衆、遵守法規可以叫做愛國。民生主義是什麼、這是說凡國民在經濟上都是平等、我們不可怠慢、要努力、勤勉以應民生主義的宗旨學生要勉學、辦事者要努力去辦事、這是我所切望的、最後祝你們康健

長官致詞後、萬餘之學生一齊高呼中華民國萬歲、樂隊齊唱壯嚴之國歌、而後再開始行進、經由北門、西門、艋舺港町、太平通至靜修女學校、高呼萬歲而散。

陣頭繞巡市街

上午學生、青年團遊行後、一般團體陣頭等於下午二時、集聚大龍峒保安宮、獅陣十三、龍舞團六、音樂團體百五十陣、各陣頭莫不盡意裝飾至二時四十分出發、做蜿蜒長蛇之陣、遊行街巷人山人海觀衆夾道、見經由太平町、建成町、御成町、台灣省行政公署至艋舺龍山寺解散、

光復與「復古」

楊雲萍

台灣光復、已經過了二個月餘。正着着地洗掉異族統治汙跡和殘滓。曾被禁止的、被壓迫的、被冷視的、已重見天日、踴躍地再現出它們的存在了。可是同時、只因爲只是「台灣古來所有的」、乃不論加減乘除、也乘時隨之出現、這點確須要我們的注意和考慮。單是「台灣古來所有的」就一切善美嗎？當然、我們古來所有的、有很多值得保存、值得光大的。然而也有不少的要棄却的、要改善的事物存在。賭博是「古來所有的」、但是要有保存它的必要嗎？偷盜也是「古來所有的」、但是要有光大它的必要嗎？只因爲使用「古來所有的」湯頭和藥方、我們就可許容「密醫」的存在嗎？我們固不是要完全抹消「中醫」的價值、可是要耐得近代科學的檢討的才行。老實說、我們走着街頭遇着悲痛道路的「實物食仔」諸氏、在想實備他們阻碍交通之前、感

1

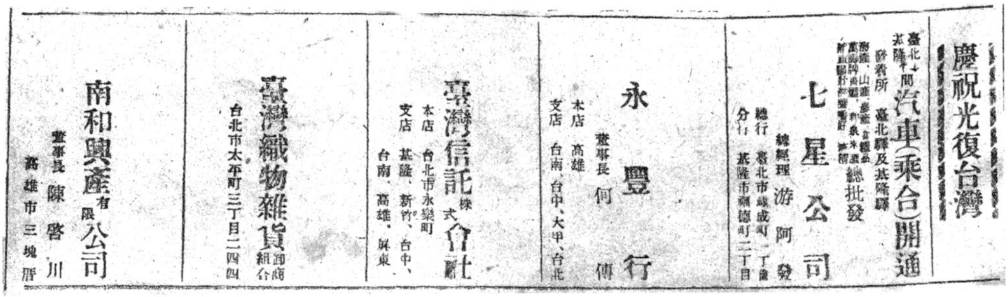

慶祝光復台灣

臺北・基隆間汽車（乘台）開通
發着所 臺北驛及基隆驛
七星公司
總經理 游阿發
總行 臺北市建成町一丁目
分行 基隆市福德町二丁目

永豐行
董事長 何傳
本店 高雄
支店 台南、台中、大甲、台北

臺灣信託株式會社
本店 台北市永樂町
支店 基隆、新竹、台中、台南、高雄、屏東

臺灣織物雜貨卸商組合
台北市太平町三丁目二四四

南和興產有限公司
董事長 陳啓川
高雄市三塊厝

2

平衡狀態。然而，此一狀態因台日民間的一起合約糾紛而遭到打破。在不歡而散的情況下，雙方陷入混鬥。之後，因日本警察的干涉，造成有一名台灣人死亡、十四名受傷的狀況。此一事件顯現出在日台灣人因法律地位不明遭遇到的困境。消息傳回台灣後，引發上千名學生示威抗議。同時，因國民政府長期以來對海外台灣人處境問題的不關心，以及陳儀政府接收日產引發眾多質疑，此事在當時進一步引發台灣人對國民政府的疑慮。然而，由於緊接著爆發了二二八事件，發生在海外的澀谷事件之後續，遂無法引發更多的關注了。

二二八——不只是一根菸的問題

二二八事件的導火線，是前一日「台灣省專賣局台北分局」查緝員傅學通、葉得根、盛鐵夫、鍾延洲、趙子健、劉超群等六人在台北市南京西路天馬茶房前對私菸販林江邁的暴力查緝事件。圍觀民眾不滿查緝員葉得根毆打林江邁，群情激憤下，一擁而上，意圖圍毆查緝員。查緝員之一的傅學通逃跑過程中開槍射擊，子彈誤中市民陳文溪，引發市民激憤。由於專門局的查緝已經不是第一次造成民眾死傷，因而民情越趨激憤。官方遲遲不做回覆之下，台北市民開始了罷工行動，其後，更闖入專賣局，搗毀器物、焚燒物件、毆打職員。總計有兩人遭打死、四人遭毆傷。之後，民眾聚集起來，遊行至長官公署前請願，呼喊口號「槍決犯人」、「撤銷專賣局」。不料，在半路上即遭公署衛兵開槍掃射，造成多人死傷。憤怒之下，本省人四處搜尋、毆打外省人，台北市停班停課，陷入一片混亂。群眾稍後聚集在中山公園（今二二八和平紀念公園）召開群眾大會，占領其中的台灣廣播電

1

2

1 天馬茶房原址，二二八事件引發端點
2 專賣局台北分局，今重慶南路上彰化銀行
3 台北二二八紀念館內展示查緝私菸事件報導
4 二二八國家紀念館／作者攝

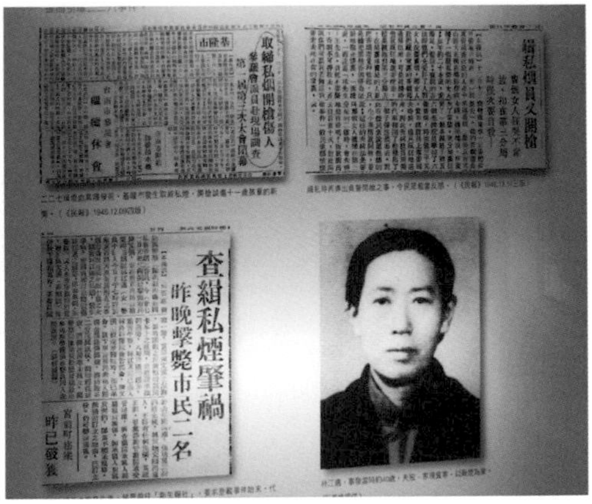

3

台，向全台灣廣播事件經過。次日，得知消息的全台各地，也開始了抗議遊行的行動。警備總司令部眼見情況失控，發布台北市臨時戒嚴令，派遣武裝軍警巡邏市區。然而卻讓這些軍警看到本省人裝扮者便開槍掃射，使得情勢越發混亂。

此時，地方士紳與民意代表決定出面與政府交涉。三月一日，「緝菸血案調查委員會」在中山堂組成，推派黃朝琴、王添灯、周延壽和林忠與陳儀會面。陳儀建議將之擴大為「二二八事件處理委員會」。看起來，事件一度有了轉機。然而一方面同意和平解決的陳儀，另一方面在三月二日便暗中向蔣介石提出了增援軍隊的要求。之後，更暗中以特務製造「叛亂」，以此為藉口，持續鎮壓與搜捕民眾。二二八事件處理委員會認為，要完全處理此事，全面的政治改革必不可少。陳儀起先表示同意，待軍隊抵達後，則據此指責處理委員會公然叛亂，開始殘酷的鎮壓。增援部隊在未靠岸之前，便以機槍掃射群眾；政府四處逮捕與謀殺地方仕紳與台籍知識份子。其手段之兇殘，令人髮指。例如台灣省參議員王添灯，於住家遭憲兵隊逮捕後，被張慕陶下令淋上汽油燒死。鎮壓結束後，各地軍警依警備總司令部的命令，展開清鄉工作，要求各地訂定清鄉辦法。

4

之後，蔣介石在談話中指控中國共產黨的煽動，為此事件的罪魁禍首，另派遣國防部長白崇禧等人至台灣視察撫慰，但成效有限。蔣介石其實早在三月八日便命令中國國民黨中央組織部部長陳立夫、台灣省黨部主任委員李翼中擬定《台灣二二八事件處理辦法要點》，提出如長官公署改制為省政府、省政府主席不兼警備總司令部司令、起用台籍人士、縣市長提前民選等政治改革。之後，中國國民黨中央執行委員會將陳儀撤職查辦，並啟動行政長官改制省政府的程序，由立法院副院長魏道明擔任首屆省府主席。五月十五日，省政府成立後，宣佈解除台北與基隆的戒嚴，各地的「清鄉」也告一段落。然而事件並未有公開的調查與檢討，同時在高雄下令鎮壓民眾的彭孟緝，竟升任警備總司令部司令。元兇陳儀，更在隔年六月接獲浙江省政府主席的任命。在官方不願承認錯誤並為之負責的情況下，二二八事件遂成為台灣歷史上一個不可言說，卻時時隱隱作痛的傷口。而隨著國民政府於一九四九年遷台，台灣進入長達三十八年的戒嚴統治，此事件因而變得越加不可言說，直到一九八〇年代末期，在本土化與民主化的呼聲下，才又重新躍進了社會的視野。

二二八事件的爆發，乃是民怨積累的結果。民怨則源於政治上的不平等、文化上的被歧視、經濟上的被剝削，甚至公共衛生上的大幅倒退。導火線的「私菸問題」，正是一例。專賣制度為日本剝削台人的象徵，國民政府對此制度的沿用，無異顯現出其與殖民政府同樣的本質。面對問題，國民政府的失當處置，在人民與政府、本省與外省之間，製造了更多看不見的傷痕。另一方面，針對台籍精英的大屠殺，使人才損失慘重之外，更使得一般民眾多存有政治冷感的心態，在號稱「人民作主」的民主國家，卻不願積極參與公眾事物的相關討論，以免惹禍上身。

1

1 畫家黃榮燦根據此事，發表的木刻版畫《恐怖的檢查》，咸認是此一事件中最具代表性的創作。圖為台北二二八紀念館內展示的銅鑄復刻作品

2 二二八和平紀念碑下圓形水池之反思意象

3 象徵族群融合的二二八紀念碑

2

3

國民黨政權實施土地改革是有計畫的「德政」嗎？

戰後初期實行於台灣的土地改革，源自外來政權國民黨的歷史經驗和現地統治需要，也為了因應台灣農村內部的業佃問題，而在面對特定問題時提出各個相應政策，這些不同目的的政策到後來才被統稱為土地改革。

農民的春天來了？

一九四五年二次世界大戰結束後，戰爭中已經勢同水火的國民黨與共產黨，隨即在中國各地興起內戰，並以一九四九年國民黨政權敗退來台作收。到今天，台灣史研究的熱門問題之一，依然是「戰後國民黨如何在台灣建立穩固統治」，其中一個關鍵答案即是一九四九年至一九五三年實施的一連串土地改革政策。

1943 年台北州農民訓練團。農民訓練團為日本在戰時培養「拓南農業戰士」，準備派遣農業技術人員至占領區，協助軍需食生產

對於土地改革，過去我們熟悉的官方敘述是「國民黨政府有鑑於在中國失去廣大農民支持，到台灣後分別於推行三階段土地改革政策，亦即一九四九年三七五減租、一九五一年公地放領，以及一九五三年耕者有其田，而達到減輕農民負擔、保障地主利益、將地主資金轉移到工業資本等目標」。這個敘述乍看之下相當通順，國民黨政府儼然被描繪為有計畫推行土地改革、造福農民的一方，地主也似乎心悅誠服地配合。然而，土地改革所實行的三七五減租、公地放領、耕者有其田，真的是有計畫的連貫政策嗎？國民黨政府是好心造福農民而實施這些「德政」嗎？地主又是怎麼想的？從實際情況來看，事情並不如官方宣稱的那麼簡單。

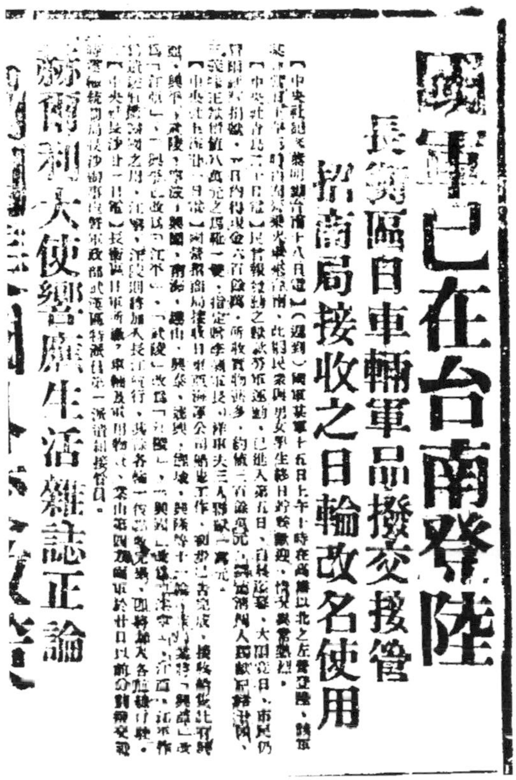
國軍已在台南登陸
長沙區日車輛軍品撥交接管
招商局接收之日輪改名使用
赫爾利大使響應生活雜誌正論

國軍接收登陸台南 / 引自 1945 年 11 月 22 日《中央日報》

戰後台灣土地改革的背景

首先，探討土地改革在台灣實行的歷史背景。概略而言，戰後初期實行於台灣的土地改革，源自外來政權國民黨的歷史經驗和現地統治需要，也為了因應台灣農村內部的業佃問題，而在面對特定問題時提出各個相應政策，這些不同目的的政策到後來才被統稱為土地改革。自一九二〇、三〇年代以降，國民黨主政下的中國農村失業、貧困問題頻仍。當時國民黨政府雖然為了提高農業生產、吸引農民支持抗日作戰，而先後在浙江、湖北等地嘗試推行「二五減租」（佃農原要在收成中抽百分之五十繳給地主佃租，二五減租即減去佃租百分之二十五，等於繳納收成的百分之三十七點五），卻因囿於地主強大壓力、缺乏統一制度規劃，而逐漸停滯。當一九四五年國共開始內戰、同時國民黨政權開始統治台灣，甚至到了一九四九年國民黨敗給以土地改革者之姿獲得農民支持的共產黨、逃到台灣後，為了供應政權運作帶來的糧食需求升高、安頓隨統治而湧入台灣的大量中國軍民（如一九四九年撤退來台時約帶來一百二十多萬人），而必須建立一個有效徵集糧食的管道，盡可能地從台灣農業生產中徵收糧食。為此，利用中國時期二五減租的經驗，在台灣推行新一波土地改革，即有必要性。

另一方面，日本統治時期的台灣農村，雖因品種改良、肥料施用、技術改進等使得農業產量大增，身為主要勞動者的農民獲益卻被動輒百分之五十之地租率稀釋，生活改善幅度不如農產增加比率之高。當時因地主可憑喜好選擇承租佃農、租金採預收制且高昂，租約又多以口頭約定，佃農的權利缺

1 總統明令公布耕者有其田條例。土地改革紀念館展示

2 實施耕者有其田條例草案刊登，共計五章三十三條／引自1952年12月3日《中央日報》

乏保障，農村內部地主與佃農對立的業佃問題頻仍。

綜合上述，當時台灣社會的內、外部條件，給了國民黨政權在台灣實行土地改革的動機：一，為內戰、反攻需求，必須徵集糧食；二，做為外來政權較少在地包袱（中國時期許多黨員就是地主、阻礙改革落實）；三，台灣農村業佃對立、占人口多數的農民支持土改，改革成功後將成為穩固統治的社會基礎。此外，一九四七年二二八事件以軍隊鎮壓各地知識份子、地方紳商，以及隨之而來的白色恐怖令台灣社會反抗能力大減，則是土改能順利推行的要因。

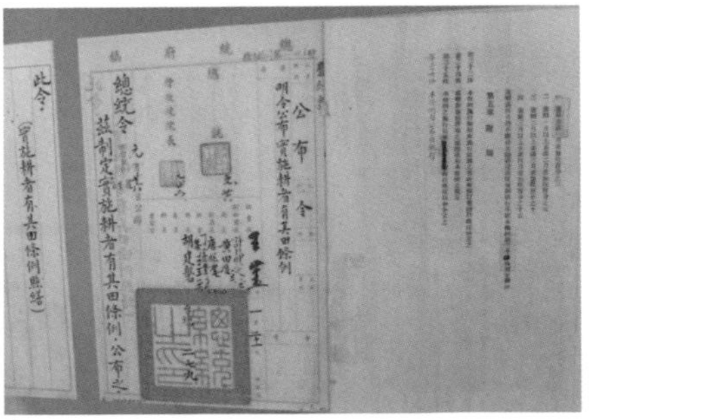

1

實施耕者有其田條例草案全文

共計五章三十三條

【本報訊】行政院會議通過并咨送立法院審議的「實施耕者有其田條例草案」，共計五章三十三條，全文如下：

實施耕者有其田條例草案

第一章 總則

第二章 耕地徵收

2

土地改革＝政治工具

接著，從幾個土地改革的重要政策，探討政策背後的統治者思維。以往對土改的討論，多集中於一九四九年三七五減租、一九五一年公地放領、一九五三年耕者有其田三大政策，並將之說為統治者具計畫性、連貫性的考慮。不過，如同前文略微提到的，戰後初期國民黨在台灣的統治，有國共內戰、敗逃台灣後建立穩固統治等外在需求，故而土地改革政策的制訂不只跟土地分配有關，會受到不同時期施政重點變化影響。學者研究指出，戰後到一九四九年的土地政策，由於面臨內戰之故，徵集糧食的糧政亦是重點之一。糧食徵集與土改的關連出現甚早，一九四七年國民黨政權實施「大戶餘糧」的糧食收購政策，規定全年繳納田賦稻穀超過一千公斤者為大戶，扣除該大戶食用糧食後，以統一公告價格徵購多餘糧食。此政策因收購價格低、徵收額度高而損及地主權益，林獻堂等士紳雖極力陳情卻也未果。在警察、司法系統威逼下，台灣大小地主面對大戶餘糧的剝削不是抗議被逮就是乖乖就範，地方社經實力遭致削弱，可說為其後各項土地改革政策創造較少反抗的平順環境。例如同年亦開始研議推行私有地減租（佃農向地主繳納地租比率最高百分之三十七點五）、一九四八年推行公地放領政策（由現耕佃農承購釋出的公有耕地），都具有提升自耕農比例、刺激糧食增產的用意，並於一九四九年、一九五一年紛紛政策化。

一九五〇年底開放地方自治選舉後，在地地主勢力因過去長期以資金借貸、土地租賃而擁有雄厚社會實力，在選舉中獲得不少席次，遂被外來政權

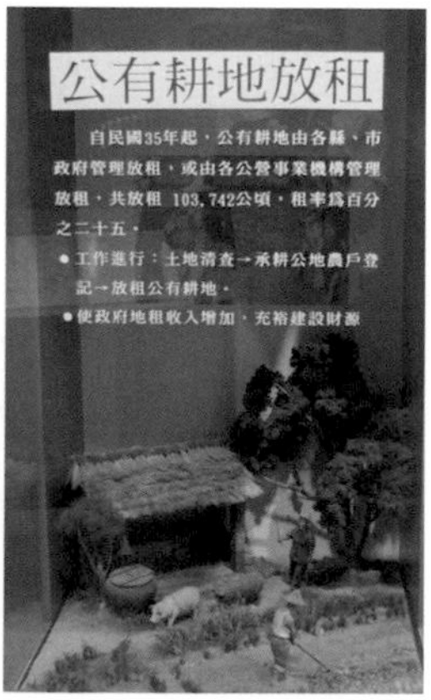

1

2

1 公有耕地放租模型展示。土地改革紀念館展示

2 三七五減租模型展示。土地改革紀念館展示

國民黨視為威脅。自此以降，三七五減租、耕者有其田（政府徵收私有耕地轉售給承租佃農，並以高估價值的公營企業股票補償地主）等土地改革政策的執行重點，不再聚焦於徵集糧食，而轉為拉攏農民、削弱地主勢力之工具，例如透過政策放寬佃農欠租規定或是提高小地主收回自耕的難度等。但是，一九五五年三七五減租第一期租約期滿後，又開放讓小地主收回佃農未續租的土地、自行耕種。政府會出現這樣的政策轉折，並非突然感受到小地主們生活窘迫的困苦，而是視統治需求變換立場，以土地政策調節地主、農民雙方勢力，最終坐收漁翁之利。並且國民黨對地主階級中的大小地主又會視需要對施以不同策略，打壓地方實力足以威脅統治者、拉攏較不具威脅者為地方統治助力。前述政府在三七五減租到耕者有其田政策中，對小地主困境問題立場的反覆不定，反映出土地改革政策的工具性格，也顯示其並非充分規劃、前後連貫的三階段步驟論。

我土地改革為他國模範
參加農復會美獲益良多
艾森豪總統對臺北市民演說時稱

美國艾森豪總統，六月十九日下午對五十萬臺北市民發表演說，盛讚我國土地改革，認為是其他各國土地改革的模範。

這位自由世界的領袖，對美國能在我國土地改革中提供若干技術援助，引以為榮，並認為美國因參加中美合作的農村復興委員會，獲益良多。他說，「現在我們已可利用在此地獲得的經驗，去幫助其他國家了。」

艾森豪總統在上（六）月十八日十時，乘直昇機蒞臨我國，作廿四小時的訪問，當他從機場由總統陪同乘敞車經由臺北市區前往其臨時白宮時，曾受到臺北市民空前熱烈的歡迎。

中美兩國領袖會談兩次，會談後發表聯合公報，保證兩國決心堅強團結合作，抵禦中共在這個地區的挑戰。

艾森豪總統來華訪問，臺北市民夾道歡迎。

農復會補助卅八農會
興建肥料倉庫

農復會和糧食局，補助三十八個農會，各建肥料倉庫一棟，現正趕辦簽約手續中，七月一日起，就可陸續發包。

這批倉庫每棟建坪分為四十、五十、六十、七十、八十坪五種，總面積為二、一四〇坪，完成後可容納肥料一萬二千八百四十公噸。工程費用共達七、七一〇、

鳳梨栽培
還應繼

農復會技正陸之琳說，臺灣栽培鳳梨的農友，如能改進栽培技術，不但單位面積產量可以提高，每粒果子

美國艾森豪總統訪台，於1960年6月19日發表言論稱讚土地改格／引自1960年7月1日《豐年》

農民、地主對土改的反應

在從國民黨政府視角談過土地改革實行動機、推動過程後，最後透過農民、地主們對土改的反應，觀察土地改革政策為台灣社會帶來的影響。過去政府宣稱，土地改革運動在保障地主利益的同時，也減輕農民租稅負擔、縮小社會貧富差距，例如農民從傳統佃農制度高地租解放出來、轉為自耕農，

1

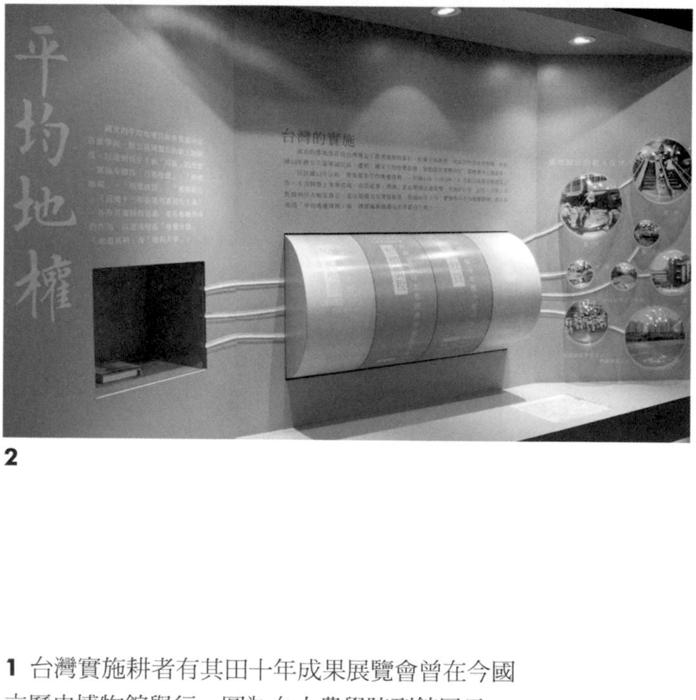

2

1 台灣實施耕者有其田十年成果展覽會曾在今國立歷史博物館舉行。圖為台大農學陳列館展示

2 1954年8月，政府公布「實施都市平均地權條例」，主要是進行「照價徵稅，漲價歸公」。圖為土地改革紀念館內台灣實施平均地權過程展示

3 土地改革紀念館內耕者有其田展示

普遍地獲得生活改善、心理安定、地位提高等益處，有些人因而視此為「德政」。學者則從政治、經濟角度指出，土地改革建立由國家直接掌握農業生產剩餘的機制，不僅能應對黨國體制帶來的人口激增，也藉此提高農民生產意願及整體農業產量，還透過發給地主官營企業股票做為補償，將地主的土地資本轉成產業資本，加上提升社會普遍購買力而形成工業製品內需市場，種種影響均帶動後續「台灣經濟奇蹟」的出現。

然而，改革對農民實際生活的影響，並非只有正面。農民雖然看起來是土改主要受益者，因為土地改革而能持有土地、提高生產力及購買力，但也因此面臨持有土地零碎化的問題，時間一久無法只憑農業生產維持生活，而需出外打工，造成農村勞力外流。此外，同時期台灣人口急遽上升的速度，遠超過單位耕地面積所能生產的糧食，導致農家難以飽食、生活水準下降。

至於改革對象的大小地主，由於國民黨政府實施土改政策常以地主的犧牲換取政策推行順利，更是面臨巨大衝擊。例如大戶餘糧政策在收購地主「多餘」糧食時，常以低於市價的價格購入，又高估每甲收穫量而大量收購，且不能因天災有所豁免，形同強要納糧。即如林獻堂等大地主（林氏個人收租田產粗估三百多甲）願意盡力配合政府，面對此般強硬的經濟政策，也不免有「一頭牛剝兩層皮」之嘆。三七五減租則使得土地價格大減，進一步衝擊持有土地者的資產價值。

再以屏東曾裕振祭祀公業為例，他們自乾隆年間來台，在屏東擁有宗聖公祠與嘗田產業，並附帶經營「土壟間」（台灣農村辦理碾米、農業借貸、米穀流通的私人機構）。一九三九年祭祀公業成立「曾裕振株式會社」，戰

3

後改名「曾裕振股份有限公司」。土改政策實施後，該公司先因大戶餘糧徵糧使得資產額減半，耕者有其田實施後則又面臨土地價格下降帶來的資產銳減。在此同時，為了應付徵糧、營運周轉以及償還客戶寄存米穀，還是必須賤賣土地。從在大戶餘糧及耕者有其田實施前，該公司一九四九年有資產在庫穀、玄米總計一百七十萬六千斤，推行土改後，一九五一年在庫穀僅剩三十餘萬斤，整體資產縮減為原來的百分之十七。無怪乎主要推動土地改革的台灣省省主席陳誠，在台灣民間雖被農民尊稱「祖公誠」，卻被地主指為「賊仔誠」。前述林獻堂一生為抵抗日本殖民差別統治奔走，在國民黨統治後盡力配合政策，卻也在土地改革後徹底心寒，藉病遠走日本、客死他鄉。由此來看，土地改革對地主幾乎是赤裸裸的經濟掠奪了。

再就過去官方津津樂道的「土改以官營股票補償地主，造就農業資本轉為產業資本」而言，當時政府給予地主的土地徵收補償，百分之七十是分十年均等償付、加給年息百分之四的實物土地債券，百分之三十則是一次給付徵收自日產的四大公營事業股票（台灣水泥、台灣紙業、台灣工礦、台灣農林）。補償的計算方式，是以地價的百分之三十換算稻穀、糖的平均市場價格，交付等值的公營事業的股票。然而，所交付股票的公營企業，資產卻遭致高估，使得地主收到的股票表面上與被徵收土地等值、實際上卻遠低於此，中間的巨額價差則流入國民黨政府手中。再者，一九五四年前述四大企業轉為民營化時，多數中小地主不信任股票與債權價值，對官營企業沒有信心，也沒有可靠平台以交易股票，索性將所持股票廉價出售，由消息靈通且政商關係良好的中國籍官僚、資本家收購。到頭來，四大企業並未如官方所言地

1

成為本土地主資金轉投資處，而是只有鹿港辜家、高雄陳家控股的台灣水泥公司由台灣人主導，其他三家公司都成為外省資本。而多數的地主在失去土地這個主要維生途徑後，若是沒能順利改行從商，最終只得坐吃山空、逐漸沒落。

土改的原本面貌

談到這裡，文章一開頭的問題，答案已經顯而易見。國民黨政府在內戰需求、供養來台軍民、與共產黨分出區別的動機下，在台灣實施土地改革。土改政策的主軸，依統治需求不同而有徵集糧食、控制地方勢力之轉變。細部政策則是依照統治者當時需要拉攏農民獲地主、徵糧或解決失業問題等而定，並非從一開始就訂立好一套環環相扣的計畫。土改的階段成果，也不如官方宣稱的保護地主利益、減輕農民租稅負擔，而是兩者都各自犧牲許多部分換取政策順利執行，所以很難評價為「德政」。到最後，只有國民黨政府確實獲取龐大土地和產業資金，在台灣建立穩固統治，影響至今。

2

3

1 國民黨總裁蔣介石向中央臨全會提名國民黨副總統候選人陳誠，三十票當選／《中央日報》中華民國43年2月17日

2 位於台北市敦化南路的土地改革紀念館大樓

3 土地改革紀念館內展示

戒嚴時期的生活值得懷念嗎？

現在的台灣偶爾還可以聽到有人懷念戒嚴時代，覺得那時候治安良好，不像現在的生活那麼「亂」。但戒嚴究竟是什麼？為什麼要戒嚴？戒嚴時期的日子真的那麼好棒棒嗎？戒嚴時期的台灣人是怎麼過日子的呢？

當黑夜降臨：戒嚴體制的形成

所謂的戒嚴體制，就是因應戰爭時期或其他緊急狀況，以軍事法與軍事機構全面管制一般人民，凍結人民集會、自由行動、言論等權利的體制。台灣從一九四九年五月二十日台灣進入戒嚴體制，直到一九八七年七月十五日解除，是世界上實施戒嚴時間最長的國家。那台灣為什麼會實施這麼長時間的戒嚴體制呢？這首先都要從國共內戰後所形成兩岸對峙局面說起。

一九四九年國民黨因為國共內戰失利而全面撤退來台，國民黨來台以後，仍然期待有朝一日能夠「反攻大陸」，始終與共產黨所成立中華人民共和國處於敵對狀態，在這樣的情況下，台灣始終處於戰爭時期的狀態，政府也就希望透過戒嚴令，約束人民的行動、言論自由，並且間接防止共產主義的滲透與擴散。

在台灣實施戒嚴的三十八年期間，社會的氣氛草木皆兵，人民不僅行動處處受限，不僅有宵禁，還不能隨便出國，且隨時生活在待戰的緊繃氣氛之

臺灣警備總司令部戒嚴佈告

中華民國三十六年三月

兼總司令 陳儀

台北二二八紀念展示報紙刊登台灣警備總司令部宣布戒嚴

中。此外，當時的台灣人在集會、出版、新聞等方面，也是受到層層的審查與檢視，政府深怕一個不留意，社會主義、共產主義就在隻字片語中蔓延開來，但也因此鬧了許多笑話，比如台灣政府曾經查禁美國作家馬克吐溫（Mark Twain）的作品，只因為擔心同名「馬克」的馬克吐溫，會是共產主義鼻祖卡爾馬克斯（Karl Marx）的同路人。

台灣解嚴至今已近三十年，但至今台灣社會中仍殘留一些戒嚴的遺緒，難以動搖，比方像台灣校園中的教官，其實是戒嚴時期軍方介入校園的制度遺留，但時至今日，即便有許多替代方案，但談到教官存廢，仍有很多人支持保留教官制度，以維護校園安全。經過漫長的戒嚴體制，很多人雖然身體在一九八七年被解嚴，但內心仍活在戒嚴時代。

每個人心中都有個小警總：白色恐怖

直到今日的台灣，當有人覺得被壓迫時，還是常常說「你這樣的行為就像是當年的白色恐怖！」到底當年的白色恐怖是怎麼壓迫台灣人呢？

一九四九年國民黨來台以後，為了準備隨時與中國共產黨作戰，並避免共產主義在台灣流布，因此透過情治機關層層監視台灣人的言行，避免「共黨匪諜」深入台灣，顛覆台灣社會。因此，在戒嚴期間，有不計其數的台灣人，有人的確是參與共產黨活動，有更多則是無辜被人檢舉、構陷，因而身陷囹圄，甚至被祕密審判、槍決，更是所在多有。當時被槍決的政治犯，有許多人的屍體被簡易火化之後，便草草埋葬在台北六張犁後山，直到一九九三年

台灣警備總司令部

過去台灣人所聞之色變的「警總」，全名其實是台灣警備總司令部，一九四五年成立於重慶，警總的成立一開始是為了接收台灣與維持台灣治安，後來在一九五八年起負責戒嚴業務，同時也肩負情報蒐集、出入境管制、郵電檢查⋯等龐雜的情治、保安任務，是戒嚴時期政府中重要的情治機關之一。在當時「寧可錯殺一百，不願放過一人」的原則下，戒嚴時期的警總曾經製造很多冤獄，很多人被警總帶回訊問之後便下落不明，在那樣風聲鶴唳的情況下，很多人擔心自己有「被失蹤」、「被自殺」的可能，便逐漸養成自我審查言論的習慣，彷彿「心中有個小警總」。

當年發生台大哲學系事件的哲學系館已經拆除，原址預定改為文學院大樓。圖為由原址眺望附近的農業陳列館

才被「台灣地區政治受難人互助會」發現，許多政治受難者的後代才能在家人死去多年之後，終於找到親人的遺骨。

戒嚴時期，國民黨政府運用情治機關，在政府機關、民間各種團體中埋布各種耳目，監視所有人的一舉一動，並且鼓勵人民互相監視、互相檢舉。與其說「小心匪諜就在你身邊」，不如說小心檢舉者就在你身邊，長久下來，人們懼怕跟身邊的同事、親友討論時政，也會開始在內心自我審查言行尺度。也有政治受難者家屬到晚年雖已喪失大半記憶，卻牢牢記住被警總盤查的情節。白色恐怖不僅使許多家庭支離破碎，被社會監視、孤立，更重要的是對人與人之間信任感的摧殘與打擊，與深植民眾心中的幽微恐懼感。

胡蘿蔔與鞭子中的胡蘿蔔

國民黨在台灣長年執政，雖然有二二八、白色恐怖等嚴重的侵害人權事件，但能長期維持其統治合法性而不墜，除了戒嚴時期細緻且嚴厲的言論管控之外，更重要的是一套拉攏親國民黨者的制度，有系統地在台灣的不同族群、組織中架構鼓勵、控制、動員的體系，培養一群又一群的忠實支持者。

比如說，在本省族群中，國民黨在二二八事件中剷除日本時代的社會菁英之後，便積極拉攏地方豪強家族入黨，並掌握農會、水利會的人事，將這些地方組織培養成動員系統，透過買票、互相監視、做票、停電等方法，在選舉中確保親國民黨勢力能夠當選。

而在學校當中，國民黨運用「中山獎學金」這樣的制度，鼓勵清寒優秀學生入黨，進而申請中山獎學金，得到被培植、出國深造的機會，很多人學成歸國之後，仍然繼續被國民黨提拔，而至國民黨內部，或者政界、學界工作。然而，這個制度也成為國民黨在外打擊異己的工具，有些接受獎學金的留學生，負責在國外擔任特務，監視發表異議的留學生，這些異議份子一旦遭受檢舉，很可能就會被列入「黑名單」而長年不得返鄉。

另外，像外省人的眷村，也是國民黨重點的動員對象，戰後國民黨透過資源控制、特殊化的管理方式，確保居民受到軍方、黨部的控管，這樣的管理也使眷村長期被隔離於台灣社會之外，使得眷村居民的生活必須強烈依賴國民黨的管理，也很難與外界有太多互動。

金馬地區曾長達四十三年的軍事戒嚴。
圖為小金門雙口海灘，沿岸布滿反登陸軌條砦

為何美蘇冷戰，台灣也會打噴嚏？

台灣有很多制度與文化與美國息息相關，比如說馬路行走方向、道路標示、會計制度，甚至今日習以為常的麵食、牛奶、可口可樂，其實是美援時期才開始流行。我們為什麼會接受美國的援助呢？美國文化又是怎樣被引進台灣？美國對戰後的台灣政治有什麼影響？這一切都要從二次世界大戰後美國與蘇聯之間的冷戰說起。

冷戰體制——山姆大叔與戰鬥民族之間的角力戰

二次世界大戰以後，原先結盟對抗納粹德國的美國與蘇俄交惡，並且以這兩個國家為首，形成資本主義與共產主義國家兩股結盟對抗的勢力，這個對峙的狀況從一九四七年一直維持到一九九一年。在這段期間，由於雙方並未真正開戰，所以稱之為冷戰（Cold War）。

在冷戰體制下，共產主義的這方以蘇聯為首，還聯繫著中國、北韓這些共產主義國家。美國這端代表的是資本主義體系國家，以美國為首，還有簽署北大西洋公約的西歐各國。除此之外，美國也以經濟、軍事援助等方式，積極拉攏亞洲地區中國周邊的南韓、日本、台灣、菲律賓、印度、巴基斯坦等國家，形成一個圍堵的局面，防止共產主義從中國、北韓、越南向外擴散。

這個體制隨著一九九一年時蘇聯瓦解而告終，此後的國際情勢走向另一個新的局面。

美國總統艾森豪於1960年6月18日訪問台北，報紙大幅報導兩國邦誼，有廠商也趁機打廣告／引自1960年6月18日《中央日報》

冷戰時期的大金主——美援

二次大戰之後，美國與蘇聯之間的對峙情勢儼然成形，美國擔心共產主義會在戰後經濟非常不景氣的歐洲擴張，因此在一九四七年推出「歐洲復興計畫」，對歐洲實施經濟援助，美國國會在隔年又通過「援外法案」，為「歐洲復興計畫」這樣的援外計畫提供法源依據，但同時又在法案第四條中將中華民國列為受惠國，與歐洲一樣施予援助，希望中華民國能夠對抗當時中國國內的共產主義勢力。這個對華援助計畫一度在一九四八年底停止，後來一九五〇年韓戰爆發，美國對中華民國態度轉變，又再恢復援助。

由於美國對外援助的項目相當龐雜，所以美國自身先設立了經濟合作總署這樣的機構來統籌對外援助工作，接受美援的中華民國這端，也成立了行政院美援運用委員會處理美援業務。美國對中華民國的援助時間從一九五〇年起，至一九六五年結束，在這段時間當中，美國共挹注了十五億美金，此外還有農工技術交流、軍事、糧食、教育、文化、醫療等其他實質或非實質的援助項目。

中美友誼又添歷史新頁
美總統今蒞華訪問
我朝野將盛大歡迎
中美兩國元首今舉行首次會談
將宣告對世界局勢的共同意見
艾森豪總統
蔣總統

冷戰時期美國總統艾森豪訪台，再次強調《中美共同防禦條約》的重要性
／引自 1960 年 6 月 18 日《中央日報》

安理會定本週開會
決定援韓作戰統帥
各方一致推崇麥克阿瑟
我遣軍赴韓助戰
等待最後
美參議員克恩建議

1

中華民國三十九年七月四日
瑞、丹、以色列三國政府
宣佈支持援韓決議
加拿大贊同麥帥統籌指揮作戰
土耳其志願軍準備開韓

2

1 韓戰爆發後新聞，台灣也準備遣軍赴韓，正等待最後決定／引自1950年7月3日《中央日報》

2 多國支持援韓／引自1950年7月4日《中央日報》

韓戰

朝鮮半島在一九四五年以前，原本被日本殖民統治，一九四五年二次大戰結束後，美國和蘇聯以北緯三十八度為界，分別占領了南、北朝鮮，在一九四八年扶植成立南、北韓兩個政權，由於雙方都想統一朝鮮半島，所以不斷有衝突，到一九五〇年六月，北韓在蘇聯跟中共的支持下，發動戰爭，攻擊南韓，南韓在聯合國盟軍的支援下回擊，雙方僵持不下，至一九五三年七月簽署停火協定，南北韓依舊分治至今。這場戰爭改變了當時的東亞局勢，原先美國已經決意從中國的國共紛爭中抽手，但韓戰爆發之後，美國擔心中共趁勢攻打台灣，因此派遣第七艦隊協防台灣海峽，並恢復對中華民國的援助，中國國民黨也得以延續其政治生命至今。

美國對台灣投入美援，最根本的目的雖然是在政治上將台灣培植為反共的同盟，但其實美國也希望台灣在文化、教育、日常生活中也能夠融入美式的生活價值，使台灣在各方面對美國忠誠並仰賴美國資源，所以在具體的實施上，其手法其實是相當細微且多樣的，比如說將台灣培養成忠實的美國農產品消費者，所以在美援期間，美國不僅對台灣輸出大量小麥，也派人到台灣大力推廣各種麵食的作法與吃麵食的好處。除了台灣之外，美國對日本、韓國也採取類似的策略，所以，戰後東亞地區養成食用麵食、牛肉、牛奶的習慣，其實與一九五〇至六〇年代美援時期的刻意引導息息相關。

另外，美援期間美國派遣軍隊駐台協助軍事援助項目，這些派駐台灣的美軍帶來了美國的飲食習慣、生活文化，也改變了美軍營區周遭的地貌，比如說台北的天母、高雄的七賢路有許多美式商店、酒吧，這兩地至今仍是以異國文化著稱的街區。

還有，美援所帶來的教育補助，鼓勵年輕學子到美國留學，所謂「來來來，來台大，去去去，去美國。」就是反映當時許多學生在大學畢業之後，紛紛申請獎學金，負笈美國的情況，這些學生有些留在美國就業，有些則在學成歸國以後，成為戰後政界、學術界的中堅份子，今日台灣社會、教育、文化各方面的體制與發展，其實也與當初美援的教育援助有密不可分的關係。

1

2

1 台大農業陳列館為美援時期協助興建的校舍之一

2 美國副總統尼克森於一九五三年訪台時也曾受邀到東海大學參加動土典禮，以象徵中美兩國間之教育合作。圖為東海大學校園內文理大道

台灣經濟奇蹟是神話？——戰後台灣經濟發展的原因與省思

戰後台灣的經濟成長率每年均可達到百分之八以上，國民所得由百元美金進展到萬元美金，躋身亞洲四小龍之列，更被視為開發中國家的典範。但在面對經濟快速成長的背後，到底有哪些地方需要好好省思……

台灣戰後經濟成長階段

台灣戰後的經濟發展，在一九五〇年代至一九九〇年代由政府強勢領導財經政策改革，使台灣以全面性的高速經濟成長。根據統計至一九九〇年，台灣的經濟成長率每年均可達到百分之八以上，國民所得由百元美金進展到萬元美金，在國內又沒有高度經濟成長所帶來的所得分配不均、高失業率、外部債務累積、通貨膨脹等負面影響，其發展模式甚至其他國家視為典範，也稱為經濟發展的奇蹟。

其實七〇年代末期經濟合作開發組織（Organisation for Economic Co-operation and Development ,OECD），將亞洲、拉丁美洲與南歐數十個國家列入新興工業國，這樣的新興工業國家是利用已開發國家向發展中國家轉移勞動密集型產業的機會，吸引外國大量的資金和技術。OECD 也特別關注這些新興工業國家對於先進國家經濟衝擊的狀況，然而，經過兩次石油危機，拉丁美洲與南歐的新興工業國家難以擺脫經濟成長低迷，並累積龐大外債。亞洲地區南韓、香港、新加坡與台灣，配合適當的經濟政策，克服了經濟不景氣問題而持續成長。

一般學者將台灣戰後經濟成長劃分為四個階段，首先在一九五〇至一九六〇年代，是台灣經濟發展的萌芽成長期，支撐此一時期經濟成長的主要動力為經過戰後政府推動土地改革提高農民生產意願，又以肥料換穀制度吸收剩餘農產品，使得農業在此階段每年均有百分之四到五的成長。這時候的工業化則是以恢復台灣本土市場為主要的進口替代型的工業化，用美援原料配合保護措施，很快的使島內市場飽和，逐漸出現失業與貿易赤字等問題。

第二階段為一九六〇年代至一九七三年高度成長階段，政府逐漸在稅制及金融上解除管制，並採取出口獎勵措施，使台灣可以透過低廉的工資吸引外資進入，發揮國際加工區的競爭優勢。因此，能在此一階段有高度成長的表現則是仰賴外資、廉價勞工與出口等三項利器，成為高度經濟成長的主因。

經歷二次石油危機後，台灣再度進入經濟轉型的關鍵，主要原因在於隨著依賴低廉勞力的密集型出口加工業，隨著國民所得的提高，薪資水準上揚，使得出口加工業失去國際競爭優勢，加上東南亞與中國大陸的開放，使台灣面臨經濟轉型的壓力，此一時期政府改以技術密集與高附加價值的產業轉型政策邁進，並著手設置科技園區等。

經濟快速成長，除了仰賴國際局勢的變化，更重要的是能配合局勢發展，調整因應策略，經濟成長快速的原因，有諸多解釋，歸納出有下列幾點看法：

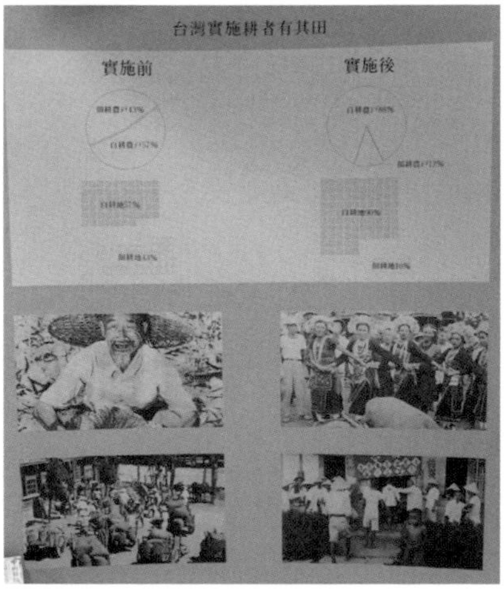

1952 年 11 月，「實施耕者有其田條例草案」通過，採強制徵收地主超額的出租耕地，放領給現耕農

相對穩定的政治局面

一九四九年隨著大量人口移住台灣、中央政府遷台，為有效統治台灣，執政當局採行高壓統治以穩定局勢，加上當時蔣中正總統下野前，曾秘令中央銀行總裁俞鴻鈞，協助將大批黃金運抵台灣，並用此一批黃金充作貨幣準備金，致使經濟不致崩潰，此時來自政府內部的優秀經濟官僚，如尹仲容、徐柏園、嚴家淦、李國鼎等人推動一連串的經濟建設計畫。不僅在台灣，東亞幾個新興工業化經濟體的韓國、香港與新加坡，都有類似強權體制的經濟開發，一種由上而下貫徹命令的經濟發展模式，有學者稱這類型的經濟開發體制，為獨裁式開發模式，或開發型國家，亦指政府透過政策插手經濟發展。且為求經濟的穩定發展，強權體制會壓制反體制的勢力，尋求社會穩定力量，並將所有能量都傾注在經濟開發上。

有效利用美援

一九五〇年六月，韓戰爆發，因美國冷戰局勢的重新考量，將中華民國政府列為圍堵共產主義的重要盟國。一九五一年開始由美方以實質的物資、軍事援助、經濟援助等方式，每年提供約一億美元的援助，持續至一九六五年止，政府利用這筆款項，執行各期的四年經濟建設計畫，修復台灣的基礎設施，包括電力設備、鐵公路的改善。投入資金，改善生產力，恢復至戰前水準。其次抑制通貨膨脹，供給肥料、糧食等民生物資，穩定社會環境。並透過各項計畫，提供小型貸款，扶植民間企業發展，例如台灣的石化業發展。

帶動經濟成長的中小企業

學者指出戰後台灣經濟發展係以公營企業和民間中小企業兩種結構並存，公營企業掌握有龐大的島內市場，使得中小企業只有往出口市場發展的道路。隨著政府經濟政策的調整，由過去進口替代改以出口導向為主的發展策略時，國營企業顯得在這方面的調適並不如民間企業來的迅速。學者認為帶動台灣經濟成長的動力是中小企業，其中又以製造業為主，這類型的企業規模小，但提供商品多元服務，能夠適應世界潮流變化，作出適當對應，且中小企業提供大量的就業機會，使人民所得得以提高，並增加薪資收入。中小企業對台灣經濟發展最大的貢獻則是賺取外匯，其中與外資合作，進口機械、技術、原料或半成品，利用廉價勞力組裝後，再銷往美國市場。因此，中小企業在台灣經濟奇蹟的過程中則為台灣經濟的主體。

有效運用人力資源

一九五〇年後期，台灣工業化發展，非農人口的就業機會大增，大量人口從農村移住都市，加上一九六八年後實施中學義務教育，擁有大量的接受過良好教育的勞動者。不少中小企業引入日本技術，並透過台灣廉價的人力資源，進行勞力密集的產業發展，其中包括有紡織、塑膠業、水泥、合板、家電與電子等等產業，這些產業則以出口為導向，向世界出口。一九六六年十二月，經濟部在高雄設置加工出口區，利用免稅、低利息出口貸款等優惠措施，提供廉價勞力、技術合作或策略聯盟，招來工業廠商進駐廠區。也透過勞力密集的產業，使台灣成為重要的國際加工出口區。

美日台的三角貿易網絡

台灣因為國內市場較小，因此政府鼓勵出口貿易為導向的中小企業的經營，將製成的工業產品，外銷至世界市場。但在推展對外貿易的過程中，很容易出現貿易逆差、通貨膨脹、失業、財政赤字、貨幣貶值，以及對外債務快速累積等等問題，台灣地區在戰後因外匯短缺，資金匱乏，加上政治環境不穩定，因此政府遂實施進口限制與外匯配給的進口替代政策。一九五〇年代，開始隨著美援引進，政府除一部分作為軍事支援外，利用各期經濟建設計畫，將資金投入基礎建設與扶植企業發展。隨著美援的即將結束，政府不得不思考將過去保護與限制的產業政策，加上台灣島內市場狹小，資金不足、重稅，若不適時改變，將導致經濟發展陷入瓶頸。

一九六〇年代開始，政府簡化匯率、並獎勵出口投資，成功吸引因產業升級，而需要低價勞力的勞力密集產業進入台灣，尤其以日本為主，日本此一階段扮演領導經濟發展的重要角色，將本身技術移轉至鄰近的韓國與台灣，利用勞力進行出口為導向的工業發展，再以製成品輸往美國市場，形成了

第一家以企業娃娃促銷電器商品的大同公司，大同寶寶等同於大同企業形象／胡文青攝

美日台的三角貿易循環網絡，例如戰後的家電產業，即是吸引日本資本來台合作設廠，從日本進口零件，在台組裝，並銷往世界，如當時的歌林、大同等企業即以此模式發展而成。因此台灣經濟發展的主因，便是搭上美日台的三角貿易循環網絡，得以吸引外資進入，打開世界市場。加上台灣擁有為數眾多的出口導向的中小企業，中小企業因缺乏政府適當的獎助與保護措施，相較於公營企業與大企業而言，在商業競爭、組織規模上需要更富有彈性，才能適應競爭局勢，因此，才能在以出口為導向的對外貿易，尋求更多機會。

引進外資

政府遷台以來，雖訂定有外國人投資條例與華僑歸國投資條例，藉此吸引華僑與外國資本進入台灣投資，但因台灣限制輸入管制物品，投資法令並不完備，對於外資的引進較多集中在對公營企業上，而並沒有普及至民間企業上。

一九六〇年代開始，政府除廢除經濟管制外，並著手制訂獎勵投資條例及一九六二年制訂技術合作條例，簡化匯率，使外資得以經營與本國資本相同的事業。在台灣的外資可以分為僑資與外國人投資兩類，僑資規模較小，較缺乏高科技，因此投資多以水泥、紡織、建築與金融等產業有關。外國人的投資則規模較龐大，特徵就是集中於電子產業、化學與機械部門，其中又以美日資本額較多。透過外資的引進，讓台灣的經濟成長在日美國際分工體系中展開，透過自日本進口零件、加工產品後銷往美國的循環，獲得經濟成長的動力，因此，台灣在經濟發展的過程中，無論在技術與資本方面，仰賴美日的貿易循環。

台灣經濟發展的省思

也正因為以上諸點的關係，成為台灣經濟發展快速的主因，台灣的經濟成長率每年均可達到百分之八以上，國民所得由百元美金進展到萬元美金，躋身亞洲四小龍之列，更被視為開發中國家的典範。但在面對經濟快速成長的背後，仍有部分值得吾輩省思，主要包含在政治權力與環境議題兩個部分，首先是高度經濟的要件是穩定的政治體制，一九五〇年代以降，因實行戰時戡亂體制，人民部分權力遭到限制，無法獲得參與政治的權利，進一步限制人民集會、言論、出版與結社組黨等各項權力。當時的台灣警備總司令部能夠未經審判押人入獄，形成恐怖統治。人民雖然獲得了高度的經濟發展結果，卻犧牲了憲法賦予的政治權力，政府長期由國民黨與外省籍政治菁英所占據的情形，例如出現立法委員無法改選的萬年國會。知識分子對於國民黨

1

2

3

政府在政治上的桎梏，陸續出版雜誌批評政府統治，從最早的《自由中國》、《文星雜誌》到《美麗島雜誌》，都因攻訐政府遭到查禁。由康寧祥主導的黨外運動更演變成為爭取民主體制的重要運動。因此，在經濟發展的背後，人民同時也犧牲了憲法所賦予的各種權力。

另外，隨著工業發展，伴隨而來的便是環境汙染，早期台灣並沒有重視相關議題，中央政府無論在環境保護的機構與相關的法令都沒對工業發展所帶來的汙染問題有所限制。隨著人均所得的提高，人民開始重視生活品質，對於生活品質日漸重視，一九七九年彰化縣溪湖鎮發生米糠油中毒事件，一九八二年桃園觀音鄉發生第一起鎘米汙染事件，而後陸續發生因工廠排放廢棄物引發汙染。政府與民間此時才正視高度經濟成長底下所引起的環境議題。民眾也陸續起身捍衛環境，一九八六年經濟部原先規劃在彰濱工業區吸引美國杜邦公司來台投資，但投資事宜登載於報上時，引起鹿港居民的群起反抗，成為第一起因民眾抗議而作罷的投資案。另外，原先要在宜蘭地區設置六輕煉油廠，也因為縣長陳定南的反對而改到雲林設置。為解決開發過程中的汙染與陸續高漲的環境保護意識，行政院於一九八七年八月正式成立環境保護署，成為中央政府層級主要負責該議題的權責機構。經濟開發與環境保護永遠都是天平的兩端，孰輕孰重，就端看政府與人民的選擇。

1 今景美人權園區內舊軍事法庭外標語

2 過去戒嚴時期，景美看守所內曾關有很多政治受難者，今入口意象即排列出曾經受難者姓名

3 日本時代為因應各地建築發展需求，總督府投資整合成立「台灣煉瓦株式會社」，大量生產TR標誌磚塊。圖為打狗工場窯場燒炭排煙情形

4 雲林麥寮六輕煉油廠。近年空氣汙染嚴重影響環境

4

戰後台灣的文學是什麼樣子？

在一九四五到一九四七年之間，隨著「回歸祖國」，台灣文學界也呈現一片欣欣向榮的氣象。然而，長官公署想要「矯正」台灣人受「奴化教育」的意圖，引發了台人與部分省外作家的反感……

跨越語言，或者被語言跨越？戰後的台灣文學

戰爭結束之後，台灣有一小段時間，是確實隸屬於完整的「中華民國」版圖之內。那即是從日本投降的一九四五年開始，到國民政府遷台的一九四九年為止的四年。諷刺的是，在這為期不長的四年中，我們又能以一九四七年發生的二二八事件為界，將之大抵分為充滿希望的前期，以及絕望滿溢的後期。

在一九四五到一九四七年之間，隨著「回歸祖國」，台灣文學界也呈現一片欣欣向榮的氣象。在這段期間內，即便紙張供給不穩，但刊物的出版卻是前仆後繼。在這段時間內，台籍知識份子主辦的文學刊物，較知名的有楊逵《一陽週報》、陳逸松《政經報》、王添灯《人民導報》、林茂生《民報》、李純青的《台灣評論》，與龍瑛宗主編的《中華日報》日文版文藝欄。他們在發表作品之外，也和大陸來台的作家進行交流，致力於「中國化」。然而，好景不常。在認為台灣人受到日本「奴化教育」的思想下，然而，長官公署

想要「矯正」台灣人的意圖，引發了台人與部分省外作家的反感。然而，一意孤行的長官公署，最終仍在一九四六年十月，宣佈廢止報紙日文欄。由於日治末期教育已然開始實施義務教育，因而許多台灣人只能透過日文獲取消息。此令一出，無疑逼迫他們回到文盲的生活中。回首殖民時代，日本人尚且用了五十年的時間，才在一九三七年全面禁用漢文。國民政府卻在短短一年之內，便下達禁用日文的命令。其嚴苛程度，較諸殖民政府實有過之。在日本時代末期，台灣作家的日語程度已足以和日本母語者匹敵，日語成為他們書寫與思考的慣用語。因此，此一政策，實際上對台灣日語世代的作家，造成了毀滅性的打擊。

然而，依然有作家們艱難地跨越了語言的障礙。楊逵、呂赫若等人，拼命地學習中文，並嘗試使用中文作為書寫語言。諷刺的是，如此努力學習中文的楊逵，在一九四七年因二二八事件，和妻子葉陶雙雙被捕。隔年，因起草〈和平宣言〉而遭軍法審判，判刑十二年。而呂赫若則在二二八事件後參與左翼地下組織，捲

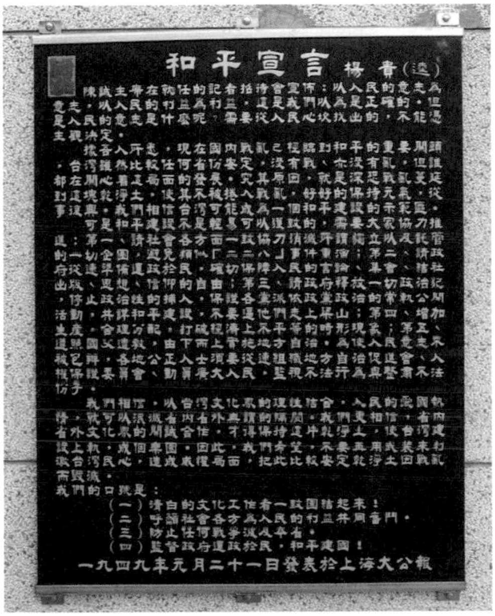

楊逵〈和平宣言〉，今銘刻於楊逵墓地

入「鹿窟武裝基地事件」，失蹤並推斷死亡。事實上，幾乎所有日本時代即開始寫作的台灣作家，在經歷過二二八事件後，全數停止文學創作。

另一方面，省外作家是否就過得一帆風順呢？其實也不見得。一九四六年，受陳誠之邀，知名學者許壽裳來台擔任台灣省編譯館館長。許壽裳的任務，是讓台灣人早日「中國化」。而許壽裳認為，要達到這個目標，必須要重建台灣文化。因此，他引進了包括其好友魯迅在內，許多中國左翼作家的作品。許壽裳自己也在台灣報刊上寫了許多介紹魯迅的文字。

事實上，在戰後初期，正是對於魯迅的尊崇，在許多語言不通的省外文人與本省文人之間，架起了友誼的橋樑。然而，由於國共內戰方興未艾，左翼思想日漸不見容於國民政府，因而，在二二八事件後，大陸來台的左翼作家，如李霽野等人，在事件後不敢繼續留在台灣，而選擇以偷渡的方式逃回中國。留在台灣的許壽裳，則因與魯迅的交誼，而惹來殺身之禍。一九四八年二月，許壽裳在家中遭「搶匪」殺害。此事疑點重重，大抵認為兇手為國民黨政府的特務。此案震驚社會，也使得日後留在台灣、曾與左翼勢力曾有牽扯的省外文人，如臺靜農、黎烈文等，從此噤聲。

幸好，時代總是薪火相傳。二二八事件後，沈寂好一陣子的日語作家葉石濤重新提筆創作；而在楊逵的鼓勵下，由張彥勳創辦的銀鈴會，亦集結了三、四十位年輕作家，重新開始文學活動。這些作家的作品，有許多發表於二二八事件後最重要的發表場域、《台灣新生報》的「橋副刊」。其主編歌雷，決意為省內外的作家提供交流平台，以重建台灣新文學。而正是在這樣的一個理念基礎上，橋副刊除刊登了許多重要作品外，也是一系列討論台灣文學

國立台灣師範大學
／作者攝

問題的「台灣文學論戰」的發生地。

這場論爭的開頭，為前主編何欣在〈迎文藝節〉一文中，表示台灣在不久的將來需「清掃日本遺毒，吸收祖國的新文化」，之後，會「發生新的文學運動」。稍後，署名沈明的作者，發表〈展開台灣文藝運動〉一文與之呼應。不甘日本時代台灣文學被指為遺毒的台灣作家王詩琅發表〈台灣新文學運動史料〉、廖毓文撰寫〈打破緘默談「文運」〉作為反駁。稍後，在省外作家歐陽明發表〈台灣新文學的建設〉一文後，一場論戰遂就此展開。大抵而言，論爭的核心，在於應該如何評價日本時代台灣文學，以及「台灣文學」這個名詞是否有繼續存在的必要。而從論爭中，可以看到省外作家一方面有限度地肯定日本時代台灣文學的貢獻，另一方面認為不需要特別標示「台灣文學」，而應回歸至「中國文學」之下。相對而言，台籍作家則捍衛日本時代台灣文學的價值，以及台灣作為歷史經驗與中國大不相同的地區，「台灣文學」之獨立存在的必要。

從這個論爭中，我們可以發現，當時的省外作家對於台灣獨特的文學傳統，可說一無所知。即便如此，仍無礙他們以熟習的中文發出中國文學優越論與中國文學領導論的言談。另一方面，台灣作家除仍在與新「國語」搏鬥之外，另外必須小心不誤觸到政治紅線，討論起來可說異常艱辛。然而，也正是在這樣的討論之下，台籍作家逐漸確立了「台灣新文學」的核心脈絡。遺憾的是，由於一九四九年四月發生的四六事件，橋副刊的主編歌雷遭到逮捕，論爭於是嘎然而止。戰後的台灣文學，又再次地受到了嚴重的打擊。

四六事件大逮捕前，與警員衝突的兩名學生被拘押在今大安分局／作者攝

內戰與冷戰——戰鬥文藝與反共文學

一九四九年五月，在國民黨節節敗退的情勢下，台灣警備總司令部下令戒嚴。年底，國民政府「播遷」到台灣。原本已經決定要放棄支持國民政府的美國，因一九五〇年韓戰的爆發，在意圖圍堵共產黨之餘，也意識到台灣戰略地位的重要性，因而再次支持蔣介石領導的國民政府。隨著第七艦隊抵達台灣海峽，美國經濟援助的物資也開始運到島上。在此情勢之下，尚未結束內戰狀態的台灣，又被捲入了更大的博弈棋局：資本主義與共產主義的冷戰。

敗退到台灣的國民政府，在檢討丟掉大陸的原因時，認為「宣傳」不如人，是決定性的因素。因此，他們決意不能再在台灣重蹈覆轍。嗣後，便展開了大規模的言論管控與審查，提出「反共反蘇」的文化運動，令政治權力以合法方式介入文藝活動之外，更提倡文藝活動主動響應政治權力的主張。就在這樣的思想下，「戰鬥文藝」與「反共文學」誕生了。配合「文化清潔運動」，政府的權力在文化場域內，可說無孔不入。由於以「反共」作為文藝主軸的號召，作家書寫的題材不脫在大陸時對抗或遭遇「共匪」的經驗。而這樣的經驗，是台籍作家所不具備的。於是，在奴化歧視、不擅中文之外，又缺乏「共匪經驗」的台籍作家，在文壇上的可見度又更低了。一時之間，文壇幾為省外作家之禁臠。

「反共文學」由於出自政治指導，一切均講求政治正確。換言之，在敘事上難有突破，因而發展不過五年，即現出疲態。另一方面，在反共文學的

1 鄉土文學論戰期間報紙刊載各家之我見，一九七八年「國軍文藝大會」官方總結批判鄉土文學的論戰／引自《中央日報》副刊談論鄉土文學篇章）

大旗下開始寫作的女性作家，在書寫大時代之外，也將視角拓展至流離後的在地生活，從而開啟了女性散文的寫作，也為台灣文學史開啟了一頁新章。

另一個開啟新章的，是林海音與她編輯的「聯合副刊」。林海音是出生於日本的台灣人，年幼時就和父親前往北京，住了二十七年後，才在一九四八年和丈夫回到台灣。她的特殊經歷，使得她能流利地使用中、台、客三種語言，從而跨越省籍的界線，與許多作家保持友好關係，從而令「聯合副刊」上得以刊載台籍作家、女性作家、軍中作家和現代主義作家的作品。這樣的創舉，讓台灣文學得以突破政府設下的「反共禁區」，顯現出自由寫作的曙光。

鄉土文學論戰

在一九五〇到六〇年代，「反共文學」一直是文壇的主流。稍後，則以不牴觸官方意識形態、擅長挖掘個人內心深處情感的「現代主義文學」獨領風騷。然而，到了一九六〇年代中期，開始有「文學應與現實接軌」的呼聲出現。終於，在一九七七年，由王健壯主編的《仙人掌雜誌》上，由

王拓、銀正雄與朱西甯三篇文章，揭開了「鄉土文學論戰」的序幕。這場論戰，原先是關於文學與社會現實之間應該是什麼關係的討論，但在余光中發表〈狼來了〉一篇，指責台灣的鄉土文學就是中國的「工農兵文學」後，情勢陡變。鄉土文學作家開始受到來自官方的主動攻擊。一九七八年，台北召開了「國軍文藝大會」。在此會中，國防部總政戰部主任王昇上將提出「鄉土之愛擴大了就是國家之愛、民族之愛」的觀點，為官方對鄉土文學的批判劃上了一個休止符。論戰至此結束。

論戰雖然結束了，但「鄉土文學論戰」所帶來的各式問題，才正要在慢慢發酵。其表面上雖是「現代主義」與「鄉土文學」的爭論，但實際上卻是左翼中國民族主義聯手台灣本土主義共同迎戰右翼中國民族主義與現代主義的大混鬥。到了一九八〇年代，中國立場與台灣立場的衝突鮮明化，終於在一九八三年展開了「台灣意識論戰」，正式挑戰了「中國」與「台灣」的從屬關係。而正

1

2

是在這些論戰的刺激之下，葉石濤開始持續建構他的台灣文學史論，終於在一九八七年完成首部有系統講述台灣文學史的專書《台灣文學史綱》。

之後，隨著經濟的起飛，台灣雖然在政治上被排除於國際之外，在經濟上卻是逐步進入世界經濟體系，從而獲得了在政治上失去的發言權。因此，為了提昇台灣經濟的競爭力，黨國體制也只得逐漸將權力讓渡給自由貿易。

3

而隨著自由貿易的開展，對政治自由的渴望也隨之而來。也是在這樣的氣氛下，國民黨政府不得不開始推行本土化與自由化的雙重政策，使威權體制開始鬆動。一九八七年戒嚴的解除，是民主台灣即將到來的第一隻春燕。而正是在這樣的環境下，各式各樣的文學開始繁盛冒出：性／別、政治、國族、族群、自然書寫、報導文學、羅曼史、科幻、推理、靈異……台灣文學自此，開展了更為豐富多元的書寫時代。

1 《仙人掌雜誌》第一卷第一號書影，由王健壯主編
2 王拓作品《金水嬸》、《牛肚港的故事》書影
3 二十一世紀百花齊放的人文書種。圖為台中新手書店書香風景／新手書店提供

台灣解除戒嚴、民主化的推手是蔣經國嗎？

台灣在一九九一年《動員戡亂時期臨時條款》廢止後依然實施「臨時戒嚴」，一直到一九九二年十一月七日才同時解除臨時戒嚴與戰地政務。可以說，長達四十三年的軍事戒嚴已屬世界級紀錄。這也提醒今天的我們，自由得來不易……

早期的微微火苗

台灣自一九八七年解除世界最長、歷時三十八年的軍事戒嚴以來，至今將近三十年，期間歷經總統直選、政黨輪替、公民政治興起，可說已取得一定程度的民主化成果。在討論台灣民主化過程如何發軔時，常有人因前總統蔣經國在任內解除戒嚴令、開放黨禁與報禁等，而視其為台灣民主化的關鍵推手。誠然，蔣經國當時身為總統、握有最高權力，上述政策不經其同意是無法發布的。不過，比起最終開放戒嚴的決策者，是哪些人做了哪些事形成一股社會氛圍、促使決策者做出決定，也許才更是啟動民主化進程之關鍵。而這個關鍵，就是一九七〇年代以來興起的「黨外」運動。

所謂的「黨外」，指稱在國民黨之外參與政治的一群人。威權時代的台灣，行政、立法、司法等國家大權由國民黨一黨專政，人民沒有組黨、集會結社、出版等自由，選舉民意代表的層級也受到限制，立法機關代表的民意反映因而寸步難行。對此，早在一九五〇年代，即有雷震《自由中國》針砭時政，以及台灣省議會「五龍一鳳」郭國基、吳三連、李源棧、郭雨新、李萬居、許世賢等非國民黨的參政人士，不過政治異議力量並沒有撼動威權體制，並隨著一九六〇年雷震被捕而陷入低潮。一九六四年，台大教授彭明敏與學生魏廷朝、謝聰敏提出《台灣自救宣言》，曾短暫激起火花，不久因三人或逃或被捕而又沈寂下來。

直到一九六〇年代後期，國民黨政府面臨許多中央民意代表過世、需要補充「新血」，國民大會才在一九六六年通過《動員戡亂時期臨時條款》的修正案，開放中央公職人員補選，並於一九六九年十二月進行國民黨政權來台後首次的中央民意代表增補選。該次選舉選出國大代表十五人、立法委員十一人，立委有黃信介、郭國基、洪炎秋三名為無黨籍。中央民意代表的增額補選雖然名額稀少，卻是台灣人首次有進入中央民意機關的機會，而能發揮些微影響力。更重要的是，選舉活動可以帶動台灣各地人民參與政治、普及民主意識，「黨外」勢力於是逐漸滋長。

威權鬆動與黨外集結

進入一九七〇年代，國民黨威權體制除了不斷受到來自台灣社會內部的挑戰，在國際上，一九七一年聯合國大會通過《2758號決議》後，國民黨代表的中華民國政府在聯合國之中國席次及代表權被中華人民共和國政府取代，只得被迫退出聯合國。面對內外的挑戰，國民黨的政權正當性受到動搖。而

在威權體制鬆動的同時，黨外的衝撞力量也不斷尋找出路。一九七二年以降，工人出身的黃信介、康寧祥開始在立委選舉嶄露頭角，二人再透過創辦雜誌《台灣政論》與張俊宏、姚嘉文等人合作，開始主動以「黨外」做為政治標誌。後續即便雜誌遭致停刊，這批黨外人士在選舉中依舊受到民意支持，從而在一九七七年十一月的縣市長、省市議員等五場選舉中形成「黨外大串聯」氣勢。此次選舉中發生從國民黨脫黨參選的許信良高票當選桃園縣長，卻遭作票的「中壢事件」，開啟民眾自發性上街頭抗議的「街頭運動」潮流。

正當台灣的反抗威權運動受到一九七七年選舉黨外「大勝」的鼓舞，更多人打算投入一九七八年中央民代選舉之時，一九七八年十二月十五日美國與中華人民共和國建交，隔日美國政府告知國民黨政府將於一九七九年一月一日起承認中華人民共和國、形同與國民黨政權斷交。受到刺激的國民黨政府唯恐統治正當性不再，便收緊對台灣社會內部管控。另一方面，黃信介等黨外人士依然積極活動，創辦《美麗島》雜誌等，並訂於十二月十日世界人權日舉行人權大會。然而警備司令部突然在前一天宣布隔日舉行演習、禁止任何集會，並進一步在十日當天暴力鎮壓集會群眾，造成「美麗島事件」之流血衝突。

1

2

1 1979年12月10日美麗島事件中，位於高雄市中山一路的美麗島雜誌社高雄服務處今日原址／黃沼元提供
2 以美麗島事件發生地點紀念命名的美麗島捷運站內之公共藝術作品「光之穹頂」

前所未有的美麗島軍法大審

一九七九年十二月十日爆發美麗島事件後，十二月十三日起軍警與情治人員對參與者呂秀蓮、陳菊、施明德、姚嘉文、張俊宏等黨外人士展開全島大逮捕。「犯人」之一的施明德在長老教會高俊明牧師、林文珍長老等友人幫助下四處躲藏，仍在一九八〇年一月九日被捕。黨外勢力雖因此次大逮捕、美麗島雜誌社被查封而瀕臨瓦解，卻也由於本次搜捕引起國際高度注目，逼使國民黨政府不再能如過去一般「私下解決」，而是破例舉行了公開的軍法大審。民眾透過報導，第一次看見所謂的「政治犯」高聲宣揚理念，或是控訴政府對其施以疲勞審訊、拳打腳踢、凌虐等非人道待遇，產生了不小的震撼。同時，大審前夕的二月二十八日還發生受審者之一林義雄母親、雙胞胎幼女在特務嚴密監視的家中被殺害的「林宅血案」，更是震驚眾人，社會上對黨外人士的支持、對政府的不滿也越來越高漲。

1980年3月18日美麗島軍法大審，張俊宏、黃信介、陳菊、姚嘉文、施明德、
呂秀蓮、林弘宣七名被告均到庭(由左至右)。林義雄因家中慘遭滅門血案，申
請保外至宣判時才出庭。
資料來源：中央社/劉偉勳

1

2

參與美麗島事件的黨外人士們雖在大審中遭致重判，使得黨外運動一度停頓，但政治受難者家屬反而打出「代夫／兄出征」口號參選，例如姚嘉文之妻周清玉、黃信介之弟黃天福當選國大代表。為美麗島大審受審者辯護的律師尤清、蘇貞昌、謝長廷、陳水扁亦投身政治，如後來蘇貞昌當選省議員、謝長廷及陳水扁當選台北市議員，為黨外運動注入新血。

民進黨成立與「時代在變」

一九八〇年代初期，一方面當選公職的黨外人士繼續集結；另一方面在一九八一年，長期關心海外民主運動的台籍數學家、任教於卡內基美隆大學的陳文成，回台探親期間「意外」死亡，以及在一九八四年發生寫作《蔣經國傳》的作家劉宜良（筆名「江南」）在美國遇刺的「江南案」，兇手甚至是受國民黨政府情報官員指導，導致政府備受指責、和美國關係緊張。國民黨威權統治不僅不再能控制社會反對聲音，也持續在國際環境中失去支持。

一九八六年，黨外身分的公職官員成立的「黨外公職人員公共政策研究會」，開始設立各地分會，雖遭政府取締依然繼續組織。同年九月二十八日，

1 1980年3月18日起展開為期九天的美麗島事件軍法大審，於警備總部軍法處開庭，被告張俊宏（左一後戴眼鏡者）、黃信介（左二手持外套者）、陳菊（左三裙裝）、姚嘉文（中白襯衫）、施明德（右三蓄鬍者）、呂秀蓮（右二裙裝）與林弘宣（右一）於法庭接受審判情景。圖為景美人權園區第一法庭內空間復原展示

2 美麗島大審中的第一法庭。圖為景美人權園區內第一法庭空間復原

黨外中央後援會在台北市圓山大飯店召開年底國大代表、立委選舉的黨外候選人推薦會，會中朱高正突然提議立即組黨，立即獲得在場黨外人士迴響，於是採用謝長廷建議名稱、正式成立「民主進步黨」。

民進黨雖然自行宣佈成立，但當時仍處戒嚴狀態、禁止組黨，故其初期活動一直是「非法」狀態。當時國民黨政府雖然依舊重申將予以追究，然而不久後蔣經國以國民黨主席在黨內表示「時代在變、環境在變、潮流也在變」，等於默許民進黨成立。此語一出，蓄積已久的勞工運動、環保運動、婦女運動紛紛出現，民進黨也在一九八六年年底選舉大有斬獲，象徵台灣政治、社會出現了一番新氣象。眼見於此，長久以來因在海外參與民主運動、遭職業學生檢舉而無法回台的「黑名單」人士，紛紛試圖闖關回台。例如十一月三十日許信良、謝聰敏等人闖關未成、接機民眾與軍警衝突之「桃園機場事件」。

戒嚴令不再，枷鎖仍在

一九八六年以民進黨突破戒嚴黨禁成立為標誌，民眾自發上街頭抗議、政治異議人士闖關，形成一股挑戰戒嚴令的風潮。當時主政的蔣經國有感時勢所趨，遂於一九八七年七月十四日宣告七月十五日凌晨零時起，解除台灣本島、澎湖所實施的戒嚴令，長達三十八年的軍事戒嚴終於結束。

然而，軍事戒嚴雖然解除，自一九四八年實施、凍結《憲法》

1

限制總統連任、擴張國大代表權力、造成「萬年國會」的《動員戡亂時期臨時條款》仍然存續，台灣並沒有真正脫離國民黨政府的政治控制。蔣經國於一九八八年因病去世後，李登輝繼任總統，並在一九九〇年二月總統改選提名時遭致國民黨內守舊派反撲，發生「主流派與非主流派」之爭、國民大會自行延長任期的「山中傳奇」。國民黨內部政爭使得期待政治改革的有志者無法忍耐，三月十六日起大學生們發起了「野百合學運」，主張「廢除臨時條款」、「召開國是會議」等訴求。五月李登輝公開回應計畫廢止《動員戡亂時期臨時條款》，一九九一年四月二十二日，廢止《動員戡亂時期臨時條款》之修憲提案正式三讀通過，一九九一年四月三十日李登輝以總統身分宣告動員戡亂時期將於同年五月一日零時終止。

2

1 「江南案」主謀之一國防部情報局長汪希苓即被監禁在景美看守所內房舍，即今景美人權園區內「汪希苓軟禁區」

2 1990年3月16日至3月22日的野百合學運。當時全國近6000名大學生，集結在中正紀念堂廣場（今自由廣場）上靜坐，提出解散國民大會、廢除臨時條款」等訴求。圖為今中正紀念堂自由廣場

南榕之死，最後一哩路

談到這裡，台灣的民主化歷程看似人民不斷抗爭、政府不斷衡量時勢而讓步，事實卻沒有如此順遂。到八〇年代末期，國民黨威權統治已經持續四十多年，控制層面從政治、文化、經濟深入到思想，例如情治人員的監視使得「人人心中都有一個小警總」，人們連說話都要自我審查、不敢暢所欲言。文章開頭提到被若干人奉為民主化推手的蔣經國，其實正是利用情治、特務人員監視社會的好手。特務政治遍布軍警外交網絡，維持國民黨長久統治穩定，也顯示出在此嚴密監控下仍願意挺身與其對抗者，需要懷抱多大的覺悟和勇氣。

民主的爭取也非前述一道法令的頒佈或廢止就此一帆風順，若是不時時注意，爭取來的權利便會節節倒退，距今未久的「黑箱服貿」和「微調課綱」即是一例。我們可以看到，即便台灣在八〇年代後期到九〇年代初期政治大為開放，但只要允許政府非經一般管道即能處置異議份子的法令仍在，台灣民主化就依然沒有穩定的一天。例如一九三五年中華民國在

1

2

對日抗戰前倉促公布的《中華民國刑法》，第一〇〇條（內亂罪）規定「意圖破壞國體、竊據國土或以非法之方法變更國憲、顛覆政府，而著手實行者，處七年以上有期徒刑；首謀者，處無期徒刑。（第一項）前項之預備犯，處六月以上五年以下有期徒刑。（第二項）」。這條法律簡稱「刑法一〇〇條」，在一九四九年國民黨政權遷台後成為其懲罰親共、台獨思想者的「利器」。簡單而言，只要刑法一〇〇條存在一天，人們隨時會「禍從口出」，沒有言論自由。

言論自由受到法律箝制的不平狀況，受到八〇年代起投身黨外運動的知識份子鄭南榕的嚴厲批判。鄭南榕一九八一年起開始為黨外運動雜誌撰寫文章，一九八四年與友人創辦了黨外運動雜誌《自由時代周刊》。當時為了應付政府取締，鄭南榕以十八個不同名稱申請執照，一個雜誌被查封後就立刻另起新灶，確保雜誌不停刊。《自由時代周刊》強力批評時政的態度獲得熱烈迴響，鄭南榕進一步為文要求民主化改革、平反二二八，解嚴後持續批判國民黨政權壓制思想自由，亦在競選助講時公開表示「我叫鄭南榕，我主張台灣獨立」。

一九八八年，鄭南榕在雜誌上刊登了台灣獨立建國聯盟主席許世楷所撰寫的《台灣新憲法草案》。不久，《自由時代周刊》因《台灣新憲法草案》主張分裂國土而遭到查禁，鄭南榕也被指控「涉嫌叛亂」。一九八九年一月二十七日，鄭南榕表示為抗議政府箝制台獨言論自由，將行使抵抗權、不會出庭應訊，而後還宣稱「國民黨不能逮捕到我，只能夠抓到我的屍體」。隨後他在《自由時代周刊》雜誌社辦公室展開兩個多月的「自囚」，四月七日

1 被記號為「黑名單」的留美學人陳文成博士，1981年返國探親卻離奇死亡事件，地點在舊台大研究生圖書館（現為圖書資訊學系系館）旁草地。2015年台大教務會議通過命名圖書資訊學系系館與第一活動中心間的廣場為陳文成事件紀念廣場，並舉辦設計競圖活動

2 舊台大研究生圖書館，今日的圖書資訊學系

1

清晨警方對雜誌社發動攻堅，鄭南榕不願就逮，而以自焚告終。

鄭南榕自焚身亡，在剛解嚴的台灣社會形成一股要求改革開放的動力。一方面，代表黨外改革傳統的民進黨獲得民意支持，在選舉中勝利；另一方面，李登輝持續推動修法以促進思想自由、言論自由等，並釋放張學良、孫立人等遭政治軟禁者。前述野百合學運等社會運動的發起，也進一步促使政府推動廢除《動員戡亂時期臨時條款》、全面改選國會。台灣真正的自由，來到最後一哩路。

一九九一年五月九日，清華大學學生等五人被調查局以加入獨立台灣會為由遭致拘捕，並且可能因違反俗稱「二條一」的《懲治叛亂條例》第二條第一項（「犯刑法第一百條第一項、第一百零一條第一項、第一百零三條第一項、第一百零四條第一項之罪者，處死刑」），恐以刑法一〇〇條的內亂罪遭求處唯一死刑，社會大眾認為此舉侵犯言論自由而大加抗議，即是「獨台會案」。刑法一〇〇條的修正問題，在五月十七日立法院通過廢止《懲治叛亂條例》備受矚目。不久，曾因受鄭南榕自焚事件影響而首度成功

2

闖關回台的陳婉真引發抗爭，九月國際蛇毒專家、中央研究院院士、前台灣大學醫學院院長李鎮源成立以廢除刑法一〇〇條為訴求的一〇〇行動聯盟，展開靜坐抗議，社會要求廢除惡法的聲浪也越來越高。經過一番政治協商，一九九二年五月十六日，刑法一〇〇條修正為僅限於「以強暴、脅迫方式」進行「叛亂」者才會受罰。

至此，台灣社會的思想、學術與言論自由不再受法律箝制，民主化進程可以說邁入了新的階段。不過，需要注意的是，屬於中華民國福建省的金門縣、連江縣因為「位處前線」，在一九九一年《動員戡亂時期臨時條款》廢止後依然實施「臨時戒嚴」，一直到一九九二年十一月七口才同時解除臨時戒嚴與戰地政務。可以說，對比金馬地區遭受箝制政經生活思想各層面長達四十三年的軍事戒嚴，台灣曾經的三十八年戒嚴並非唯一世界紀錄。這也提醒今天的我們，自由得來不易，未來還需且行且珍惜。

Last but not least——揭開蔣經國「親民」、「民主推手」面紗

最後，回到文章最初的問題，台灣解除戒嚴、民主化的推手是蔣經國嗎？透過上述討論，可以看出台灣民主化的推手，主要是許多留下名字的、甚至沒留下名字的人們，甘冒大不諱地參與選舉、為文批判，甚至是默默出錢出力支持黨外運動，一次又一次流血流淚爭取而來的。而那個被冒犯的「大不諱」，別無他人，正是蔣經國。

1 鄭南榕自焚辦公室遺址，現為鄭南榕基金會所有。據館方人員表示，台灣有形的白色恐怖遺址並不常見，此即為一處／2013年12月24日作者攝

2 鄭南榕創辦的「時代」系列雜誌。無論更換成「XX時代」、「OO時代」，時代二字永遠最醒目，成為鄭南榕創辦雜誌的正字標記／2013年12月24日作者攝

一般評論國民黨威權統治的成立，常常注意蔣介石掌握軍方、行政、立法機關，造成總統無限連任、萬年國會起源等憲政亂象。蔣經國則因晚年轉趨「親民」、加上任內開放政治自由化，而被認為比其父「民主一點」。會有這種想法，跟蔣經國一手掌握、讓國民黨威權體制穩固控制台灣社會的特務情治系統，其實密切相關。

蔣經國早年出身蘇俄情治訓練機關，一九五〇年代起即透過建立政工系統將影響力深入軍方，並以中國青年反共救國團掌控青年學生延伸，做為鬥爭孫立人、吳國楨等接班競爭者的基礎。一九六九年在嚴家淦內閣中出任行政院副院長、培養行政系統主導能力，一九七二年出任行政院長而實際領導行政體系。一九七五年蔣介石去世後接任國民黨主席又取得黨政系統領導權，到一九七八年正式擔任總統時，已無疑地是掌握國民黨政府行政、軍事、情治、黨政的最高領導人。

此前長期掌控著情報與特務系統而實際指揮白色恐怖的蔣經國，如前所述，在一九七〇到八〇年代內外壓力交織下選擇了解嚴。但是，此舉並非他對國民黨威權統治的翻然悔悟，而正好相反，是為確保國民黨面對新政經社會改革能繼續控制大部分資源，所做的調整。國民黨成為世界上少數政治解嚴後，依然對國家政治有實際影響力，甚

1

至在解嚴後首次民選總統中仍然能獲勝的政黨，正是蔣經國選擇的「犧牲小我、完成大我」。再以前述解嚴來看，一九八七年蔣經國宣布「解嚴」的同時，國民黨立刻施行「動員戡亂時期國家安全法」，繼續限制人民的集會結社、出入境自由以及法律權利，而被批為「愈解愈嚴」。

至今大多數人不再記得蔣經國早期掌握特務系統箝制、監視社會的腥風血雨，而較容易記起他友好民間人士、探視貧童、開放政治的一面，也是特務系統塑造成英明領袖神話的結果。也有不少人稱道他任內的經濟發展、政治清廉，但是，誠如學者指出的，威權統治與經濟發展並無直接關連，前者也不應該成為後者成立的藉口。還有人為蔣經國實行威權統治緩頰，認為「當時環境不得已如此」，很簡單地想，塑造「當時的環境」不正是蔣經國主導下的國民黨嗎？統治神話美則美矣，卻不堪細究。

所以，蔣經國是台灣解除戒嚴、民主化的推手嗎？坦白而言，他不見得算得上推手，做為阻隔，卻是實至名歸的。

2

1 景美人權園區入口意象，銘刻紀念政治受難者們

2 曾經監禁無數政治受難者的景美人權園區，今與綠島監獄同作為原地保存的人權教育園地。圖為仁愛樓牢房空間復原展示

全面占領主席台？

——一九九〇至二〇一六年台灣民主化與本土化

一九九〇年代，李登輝在第八任總統任內推動修法，將過去由國民大會代表提名、選舉的總統，並於一九九六年進行第一次總統直選，改為全民直選，台灣才終於選出第一任人民直選的總統……

民主浪潮

「那些參加社運的人都是暴民啦！」即便台灣解嚴至今已近三十年，這樣的論調在今日的生活場域中，仍然屢見不鮮。在民主社會中，雖然大家都有表達自己主張的自由，但怎樣才是合理地表達訴求的方式呢？而台灣又是怎麼從戒嚴時期的噤若寒蟬發展到現在的眾聲喧嘩呢？

台灣在戒嚴時期國民黨的威權統治之下，早已累積許多問題，一九八〇年代時雖然還沒解嚴，但是社會大眾因為法治人權不彰、經濟開發造成環境污染、脫離現實的國族認同……而逐漸興起質疑和不滿的聲音，這些輿論促成了一九八〇年代下半一系列政治自由化的政策，如解嚴、開放黨禁、報禁等。但台灣經過長久的戒嚴體制，無論社會或政治層面都很難一下子就轉換成正常化的國家，因此進入一九九〇年代以後，台灣又興起了一波波追求民主化的浪潮。

民主化：野百合學運

「解散國民大會！廢除臨時條款！」一九九〇年的三月，在寒冷的春雨中，中正紀念堂廣場上上千名大學生一遍又一遍地大聲喊著這些口號，這是台灣戰後以來最大規模的學生運動「野百合學運」。

一九八〇年代末期，隨著戒嚴解除、開放黨禁、報禁、蔣經國過世，台灣政治體制中的威權氣氛逐漸鬆動，但是在**動員戡亂臨時條款**還沒廢除的情況下，台灣仍然有終身任期的國民大會代表、立法委員，只能透過逐年改選增補，這樣缺乏民意基礎且流動性低的國會，早已引起民間的諸多不滿。到了一九九〇年初，國民大會更擅自通過「臨時條款修正案」，把一九八六年增額選出的代表任期延長至九年，國民大會這樣無限制擴張權力的作為，終於點燃台灣人的怒火，而促成野百合學運的出現。

象徵民主希望的太陽花

野百合學運從一開始九名台大學生在中正紀念

動員戡亂臨時條款

在一九四七年時，蔣介石為了因應國共內戰的局面，當時擔任行憲後第一任總統的他要求國民大會修改憲法，制訂出可以讓總統在戰時有臨時處分權的臨時法律，也就是「動員戡亂臨時條款」，這個臨時法律原先於一九四八年五月頒佈，效期只有二年，但隨著兩岸對峙的狀況而不斷延長，法條內容也不斷修改，使得總統的任期可以無限延長，國民大會代表、立法委員的任期也改為終身制，這個臨時條款直到一九九一年五月一日才由時任總統的李登輝宣布廢止。

1

堂廣場靜坐，在短短幾天內，變為全國大學生串連、響應，並在三月十八日發起四大訴求，即：

1. 解散國民大會。
2. 廢除動員戡亂臨時條款。
3. 召開國是會議。
4. 提出民主改革時間表。

三月二十一日，甫當選第八任總統的李登輝在總統府接見五十三名學生代表，瞭解學生訴求，雙方最終達成共識，學運於二十二日結束。

此次學運最後成功促成動員戡亂臨時條款被廢止、萬年國會全面改選、釐清兩岸之間的政治定位，使憲法、代議制度在台灣真正被落實，台灣也能夠在政治、文化上開始重新定位自己。而在學運累積的經驗與文化，也在民間繼續傳承，成為後續其他社會運動的能量。

2

1 野百合學運觸動了後來陳水扁總統任內將中正紀念堂的大中至正門改稱自由廣場

2 中正紀念堂自由廣場牌樓

本土化

在一九八〇年代前半及以前出生的人記憶裡，小時候的地理課本裡總是有著一張像秋海棠一樣的中國地圖，歷史與國文課本裡都是中國的歷史人物和文學。但這樣的回憶，到一九八〇年代後半出生的人就學時，卻快速轉變。一九九七年九月一日起，教育部開始推動「認識台灣」一系列的課本，讓學生開始使用以台灣史地為主體的教科書。

在此之前，我們真的「認識台灣」嗎？台灣戰後長期以來，在兩蔣不放棄中華民國在中國領土，長期準備「反攻大陸」的狀態下，除了從政治意識形態上灌輸「一個中國」的概念，在文化、教育上，也是不斷灌輸台灣人民大中華思想，並貶抑台灣本地既有的語言與文化。比如說在學校說方言要被罰錢，回到家裡，電視也禁播以方言發音的戲劇和歌曲。長期下來，台灣人活在一個虛幻的文化認同價值之中，我們對想像的中國瞭若指掌，但卻對自己所身處的土地卻一無所知，許多人講著流利的國語，但卻無法與上一輩以母語溝通。

解嚴以後，一九九〇年代李登輝政府開始推行本土化政策，從文化、教育、學術各方面著手，推行多元文化教育、鼓勵與本土化相關的學術研究。除了上述「認識台灣」課本之外，更規定國中小學教育需撥出一定時數進行母語教學。值得注意的是，一九九三年中央研究院成立台灣史研究所籌備處，這更象徵著台灣研究能夠在被國家認可，能夠得到穩定的資源以深化台灣研究。本土化政策發展至今，雖然台灣的國族認同問題仍無定論，但很多人已經深深認同台灣就是我們所居住、生長的土地。

第一次政黨輪替

「阿扁仔凍蒜！阿扁仔凍蒜！阿扁仔凍蒜！」二〇〇〇年的三月，這是台灣人第二次直選總統，台灣人雖然已經開始習慣，但是整個社會都在觀望和期待：這次看起來聲勢浩大的反對黨，是否能夠成功拿下執政權呢？

一九九〇年代初期，經過一連串的憲政改革，除了終結萬年國代，國會全面改選之外，更重要的政治改革里程碑就是總統直選。在廢止「動員戡亂臨時條款」以前，依據此條款，總統的任期不受憲法限制，可以由國民大會提名、選舉而一直連任，並產生「于右任（余又任）、吳三連（吾三連）」、父死傳子的亂象。

直到一九九〇年代，李登輝在第八任總統任內推動修法，將過去由國民大會代表提名、選舉的總統，改為全民直選，並於一九九六年進行第一次總統直選，台灣才終於選出第一任人民直選的總統。四年後，二〇〇〇年第二次總統直選選舉，民進黨所推出的候選人陳水扁、呂秀蓮，在人民長期不滿國民黨一黨專政統治的氣氛下，順利以民選且和平的方式，將執政權從國民黨移轉至民進黨，台灣也在這次選舉中，終於落實真正的政黨政治。

1

香蕉？太陽花？——占領立院的太陽花運動

「全面占領主席台！全面占領主席台！全面占領主席台！」「反對黑箱！退回服貿！」二〇一四年三月，爭議多時的「海峽兩岸服務貿易協議」，在國民黨立委張慶忠的突襲下強行通過，這件事讓關注這個議題的群眾為之譁然。三月十八日深夜，大批不滿張慶忠的學生與民眾湧入立法院抗議，展開長達二十四日的占領國會行動，為台灣群眾運動史寫下新的一頁。

這次的大規模抗爭行動其實並不是突然爆發的事件，在太陽花運動之前，台灣在馬英九執政下，接連發生許多爭議問題，如陳雲林來台事件、大埔事件、林益世弊案、雙子星弊案、毒澱粉事件、黑心油事件、馬王政爭、旺中案、洪仲丘事件等，在二〇一三年九月時其支持度甚至下滑至百分之九點二。但面對一波又一波人民的怒火與抗議，馬政府不但沒有正面面對人民的質疑與要求，反而持續堅持己見，甚至不惜用警力強力鎮壓抗議民眾。

2

1 太陽花運動現場標語

2 太陽花運動現場標語與警方

海峽兩岸服務貿易協議

海峽兩岸服務貿易協議就是一般人所簡稱的「服貿協議」，這個協議是在二〇〇九年簽訂的「兩岸經濟合作架構協議」（ECFA）基礎上所延伸的，中國與台灣雙方官方認為這個協議目的在於「致力逐步減少、消除服務貿易的限制性措施，擴展廣度與深度，以及增進雙方在此領域的合作。」具體而言，這個協議協定中國對台灣開放在福建、廣東兩省，共八十種服務業項目，台灣則對中國全境開放共六十四種服務業。但由於此協議過程不透明、協議內容比例不對等，且中國與台灣在經濟、社會、法律體制仍存有極大差異，再加上國民黨政府亟欲強行通過此協議，因此激起台灣社會對此協議的強烈質疑與反對。

在太陽花運動當中，馬英九政府也依舊以敷衍、拖延的態度面對民眾的訴求。三月二十三日，部分太陽花運動參與者，不滿訴求未得到正面回應，因此計畫以占領行政院的行動，對政府表達更強烈的抗議。抗議的民眾最後於三月二十四日凌晨被數量龐大的警力、水車暴力驅離，造成上百名群眾受傷。此事件造成全國輿論譁然，並促使五十萬名群眾再度於三月三十日集結於凱達格蘭大道抗議。最後，四月六日在立法院長王金平與抗議民眾會面，協議先行立法「兩岸協議監督條例」，方能召集兩岸服務貿易協議相關黨團協商會議，此次運動才終於在四月七日落幕。

值得注意的是，隨著通訊設施的發達，參與太陽花運動的群眾中的自發翻譯、新聞團隊運用智慧型裝置與社群軟體，將運動過程與訴求以即時影像、文字發送至各國重要新聞網站，引起國際間的廣泛注意。太陽花運動也鼓舞了香港關注民主的社運團體，進而在同年九月發起「雨傘運動」占領中環等地，抗議中國干涉香港政府行政、立法。隔年，台灣的高中生也在太陽花運動的啟發與鼓舞之下，發起「反高中課綱微調運動」。

1

2

3

第三次政黨輪替——我們真的打倒大魔王了嗎？

在台灣解嚴以後，雖然社會逐漸走向民主化、法治化的體制，但過去國民黨長期執政過程中，威權體制的幽靈卻揮之不去，而在二〇〇八年至二〇一六年國民黨籍總統馬英九執政任內，台灣政府不斷出現過度傾中、自我矮化、黑箱作業、大幅舉債、面對重大事件時忽視民意、暴力鎮壓抗議民眾等執政問題，簡直開民主倒車。

二〇一六年一月，民進黨籍總統候選人蔡英文在民眾的期待下，以六百八九萬四千七百四十四票超越國民黨與親民黨候選人，成為中華民國第十四任總統。這次總統暨立委大選，是台灣第三次政黨輪替，也是民進黨首次拿下國會多數。過去，人們總想著「國民黨不倒，台灣不會好」，但是當惡名昭彰的國民黨退下執政舞台後，就代表大魔王被打敗了嗎？

蔡英文總統上任以後，首要面臨社會大眾對改善轉型正義、國民黨黨產、國家定位、貧富差距、社會人口老化等諸多問題的期望，她能否在未來四年正面回應、解決這些問題？是否會像前任總統一樣濫權？這一切都有待台灣人民的監督。

台灣在一九九六年進行總統直接民選以來，已歷經二十個寒暑、三次政黨輪替、四位不同的執政者，台灣人也在幾次的期待、失望的情緒中起落，但在這些起起伏伏的情緒之中，我們要省思的是：民主不僅僅是選舉投票，也不是將自己的意志託付給政治明星或特定政黨，更重要的是長時期地關注、監督各種公眾議題，才有解決問題的可能。

1 太陽花運動現場
2 太陽花運動現場警方維安
3 太陽花運動戶外演講現場
4 太陽花運動現場製作加油標語

4

林滿紅，〈清末大陸來臺郊商的興衰：台灣史、中國史、世界史之一結合思考〉，《國家科學委員會研究彙刊：人文及社會科學》4 卷 2 期（1994），頁 173-193。
林滿紅，《茶、糖、樟腦與台灣之社會經濟變遷（1860-1895）》（臺北：聯經，1997）。
邱澎生，〈會館、公所與郊之比較：由商人公產檢視清代中國市場制度的多樣性〉，收於林玉茹主編，《比較視野下的商業傳統》（臺北：中央研究院台灣史研究所，2012），頁 267-314。
施添福，《清代在臺漢人的祖籍分布和原鄉生活方式》（臺北：國立灣師範大學地理系，1987）。
柯志明，《番頭家：清代台灣族群政治與熟番地權》（臺北：中央研究院社會學研究所，2011）。
曹永和，《台灣早期歷史研究續集》（臺北：聯經，2000）。
許雪姬，《滿大人的最後二十年：洋務運動與建省》（臺北：自立晚報，1993）。
許雪姬，〈劉銘傳研究的評介一兼論自強新政的成敗〉，收於國立政治大學文學院編，《中國近代文化的解構與重建〔鄭成功、劉銘傳〕》（台北：國立政治大學文學院，2003），頁 303-322。
許雅玲，〈清代台灣與寧波的貿易（1684-1895）〉（國立政治大學台灣史研究所碩士論文，2014）。
陳其南，《台灣的傳統中國社會》（臺北：允晨，1994）。
陳國棟，《東亞海域一千年》（臺北：遠流，2013）。
陳國棟，《台灣的山海經驗》（臺北：遠流，2005）。
黃富三，〈17 世紀台灣農商連體經濟的啟動〉，收於陳益源編，《2009 閩南文化國際學術研討會論文集》（臺南：國立成功大學中國文學系，2009），頁 121-142。
黃富三，〈林朝棟與清季台灣樟腦業之復興〉，《台灣史研究》第 23 卷第 2 期（2016.6），頁 1-64。
黃富三，〈台灣農商連體經濟的興起與蛻變（1630-1895）〉，收於林玉茹主編，《比較視野下的商業傳統》（臺北：中央研究院台灣史研究所，2012），頁 3-36。
黃富三，《台灣水田化運動先驅施世榜家族史》（南投：台灣文獻館，2006）。
黃富三，《霧峰林家的中挫》（臺北：自立晚報，1992）。
黃富三，《霧峰林家的興起》（臺北：自立晚報，1987）。
黃頌文，〈清季開港前後英商杜德與寶順洋行的興起〉（私立東吳大學歷史系碩士論文，2012）。
黃懷賢，〈台灣傳統商業團體臺南三郊的轉變（1760-1940）〉（國立政治大學台灣史研究所碩士論文，2012）。
溫振華，〈淡水開港與大稻埕中心的興起〉，《國立台灣師範大學歷史學報》6 期（1978），頁 245-270。
蔡淵絜，〈清代台灣的移墾社會〉，收於瞿海源、章英華編，《台灣社會與文化變遷》上冊，（臺北：中央研究院民族學研究所，1986），頁 45-67。
廖淑敏，《清代對外關係新論》，（臺北：政大出版社，2013）。

日本時代

吳密察，《台灣近代史研究》（新北：稻鄉，1991）。
王泰升，《台灣日本時代的法律改革》（臺北：聯經，1999）。
吳俊瑩，〈「痛癢無關」？——清國革命與台灣（1911 ～ 1912）〉，《台灣風物》第 62 卷第 1 期（2012.4），頁 47-89。
吳密察，〈明治國家體制與台灣：六三法之政治的展開〉，《臺大歷史學報》第 37 期（2006 .6），頁 59-143。

參考資料

早期台灣史

劉益昌主編，《台灣史前史專論》（臺北：聯經、中央研究院，2015）。

大衛 · 阿諾德（David Arnold）著，王國璋譯，《地理大發現（1400-1600）》（臺北：麥田，1999）。

中村孝志著，吳密察、翁佳音編，〈荷蘭時代之台灣農業及其獎勵〉，《荷蘭時代台灣史研究》，上（板橋：稻鄉，1997），頁 165-218。

包樂史（Leonard Blussé　）著，賴鈺勻、彭昉譯，《看得見的城市：全球史視野下的廣州、長崎與巴達維亞》（臺北：蔚藍文化，2015）。

石守謙主編，《福爾摩沙：十七世紀的台灣、荷蘭與東亞》（臺北：國立故　博物院，2003）。

李毓中編著；Fancy Wu 插畫，《海洋台灣的故事：香料、葡萄牙人、西班牙人與艾爾摩莎》，臺北：南天書局，2007。

翁佳音，〈十七世紀的福佬海商〉，收入湯熙勇主編，《中國海洋發展史論文集》（第七輯），臺北：中研院人社中心，1999，頁 59-92。

張彬村，〈荷蘭東印度公司時代華人的商業勢力發展〉，收於湯熙勇編，《中國海洋發展史論文集（第十輯）》（臺北：中央研究院人文社會科學研究中心，2008），頁 329-360。

曹永和，〈十七世紀作為東亞轉運站的台灣〉，收入氏著，《早期歷史研究續集》（臺北：聯經出版社，2000），頁 113 -148。

陳國棟，《東亞海域一千年》（臺北：遠流，2013）。

陳國棟，《台灣的山海經驗》（臺北：遠流出版社，2005）。

湯錦臺，《開啟台灣第一人：鄭芝龍》，臺北：果實出版；城邦文化發行，2002。

歐陽泰（Tonio Andrade）著，鄭維中譯，《福爾摩沙如何變成台灣府？》（臺北：曹永和文教基金會出版、遠流發行，2007）。

戴寶村，《台灣的海洋歷史文化》，臺北：玉山社，2011。

韓家寶（Pol Heyns）著，鄭維中譯，《荷蘭時代台灣的經濟、土地與稅務》（臺北：播種者文化，2005）。

清代台灣

Emma Jinhua Teng, Taiwan’ s Imagined Geography: Chinese Colonial Travel Writing and Pictures, 1683-1895., Cambridge, Mass.: Harvard University Asia Center, 2004.

王世慶，〈清代台灣的米產與外銷〉，《清代台灣社會經濟》（臺北：聯經，1994），頁 93-129。

王業鍵、黃瑩玨，〈清中葉東南沿海糧食作物分布、糧食供需及糧價分析〉，收於王業鍵，《清代經濟史論文集》，第二冊，（新北：稻鄉，2003），頁 179-207。

艾馬克（Mark A. Allee）著、王興安譯，《十九世紀的北部台灣：晚清中國的法律與地方社會》（臺北：播種者，2003 年）。

李文良，《清代南台灣的移墾與「客家」社會》（臺北：國立台灣大學出版中心，2011）。

李佩蓁，〈依附抑合作？清末台灣南部口岸買辦商人的雙重角色(1860~1895)〉，《台灣史研究》第 20 卷第 2 期（2013 年 6 月），頁 31-76。

林玉茹，〈由私口到小口：晚清台灣地域性港口對外貿易的開放〉，收於林玉茹主編，《比較視野下的商業傳統》（臺北：中央研究院台灣史研究所，2012），頁 135-168。

展初探：以「裕振祖祀典」為中心的討論〉（未刊稿）；曾裕振股份有限公司，《民國三十八年度營業報告書》，1949 至 1950 年；曾裕振股份有限公司，《處理報告書》，1951 至 1954 年。
劉志偉、柯志明，〈戰後糧政體制的建立與土地制度轉型過程中的國家、地主與農民（1945-1953）〉，《台灣史研究》第 9 卷第 1 期（2002.6），頁 107-180。
蔡錦堂，《戰爭體制下的台灣》（臺北：日創社，2006）。
薛化元，《自由化民主化（台灣通往民主憲政的道路）》（臺北：日創社，2006）。
薛化元，《戰後台灣歷史閱覽》（臺北：五南，2015）。
龔宜君，《外來政權與本土社會：改造後國民黨政權社會基礎的形成》（新北：稻鄉，1998）。
何義麟，《戰後在日台灣人的處境與認同》（臺北：五南，2015）。
若林正丈、吳密察著，王珊珊等譯，《跨界的台灣史研究》（臺北：新自然主義，2004）。
若林正丈、吳密察主編，《台灣重層近代化論文集》（臺北：新自然主義，2000）。
薛化元，〈戰後台灣政治改革的歷史考察〉，收於蔡美蒨總編輯，《台灣學系列講座專輯（三）》（新北：國立中央圖書館台灣分館，2011），頁 239-265。
劉志偉，《美援年代的鳥事並不如煙》（臺北：啟動文化，2012）。
蘇瑞鏘，《白色恐怖在台灣：戰後台灣政治案件之處置》（新北：稻鄉，2014）。
陳昱齊，《中華民國政府對海外台灣獨立運動之因應─以美國為中心（1956-1972）》（臺北：國史館，2015）。
侯坤宏，〈戰後白色恐怖論析〉，《國史館學術集刊》第 12 期（2007.6），頁 139-203。
黃美娥，《重層現代性鏡像：日治時代台灣傳統文人的文化視域與文學想像》（臺北：麥田，2004）。
陳芳明，《台灣新文學史》（臺北：聯經，2011）。
周婉窈，《少年台灣史：寫給島嶼的新世代和永懷少年心的國人》（臺北：玉山社，2014）。
周婉窈，《台灣歷史圖說》（臺北：聯經，2009）。
雪珥，《大國海盜》（臺北：遠流，2013）。
劉進慶，《台灣戰後經濟分析（修訂版）》（臺北：人間，2012）。
若林正丈著，許佩賢、洪金珠譯，《台灣：分裂國家與民主化》（臺北：新自然主義，2009）。
郭岱君，《台灣經濟轉型的故事：從計劃經濟到市場經濟》（臺北：聯經，2015）。
趙既昌，《美援的運用》（臺北：聯經，1984）。
康寧祥論述，陳政農撰稿，《台灣，打拼：康寧祥回憶錄》（臺北：允晨文化，2013）。
文馨瑩，《經濟奇蹟的背後：台灣美援經驗的政經分析》（臺北：自立晚報，1990）。
陳翠蓮，〈黨外書籍與民主運動〉，《台灣文獻》第 55 卷第 1 期（2004.3），頁 1-29。
張炎憲主編，《民主崛起：1980's 台灣民主化運動訪談錄》（新北：國史館，2008）。
薛化元，〈蔣經國與台灣政治發展的歷史再評價〉，《台灣風物》第 60 卷第 4 期（2010.12），頁 195-226。
沈欣蓉，〈高雄加工出口區的勞工樣貌：1966 - 1980 年〉（東海大學歷史學系碩士論文，2009）。
黃富三，《女工與台灣工業化》（臺北：牧童出版社，1977）。
王振寰、溫肇東編，《百年企業．產業百年：台灣企業發展史》（臺北：巨流，2011）。

呂紹理，《水螺響起：日本時代台灣社會的生活作息》（臺北：遠流，1998）。
呂紹理，《展示台灣：權力、空間與殖民統治的形象表述》（臺北：麥田，2011）。
近藤正己著，林詩庭譯，《總力戰與台灣：日本殖民地的崩壞》（臺北：臺大出版中心，2014）。
許佩賢，《太陽旗下的魔法學校：日治台灣新式教育的誕生》（臺北：東村，2012）。
許佩賢，《殖民地台灣的近代學校》（臺北：遠流，2005）。
許佩賢，《殖民地台灣近代教育的鏡像：一九三〇年代台灣的教育與社會》（新北：衛城，2015）。
陳翠蓮，《百年追求：台灣民主運動的故事 卷一 自治的夢想》（新北：衛城，2013）。
鍾淑敏，〈台灣華僑與台灣籍民〉，收入甘懷真、貴志俊彥、川島真編，《東亞視域中的國籍、移民與認同》（臺北：台灣大學出版中心，2005），頁181-191。
鍾淑敏，〈戰前台灣人英屬北婆羅洲移民史〉，《台灣史研究》第22卷第1期（2015.3），頁25-80。
陳培豐，《同化的同床異夢：日本時代台灣的語言政策、近代化與認同》（臺北：麥田出版社，2006）。
黃昭堂著，黃英哲譯，《台灣總督府》（臺北：前衛，2005）。
李崇僖，〈日本時代台灣警察制度之研究〉（國立台灣大學法律學研究所碩士論文，1995）。
鄭政誠，《台灣大調查：臨時台灣舊慣調查會之研究》（新北：博揚，2005）。
林佩欣，〈總督府調查事業之研究〉（國立台灣師範大學歷史學研究所博士論文，2011）。
台灣總督府專賣局，《台灣の專賣事業》（臺北：台灣總督府專賣局，1941）。
矢內原忠雄著，林明德譯，《帝國主義下的台灣》（臺北：吳三連台灣史料基金會，2004）。
柯志明，《米糖相剋：日本殖民主義下台灣的發展與從屬》（臺北：群學，2006）。
陳慈玉編，《地方菁英與台灣農民運動》（臺北：中央研究院台灣史研究所，2008）。
蕭明治，《殖民椿腳：日治時期臺灣煙酒專賣經銷商》（新北：博揚，2014）。

戰後

王甫昌，《當代台灣社會的族群想像》（臺北：群學，2003）。
任育德，《向下紮根：中國國民黨與地方政治的發展》（新北：稻鄉，2008）。
吳乃德，《百年追求：台灣民主運動的故事 卷二 自由的挫敗》（新北：衛城，2013）。
呂蒼一、胡淑雯、陳宗延、楊美紅、羅毓嘉、林易澄，《無法送達的遺書：記那些在恐怖年代失落的人》（新北：衛城，2015）。
約翰．梅森（John W. Mason）著，何宏儒譯，《冷戰》（臺北：麥田出版，2001）。
胡慧玲，《百年追求：台灣民主運動的故事 卷三 民主的浪潮》（新北：衛城，2013）。
若林正丈著，洪郁如、陳培豐等譯，《戰後台灣政治史：中華民國台灣化的歷程》（臺北：臺大出版中心，2014）。
張炎憲等執筆，《二二八事件責任歸屬研究報告》（臺北：二二八基金會，2006）。
張淑雅，《韓戰救台灣？解讀美國對臺政策》（新北：衛城，2011）。
陳兆勇，〈土地改革與政權鞏固：戰後台灣土地政策變革過程中的國家、地主與農民（1945-1953）〉（國立台灣大學社會學研究所博士論文，2011）。
陳翠蓮，〈歷史正義的困境：族群議題與二二八論述〉，《國史館學術集刊》第16期（2008.6），頁179-222。
陳翠蓮，《台灣人的抵抗與認同》（臺北：遠流，2008）。
曾令毅，〈六堆地區祭祀公業之性質與發

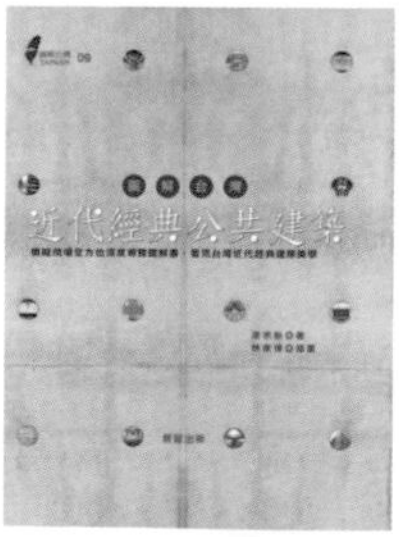
近代經典公共建築

圖解台灣
城市懷舊

圖解台灣
民俗工藝

圖解台灣
廟宇傳奇故事

鐵道世紀
圖解台灣
走吧！乘坐台灣銀河鐵道，
來趟時空打卡環島之旅
Taiwan Railway
centuries
李欽賢 著

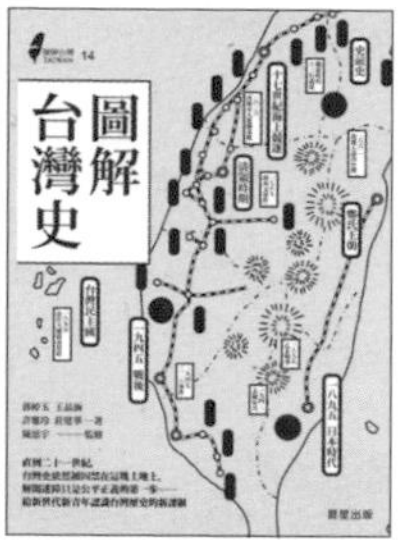
圖解台灣史

台灣百年鐵道縮影
TAIWAN HUNDRED YEARS
RAILWAY MINIATURE

圖解台灣老地名

圖解台灣
廟宇戲文圖鑑
郭老師廟口說演義

圖解台灣
電影史
1895-2017年

圖解台灣
戲劇史綱
A Theater
History of Taiwan

圖解台灣
傳統宗教文化
Taiwan's Traditional Religious Culture

圖解台灣
十二生肖誌

圖解台灣
老行業與
職人魂

圖解台灣
民間吉祥圖鑑

觀光小鎮
漫遊趣

台灣地圖 · 台灣走透透

38條鐵道舊線旅行地圖大公開
台灣舊鐵道散步地圖

台灣古道地圖
北部篇
Historic Trail Map of Taiwan

單車一日小旅行

台灣有機茶地圖

新北登山小旅行！

台灣有機生態農園
27

老產業玩出新文創
台灣文創產業與療癒文化觀光誌

Ubike
臺北輕旅行

台灣老屋散策

台灣博物館散步GO
30條最潮博物館群創意觀光路線

新港都舊食光
高雄巷弄間的百樣滋味

台灣菜市場味

尋妖誌

老街誌

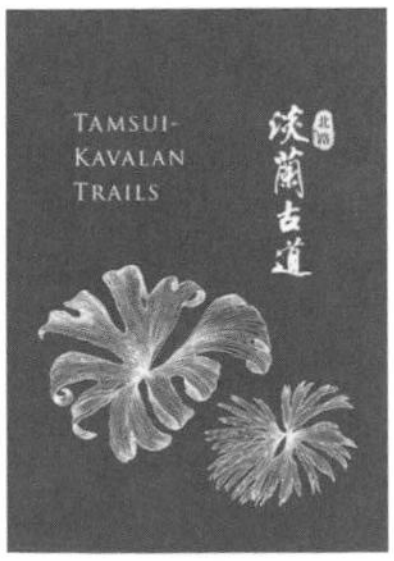
TAMSUI-KAVALAN TRAILS
淡蘭古道

臺灣小鎮慢騎
25條緩齊東西的慢遊路線

國家圖書館出版品預行編目資料

圖解台灣史 / 郭婷玉、王品涵、許雅玲、莊建華 著 .
-- 初版 . -- 台中市 : 晨星 , 2016.11
面 ;　公分 . --（圖解台灣 ; 14）
ISBN 978-986-443-199-1(平裝)

1. 台灣史

733.21　　105019752

圖解台灣 14
圖解台灣史

作者	陳思宇（監修）、郭婷玉、王品涵、許雅玲、莊建華
主編	徐惠雅
執行主編	胡文青
校對	陳思宇、郭婷玉、王品涵、許雅玲、莊建華、唐伯良、宋昱潔
美術設計	陳巧玲
封面設計	盧卡斯工作室
創辦人	陳銘民 晨星出版有限公司 台中市 407 工業區 30 路 1 號 1 樓 TEL:(04)23595820　FAX:(04)23550581 行政院新聞局局版台業字第 2500 號
法律顧問	陳思成律師
初版	西元 2016 年 11 月 20 日 西元 2023 年 05 月 20 日（五刷）
讀者專線	TEL：02-23672044 / 04-23595819#212 FAX：02-23635741 / 04-23595493 E-mail：service@morningstar.com.tw
網路書店	http：//www.morningstar.com.tw
郵政劃撥	15060393（知己圖書股份有限公司）
印刷	上好印刷股份有限公司

定價 **480** 元
ISBN 978-986-443-199-1
Published by Morning Star Publishing Inc.
Printed in Taiwa

圖解台灣
TAIWAN

圖解台灣
TAIWAN